JULIUS EVOLA

Das Mysterium des Grals

Der Verlag bedankt sich bei
Dr. Hans Thomas Hakl

Bibliografische Information der Deutschen Bibliothek.
Die Deutsche Bibliothek verzeichnet diese Publikation in der
Deutschen Nationalbibliografie; detaillierte bibliografische Daten
sind im Internet über http://dnb.ddb.de abrufbar.

Dieses Werk wurde neu gesetzt, Typografie und Übersetzung wurden gegebenenfalls
korrigiert bzw. verbessert. Die Rechte an Satz und Layout sowie an der Einführung von
Dr. H.T. Hakl liegen beim H·Frietsch Verlag. Wir haben uns bemüht, Rechtsnachfolger
an der deutschen Übersetzung ausfindig zu machen, was uns nicht gelungen ist.
Mögliche Rechtsinhaber mögen sich mit uns in Verbindung setzen.

Copyright ©
H·Frietsch Verlag – edition epoché
Gaggenau 2015
www.aagw-gnostika.de

Auslieferung Books on Demand: www.bod.de

Printet in Germany

978-3-937592-20-6

Julius Evola

Das Mysterium des Grals

edition epoché

Inhalt

Hans Thomas Hakl

Julius Evola und „Das Mysterium des Grals"

Die Urfassung zu Evolas *Das Mysterium des Grals* bestand in einem Anhang zur Erstausgabe seines Hauptwerkes *Rivolta contro il mondo moderno*[1], das im Jahre 1934 erschien. Drei Jahre später war daraus ein eigenständiges Buch hervorgegangen, das unter dem (hier übersetzten) Titel *Das Mysterium des Grals und die ghibellinische Reichstradition* vom renommierten Verlag Laterza in Bari in einer Reihe religiöser und esoterischer Studien herausgegeben wurde, in der u. a. auch Werke von Sigmund Freud, Richard Wilhelm und C. G. Jung aufgenommen waren.

Die Herkunft aus der Revolte gegen die moderne Welt[1] ergibt sich eigentlich ganz von selbst, bespricht Evola doch dort im Rahmen seiner „übergeschichtlichen" Analysen auch das Mittelalter mit seinem Ritterethos sowie die auf einem sakralen Königtum beruhende Reichssymbolik. Drei Dinge wollte Evola vor allem mit seinem Gralsbuch klarmachen, daß:

1. der Gral kein christliches, sondern ein hyperboreisches Mysterium sei,
2. es sich dabei um ein initiatisches Mysterium handle und
3. der Gral symbolischer Ausdruck der Hoffnung und des Willens einer bestimmten Führungsschicht im Mittelalter (eben des Ghibellinentums) gewesen sei, die das gesamte damalige Abendland in einem „heiligen", d. h. auf transzendenten, spirituellen Grundlagen beruhenden „Reich" neu organisieren und vereinigen wollte.

Die Frage, ob Evola mit seiner Interpretation auch recht hat, kann indessen nicht eindeutig beantwortet werden. Der Mediävistik-Professor Franco

---

[1]   Wir möchten hier auf die deutschen Ausgaben Ansata, Interlaken 1982, und des davon erstellten Reprints Arun, Vilsbiburg 1993, aufmerksam machen. Da es sich dabei um *das* Grundlagenwerk Evolas handelt, das die Prinzipien seiner „traditionalen" Weltanschauung am klarsten aufzeigt, halten wir ein wirkliches Verständnis dieses Autors ohne Kenntnis der „Revolte" nur schwer für möglich. Deutsche Erstausgabe unter dem Titel: *Erhebung wider die moderne Welt*, Stuttgart 1935.

Cardini spricht in seiner Einführung zur vierten italienischen Neuherausgabe (Rom, 1994) des vorliegenden Werkes sogar von einer „eigenartigen totalisierenden Neigung vieler Autoren, die annehmen, daß sich der Gral mit einer einzigen Grundthese erklären ließe" (S. 22). Erstens – und da würde Evola voll zustimmen – handelt es sich hier um einen Mythos, und ein Mythos ist definitionsgemäß nicht ein-, sondern vieldeutig und zweitens erstreckt sich der Gralsmythos über mehrere, sehr verschiedenartige Einflüsse und zwar vor allem:

a) christliche Legenden (zumindest zu einem späteren Zeitpunkt)
b) keltische Folklore
c) das sogenannte Isis-Buch (das elfte Buch der *Metamorphosen* des Apuleius, das, noch aus der Antike stammend, die Einweihung in die Isis-Mysterien beschreibt) sowie das *Corpus Hermeticum*.

Das zumindest ist die Ansicht von Henry und Renée Kahane in der grundlegenden *Encyclopedia of Religion*, Band 6, New York/London 1987, deren Zusammenstellung Mircea Eliade, dem wohl bekanntesten Religionswissenschaftler dieses Jahrhunderts, unterstand.

Dementsprechend weit klaffen auch die Deutungen des Grals selbst auseinander, die vom priesterlichen Meßkelch bis zur „Mannamaschine" für eine automatisierte Nahrungsherstellung (Fiebag) oder zum „Freudschen" Gral = Vagina reichen. Die angeführten Ursprünge ziehen sich ebenfalls vom christlichen Abendland (Burdach) bis zum islamischen und persischen Orient (Corbin). Dazu kommen noch die Arbeiten aus der analytischen Psychologie (Emma Jung, Von Franz und R. Johnson).

Eines scheint hingegen sicher zu sein: Um bloße Phantasien in einem rein ästhetisch-dichterischen Sinne dürfte es sich beim Gralsmythos nicht handeln. Denn wie Franco Cardini in seiner schon erwähnten Einleitung schreibt: „Kein mittelalterlicher Schriftsteller hat je eine Zeile auf Grund seiner reinen und bloßen Phantasie geschrieben, und es wäre antihistorisch, sich so etwas vorzustellen."

Vielleicht noch ein Punkt, der gerade im Rahmen der heutigen Debatte um die Geschlechterdifferenzen von Interesse ist: Es sind immer nur Männer, die auf Gralssuche gehen, denn die Frauen besitzen ihn schon von Natur aus. So werden in allen Fassungen nur Frauen als Gralsträger angeführt. Aber, wie die der Jungschen Schule der analytischen Psychologie verpflichtete Helen Luke meint,[2] haben viele Frauen heutzutage für die nährende (geistige, seelische und körperliche) Grals-Funktion ihres Frauseins schon Verachtung übrig, da sie nur die Gleichstellung mit dem Mann auf Gebieten anstreben, die bis jetzt rein männliche Domäne waren. Diese Frauen seien somit ihrem eigenen Wesen entwachsen und hätten kein Gegengewicht mehr zu ihrer übermächtig gewordenen, männlichen Seite. Mit anderen Worten: Sie hätten ihren Gral verloren und müßten ebenso wie die Männer wieder auf die Suche nach ihm gehen, um zu seelischer Harmonie zu finden.

Was erhoffte nun Evola, als er sein Buch über den Gral veröffentlichte? Im Epilog zur Erstausgabe 1937 bringt er es klar zum Ausdruck:

„Das Symbol des Grals in seiner Reinheit verstehen und leben, würde heute die Erweckung von Kräften bedeuten, die einen transzendenten Bezugspunkt für das liefern könnten, was sich morgen, nach einer großen Krise, in Gestalt einer ‚Epoche, die über die Nationen hinausgeht‘, zeigen könnte. Ebenso würde es die Befreiung der sogenannten ‚Weltrevolution‘ von den falschen Mythen bedeuten, die sie vergiften, und die erst ihre Unterjochung durch dunkle, kollektivistische und irrationale Kräfte möglich machen. Zusätzlich würde es heißen, den Weg zu einer wahren Ganzheit zu verstehen, die tatsächlich imstande wäre, sowohl über die materialisierten – wir könnten auch ‚luziferische‘ und titanische sagen – Herrschafts- und Machtformen hinauszuführen wie auch über die ‚lunaren‘ Formen der religiösen, demutsträchtigen Überreste und der heutigen neospiritualistischen Zersplitterung.‘‘

Aber, so fügt Evola hinzu, ob eine solche Entwicklung eintreten werde, müsse er offenlassen. Deshalb sei es auch sinnlos, irgendwelche Gruppierungen aufzubauen, die darauf Einfluß nehmen könnten.

Um diese Worte voll zu verstehen, muß man wissen, daß es spätestens seit 1925 Evolas Bestreben war, die politische Entwicklung Italiens im Sinne einer geistigen Wiederherstellung des antiken römischen Reiches

---

2   John Matthews (Ed.) *At the Table of the Grail*, London 1984, 92.

zu beeinflussen. Der Faschismus, der damals schon an der Macht war, schien etliche Voraussetzungen dafür zu erfüllen, umso mehr als Mussolini solchen Ideen selbst nicht abgeneigt war.[3]

1928 veröffentlichte Evola dann sein erstes politisches Buch unter dem Titel *Imperialismo Pagano*[4], das in ziemlich polemischer Weise genau dafür kämpfte. Das Konkordat, das Mussolini mit der katholischen Kirche 1929 gegen eben solche Bestrebungen schloß, die die Macht der katholischen Kirche ausgelöscht hätten, machte Evolas Hoffnungen endgültig zunichte. Wie Piero Fenili in seiner Aufsatzreihe *Gli errori di Julius Evola* (*Die Irrtümer Julius Evolas*) in der Zeitschrift *Ignis* (Dezember 1991, S. 146 ff.) hinweist, dachte Evola in seinem *Heidnischen Imperialismus* noch an eine Restauration „im Rahmen einer Tradition des Mittelmeerraumes". Sein Glaube an die eigenständigen Kräfte dieses Raumes scheint aber in den Folgejahren gelitten zu haben. Mussolinis Verhalten und der alltägliche Faschismus in Italien waren der Anlaß. Durch immer engere Kontakte zur sogenannten Konservativen Revolution in Deutschland richtete Evola seine Hoffnung auf eine Vereinigung der „beiden Adler", d. h. des deutschen und des römischen. Vorbild war die Zeit des Mittelalters, wo der vielleicht eindrucksvollste deutsche Kaiser, nämlich Friedrich II. von Hohenstaufen, das „Staunen der Welt", in Italien, d. h. in Sizilien aufgewachsen war und so nicht nur „deutsches" und „italienisches" Gebiet in seinem Heiligen Römischen Reich vereinte, sondern auch anscheinend von beiden geographischen Räumen das Beste verkörperte. Evola stand zu jener Zeit stark unter dem Einfluß der damals große Begeisterung auslösenden, zweibändigen Biographie des Staufenkaisers von Ernst Kantorowicz.

Das war auch der Ausgangspunkt seines politischen Anliegens bei der Abfassung des *Mysteriums des Grals*. Wie es im Mittelalter schon einmal möglich gewesen war, so könnten ebenso in der Gegenwart Italien und Deutschland gemeinsam ein „Heiliges Römisches Reich" aufbauen, das auf spirituellen Grundlagen – eben auch auf der Grals-Mystik – beruhen

---

3   Siehe dazu die ziemlich ausführliche Darlegung im Vorspann zu Julius *Evolas Menschen inmitten von Ruinen*, Tübingen 1991, wo versucht wird, Evolas gesamtes politisches Wirken übersichtsmäßig zu erfassen.

4   Deutsche Ausgabe unter dem Titel *Heidnischer Imperialismus*, Leipzig 1933.

sollte. Somit erklärt sich der Vorwurf, den ihm der erwähnte Piero Fenili macht, der einer reinen „italischen" Tradition das Wort redet und Evola quasi eine Deutschhörigkeit ankreidet.

In einem erst kürzlich erschienenen, sehr aufschlußreichen Aufsatz (in der Zeitschrift *Politica Romana*, No. 2/ 1995, 41 ff.) versucht nun Fenili schlüssig nachzuweisen, daß es gerade diese evolianische Hochwertung des Mittelalters war, die so viele italienische Evolianer in die traditionalistischen Kreise der katholischen Kirche eintreten ließ. Denn die Begeisterung für das Mittelalter führte zwangsläufig zur Erkenntnis der überragenden Stellung der katholischen Kirche jener Zeit.

Wie bekannt, kamen die Zeiten anders, und von spirituellen Grundlagen war weit und breit nichts zu sehen. Ganz im Gegenteil. Das schlägt sich auch in Evolas Epilogen zu den nur wenig veränderten Versionen seines *Mysteriums des Grals* nieder, die 1962 und 1972 veröffentlicht wurden.[5] Evola – aller alten, diesbezüglichen politischen Hoffnungen ledig – betonte nunmehr die initiatische und innere Bedeutung für den einzelnen.

Mögen auch Evolas Vorstellungen vom Gral als Krönung des imperialen Mythos in unserer Welt keinen Widerhall gefunden haben, so ist doch – wie sowohl G. de Turris und Chiara Nejrotti in ihren Begleittexten zur vierten Ausgabe des italienischen Originaltextes hervorheben – nicht zu leugnen, daß in den letzten Jahren das Mittelalter sozusagen „in Mode" gekommen ist. Begonnen hat es mit der weltweit unglaublich erfolgreichen Romantrilogie *Der Herr der Ringe* von J. R. R. Tolkien sowie mit Marion Zimmer Bradleys *Die Nebel von Avalon*, die Ausgangspunkt einer ganzen Literaturgattung des „fantasy" wurden, aber auch mit Umberto Ecos *Im Namen der Rose*. Eco dürfte allerdings – im Gegensatz zu den beiden anderen Autoren – seinen Roman mit genau umgekehrter Absicht geschrieben haben: mit der Absicht nämlich, das Mittelalter möglichst

---

5   Die vorliegende deutsche Ausgabe ist eine leicht erweiterte Übersetzung der Erstausgabe von 1937. Die Unterschiede zu den 1962 und 1972 von Evola überarbeiteten Ausgaben sind aber nicht wesentlich und ändern vor allem überhaupt nichts an den erhaltenen Grundgedanken. Bei dem hier vorliegenden Werk wurden aber einige Übersetzungsfehler der vom O.W. Barth Verlag 1954 in München-Planegg vorgelegten Ausgabe bereinigt und bei, vor allem in den Anmerkungen erwähnten Werken Evolas die deutschen Titel angeführt, sofern inzwischen Übersetzungen erfolgt sind.

dunkel zu zeichnen, um das Licht der Vernunft umso heller strahlen zu lassen. Ein Schuß, der wahrscheinlich daneben gegangen ist. Worauf ist nun diese Faszination für das Mittelalter zurückzuführen? Man darf annehmen, daß der Mensch der rasanten technischen Änderungen und der damit verbundenen ununterbrochenen Neuorientierungen in seinem Leben etwas überdrüssig geworden ist. Mehr noch: Gilt nicht schon das Paradoxon, daß es „fortschrittlich" ist, gegen den „Fortschritt" zu sein und die Herrschaft der Wissenschaft sowie der reinen Zweckmäßigkeit und Rationalität anzuzweifeln? Eine Beschäftigung mit der Vergangenheit, ein Rückfragen und sogar eine geheime Sehnsucht nach einer anderen Lebensart liegen da nicht mehr abseits.

Dazu kamen Forschungsergebnisse – vor allem aus französischen Historikerschulen –, die das Mittelalter gar nicht mehr so finster erscheinen ließen, wie es die Aufklärung ausgemalt hatte. Nicht nur die Häuser waren bunt, sondern auch das Leben. Und da Protestantismus und katholische Gegenreformation noch weit entfernt waren, dürfte auch die Sinneslust ihren Platz gehabt haben, so z. B. in den Badehäusern. Wenn selbst marxistisch angehauchte Historiker vom Schlage eine Jacques le Goff das Mittelalter „besingen" und weltbekannte Universitätsgelehrte wie Régine Pernoud gleich mehrere Bücher schreiben, um unsere Vorurteile über das Mittelalter zunichte zu machen, kann man vielleicht auch Ideen oder Vorstellungen aus jener Zeit, natürlich entsprechend abgewandelt, in unsere Zeit übertragen oder zumindest darüber nachdenken. Pernoud sagt ja sogar, daß der heutige Mensch unter gewissen Aspekten dem mittelalterlichen sehr ähnlich sei. Damit dürfte sich ebenso die – vor allem in England feststellbare – Renaissance des Arthurzyklus und des Gralsmythos erklären. Da kann auch das vorliegende Buch Evolas nicht ganz falsch liegen, gibt es doch eine ganze Reihe von interessanten Anregungen, wie selbst der erwähnte Professor für mittelalterliche Geschichte an der Universität Florenz, Franco Cardini, meint.

Das führt uns ganz von selbst zu einer Frage hin, die wir etwas eingehender behandeln wollen. Hand in Hand mit der zunehmenden Skepsis gegenüber einem rein wissenschaftlich-rationalen Denken geht ja die Suche nach alternativen Denkmethoden. Eine solche ist die von Evola in seinen esoterischen Schriften verwendete, sogenannte „traditionale Methode" zum Erfassen des eigentlichen Wesenskerns einer geschichtlichen Epoche. Evola umschreibt das so[6]: „Im allgemeinen ist die Ordnung der Dinge, mit denen wir uns hauptsächlich befassen, so, daß jedes Material, das ,historischen' oder ,wissenschaftlichen' Wert hat, das am wenigsten brauchbare ist; und das, was als Mythos, Legende oder Sage ohne historischen Wahrheitsgehalt und ohne Beweiskraft ist, gerade dadurch eine höhere Wertigkeit erlangt und zur Quelle einer echteren und sichereren Erkenntnis wird... Während man vom Standpunkt der ,Wissenschaft' aus den Mythos nach seinem geschichtlichen Gehalt bewertet, bewerten wir im Gegenteil die Geschichte nach ihrem mythischen Gehalt ..."

Im Wesentlichen geht es hier um eine Überschneidung von Geschichte mit „Übergeschichte", deren Resultat der Mythos ist, weshalb er von beiden Welten, der geschichtlichen und der transzendenten, etwas hat. Daher auch der höhere Wahrheitsanspruch. Klar ist damit ebenfalls, warum nach Evola eine rein rationale und historische Betrachtung zur Erkenntnis des Mythos nicht genügen kann. Aber selbst, wenn wir die „Transzendenz" beiseite lassen, kann trotzdem ein höherer Wahrheitsanspruch geltend gemacht werden, wenn wir hören, was der Jungsche Analytiker Robert Johnson sagt: „Mythen scheinen sich allmählich zu entwickeln. Gewisse Motive tauchen auf, werden ausgearbeitet, bis sie schließlich schön abgerundet sind, und zwar dadurch, daß die Leute gewisse Geschichten, die sie interessieren, immer und immer wieder erzählen. Damit bleiben Themen, die universal sind, lebendig, währenddessen Elemente, die nur für einzelne Menschen charakteristisch sind, im allgemeinen wegfallen. Mythen stellen so ein kollektives Bildnis dar. Sie sprechen von Dingen, die für alle Menschen wahr sind ...

Ein Mythos kann eine Phantasie sein; er kann das Produkt der Vorstellungskraft sein, aber nichtsdestoweniger ist er wahr und wirklich. Er beschreibt Realitätsebenen, die sowohl die äußere rationale Welt als auch die viel weniger verstandene innere Welt innerhalb der Psyche der einzel-

---

6   *Revolte gegen die moderne Welt*, 23.

nen Menschen in sich fassen".[7] Plutarch sagt in seinem *De Iside* (Florenz, 1962, 41): „Der Mythos ist für uns hier unten nichts anderes als die Widerspiegelung einer höheren Wahrheit, die das menschliche Denken in eine sinnlich wahrnehmbare Richtung drängt."

Das erinnert an den Satz von Kaiser Julianus Apostata: „Das geschah nie, ist aber ewig wahr". Dazu paßt wiederum der Titel des Einführungsvortrages des inzwischen emeritierten Universitätsprofessors Gilbert Durand anläßlich eines Symposiums über den „Mythos und das Mythische", das 1985 in Cerisy abgehalten wurde, der da lautete: „Über die Beständigkeit des Mythos und die Änderungen der Geschichte". Kurt Hoffman[8] zitiert den Philologen und Mythologen Walter F. Otto, wie folgt: „Mythos und sein Gegensatz Logos bedeuten beide das Wort. Aber Logos ist das Wort als Gedachtes, Sinnvolles, Überzeugendes … Mythos aber bedeutet von Anfang an… das autorative Wort … ja gerade das wahre Wort, das keinen Zweifel … zuläßt … Der ursprüngliche Mythos bezeugt sich selbst dadurch, daß er eine *Macht* ist, die ins Leben greift, in den *Haltungen und Handlungen der Menschen zur Erscheinung kommen muß*". Und der Kulturhistoriker Denis de Rougemont[9] bestärkt das, indem er schreibt: „Aber der tiefste Zug des Mythos ist die Macht, die er über uns gewinnt, im allgemeinen, ohne daß wir es merken."

In einem anderen Buch (*He*, New York 1974) hebt der schon zitierte Robert Johnson die unerhörte Wichtigkeit des Mythos hervor, indem er darauf hinweist, daß für die Naturvölker die Mythen immer heilig waren, so als ob sie ihre innersten Seelen enthielten. Ja, ihr eigenes menschliches Leben und ihr Tod hinge mit dem Leben und Tod der Mythen zusammen, wie das bei den nordamerikanischen Indianern der Fall war, wo der Tod ihrer Mythologie auch die Zerstörung ihres Geistes und in der Folge gar ihres Lebens bedeutete.

Interessant in diesem Zusammenhang ist noch die Stellungnahme des an einer römischen Universität lehrenden Elemire Zolla, der im Mythos gar

---

7   Robert A. Johnson, *She*, New York 1976, 2.
8   In seiner Vorrede zu *Die Wirklichkeit des Mythos*, München-Zürich 1965, 7.
9   In seinem wunderbaren Buch *L'amour et l'occident*, Paris 1972, 19. Deutsche Ausgabe *Die Liebe und das Abendland*. Gaggenau: edition epoché, 2007.

ein Bindeglied zwischen Erkenntnis im naturwissenschaftlichen Sinne und der Gefühlswelt sieht. Dem Mythos, der deshalb nie eindeutig sein könne, da er eben nicht nur auf den Intellekt ausgerichtet ist, müsse dann aber auch eine nicht-duale Metaphysik entsprechen, d.h. eine nicht nur rein rationale und diskursive Philosophie. Zolla sieht in den indischen Philosophien, wie sie z. B. Nagarjuna und Shankaracharya ausgeführt haben, Lösungsmöglichkeiten. Ebenso sieht das der Naturwissenschaftler Costa Beauregard (zitiert bei Zolla) in seinen Arbeiten über die Informationsübertragung bei disintegrierten Atomen, da nur solche non-duale Metaphysiken die logischen Rätsel der modernen Physik angemessen behandeln könnten. Zolla träumt weiter, daß vielleicht nach einigen Generationen des Umgangs mit solchen Philosophien von einem logisch-positivistischen Standpunkt unvereinbare Daten der Physik selbstverständlich würden und damit endlich Gefühlswelt und Erkenntnis wieder übereinstimmen könnten.[10]

Für C.G. Jung schließlich und endlich spiegeln Mythen unterschwellige psychologische und spirituelle Prozesse und sind spontane Äußerungen des kollektiven Unbewußten, da sie Archetypen an die Oberfläche bringen, d. h. seelische Muster, die immer und überall Gültigkeit besitzen.

Etwas so Komplexes wie den Mythos möglichst weitgehend zu erfassen, scheint also tatsächlich besondere Erkenntnismethoden zu verlangen. Evola selbst sagt ja in seinen esoterischen Werken mehrfach, daß dafür ein Erkennen notwendig ist, das gleichzeitig ein Sehen und ein „Verwirklichen" in sich birgt. Franz Vonessen beschäftigt sich in seinem Aufsatz „Der Mythos vom Weltschleier" (in der Zeitschrift *Antaios* IV, Stuttgart 1963, 2) mit eben diesem Problem, wie folgt: „Will also eine Untersuchung dem Mythos gerecht werden, so muß sie richtigerweise beim Wahrheitsanspruch der mythischen Aussage einsetzen. Das aber heißt: Das philosophische Problem der Mythologie ist zunächst ein Problem der Erkenntniskritik. In dieser Form ist es erstmals von Schelling klar formuliert worden: „Hier fragt sich nicht, welche Ansicht muß von der Erscheinung gewonnen werden, damit sie irgend einer Philosophie gemäß sich bequem erklären lasse, sondern umgekehrt, welche Philosophie wird

---

10   Elemire Zolla *L'amante invisible*, Venedig 1968, 30f.

gefordert, um dem Gegenstand gewachsen, auf gleicher Höhe mit ihm zu sein. Nicht, wie muß das Phänomen gewendet, gedreht, vereinseitigt oder verkümmert werden, um Grundsätze, die wir uns einmal vorgesetzt, nicht zu überschreiten, sondern: wohin müssen *unsere* Gedanken sich erweitern, um mit dem Phänomen in Verhältnis zu stehen."

Und weiter: „Sie (d. h. die übliche mythologische Deutung) deutet z. B. die *Befremdlichkeit* der mythischen Sprache ganz naiv in eine mythische *Weltfremdheit* um; sie interpretiert die *Hilflosigkeit* realistischer Deutungsaspekte als *Unbehilflichkeit* des mythischen Menschen mit der Realität. Auf diese Weise projiziert sie die Unzulänglichkeit ihrer eigenen Zurüstung in den Mythos hinein und widerlegt in ihrer Mythenkritik nicht etwa diesen, sondern einzig sich selbst".

Nicht ohne Grund beschäftigt sich neuerdings auch die Philosophie wiederum mit dem Mythos.[11] Doch damit tritt auch das grundlegende Dilemma immer deutlicher zutage, wie es z. B. R. Girardet in seinem *Mythes et mythologies politiques*, Paris 1968 (S. 24) formuliert:[12] „Der Mythos kann nur verstanden werden, wenn er ganz im Innersten gelebt wird, aber ihn zu leben, heißt, daß es unmöglich ist, objektiv über ihn zu berichten."

Evola hat natürlich Vorläufer für seine „traditionale" Methode der Geschichtsbetrachtung, so vor allem Giambattista Vico (1688–1744), der sich wahrscheinlich als erster der Mythen bediente, um zum inneren geistigen Kern der Antike vorzudringen. Dann ist, wie wir gesehen haben, der Philosoph des deutschen Idealismus Friedrich Wilhelm von Schelling (1755–1854) zu nennen. Bekannt gemacht hat diese Methode aber der schweizerische Mythenforscher Jakob Johann Bachofen (1815–1887), mit dem sich Evola schon frühzeitig auseinandergesetzt hatte, und von dem er sogar grundlegende Begriffe und Deutungen übernahm, wenn er auch die Bewertung vielfach umkehrte. Evola war es dann auch, der Bachofen in Italien zum Durchbruch verhalf, indem er eine Anthologie seiner Schriften ins Italienische übersetzte und herausgab.

---

11 Siehe dazu vor allem die grundlegende Arbeit des Kieler Philosophen Kurt Hübner: *Die Wahrheit des Mythos*, München 1985.

12 Hier zitiert nach Christophe Boutin, *Politique et Tradition*, Paris 1992.

Ein kurzer Auszug aus Bachofens *Versuch über die Gräbersymbolik der Alten*, Basel 1859, soll seine Einstellung verdeutlichen: „Die Sprache reiht einzelnes aneinander und bringt immer nur stückweise zu Bewußtsein, was, um allgewaltig zu ergreifen, notwendig mit einem Blicke der Seele vorgeführt werden muß. Worte machen das Unendliche endlich, Symbole (und ebenso der Mythos) führen den Geist über die Grenzen der endlichen, werdenden in das Reich der unendlichen, seienden Welt"[13]. Schlußendlich ist es aber René Guénon, der große Lehrmeister Evolas auf dem Gebiet der Esoterik, von dem er am meisten über die traditionale Methode gelernt hat.

Nicht unerwähnt darf hier aber auch der wechselseitige Einfluß bleiben, der sich zwischen Evola und Mircea Eliade ergab. Mag Eliade zwar ganz wesentlich vom Religionswissenschaftler Gerardus van der Leeuw beeinflußt sein,[14] was sein in letzter Zeit immer mehr umstrittenes Mythosverständnis anbelangt (Eliade sprach – allerdings in einem anderen Sinne als C. G. Jung – von „Archetypen"), so ist doch eine gewisse Ähnlichkeit mit der traditionalen Methode feststellbar. Piero di Vona, Philosoph an der Universität Neapel, hat darüber in einem Aufsatz referiert.[15] Eliade stand seit 1927 bis zu dessen Tod mit Evola in Briefkontakt. 1936 lernten sie sich in Rumänien auch persönlich kennen.[16]

Ein großer und berufener Gegner der traditionalen Denkmethode ist mit Umberto Eco gegeben. In seiner Einleitung zu Maria Pia Pozzato (Hg.) *L'Idea Deforme*, Mailand 1989, zerpflückt er René Guénons Werk *König der Welt* – übrigens eine der Quellen zu Evolas Gralsbuch – und nimmt es als geradezu klassisches Beispiel für das „Wegrutschen" von sinnvollen

---

13 Wir zitieren hier nach Walter Heinrich, *Der Sonnenweg*, Interlaken: Ansata 1985, 25. Prof. Heinrich, ein Schüler der Ganzheitsphilosophie Othmar Spanns, erscheint im eben erwähnten Werk mit einem Aufsatz Über die traditionelle Methode, wobei er allerdings weniger über die Methodik referiert, als vielmehr über die wichtigsten modernen Vertreter dieser Methode, nämlich Rène Guénon, Julius Evola und Leopold Ziegler. Heinrich sieht übrigens Evolas Gralsbuch geradezu als Paradebeispiel für die traditionale Methode.
14 Das beweist sein vielleicht begabtester Schüler, der leider in noch ziemlich jungen Jahren ermordete Ioan P. Culianu in seiner Arbeit *Mircea Eliade*, Assisi 1978, 146f., sehr schlüssig.
15 In der Zeitschrift *Diorama Letterario*, Nr. 109, Florenz, November 1987, 8.
16 Siehe dazu Diorama Letterario, Nr. 109 und 120, Nov. 1988, 17 ff. und Les Deux Etandards, Nr. 1, Sept. – Dez. 1988, 45 ff.

Aussagen. Da von einem gewissen Gesichtspunkt jede Sache eine Beziehung der Analogie, Zusammengehörigkeit und Ähnlichkeit mit einer beliebigen anderen Sache aufweist, geht seiner Meinung nach auf diesem Wege schlußendlich jede sinnvolle Aussage verloren. In einer wissenschaftlich semiotischen Denkweise haben Analogien „traditionaler" Art natürlich keinen Platz, trotzdem aber vermögen sie das menschliche Gemüt tief zu bewegen, wie wir weiter oben feststellen konnten. Und wenn, wie C.G. Jung meint, Wirklichkeit das ist, was wirksam ist, dann sind Mythen auch Wirklichkeit. Hier sind natürlich völlig unterschiedliche Definitionen von Wirklichkeit im Spiel.

Diese Problematik dürfte jedenfalls noch weit davon entfernt sein, allgemein befriedigende Lösungen anbieten zu können. Das Heil allein in der ratio zu suchen, wird ebenso schwierig sein und wirft zumindest zwei Fragen auf: erstens kann diese Entscheidung zur ratio logisch gesehen auch nicht nur auf rationalem Wege gefaßt werden, ist also selbst vorrational, und zweitens vermag die ratio nicht den Menschen in seiner Gesamtheit zu erfassen und kann somit schon per definitionem keine Lösung für den gesamthaften Menschen finden. Rein rationale Lösungen können immer nur Teillösungen sein, was natürlich kein Aufruf zu irrationalen Lösungsversuchen sein darf und soll. Aber zumindest finden viele Fehlentwicklungen bei komplexen Fragen so ihre Antwort.

Bei einem *auch* politischen Denker wie Evola darf dabei ein eminent wichtiger Punkt nicht fehlen: Die Problematik des politischen Mythos.

Im schon erwähnten Buch Kurt Hoffmans *Die Wirklichkeit des Mythos* schreibt der Herausgeber in seiner Einleitung: „Es ist das Unglück der Politik, daß es vor allem falsche Mythen sind, die die Geschichte weitgehend bestimmt haben – Mythen von irdischer Erlösung, der Endzeitmythos der klassenlosen Gesellschaft, die Mythen von Blut und Boden und von völkischer Auserwähltheit."

Eine ganze Reihe von Philosophen, Soziologen und Politologen, wobei auch die Religionswissenschaftler nicht vergessen werden dürfen, drängen aus diesem Grunde auf eine radikale Entmythologisierung und auf den Ersatz des Mythos durch diskursives Denken. David Müller nennt diese Tendenz in Anlehnung an den Ikonoklasmus den Mythoklasmus, also statt

Bilderstürmerei eine Mythenstürmerei. Er bringt[17] in Verteidigung des My-
thenforschers Joseph Campbell, der wie Eliade immer wieder angegriffen
wird, eine Auflistung der einzelnen demythologisierenden Schulen und
auch ihrer (z. T. guten) Gründe. Aber die analytische Psychologie kann
natürlich einem „mythoklastischen" Streben nie das Wort reden, da sie um
die überragende Wichtigkeit der Mythen bei der individuellen Entwicklung
weiß. Sie würde ihre eigene Basis zerstören.

Doch hören wir, was die berühmte Genfer Philosophin Jeanne Hersch
dazu zu sagen hat.[18] Aus ihrem von großer Menschlichkeit getragenen
Aufsatz „Mythos und Politik", können wir leider nur einige Sätze herausheben. Die philosophische Ableitung dieser Kernsätze würde den Rahmen
hier völlig sprengen. Jeanne Hersch schreibt also: „Jede Politik gründet
auf einem Mythos … Auf der Ebene der Politik ist also der Positivismus
streng genommen unhaltbar … Der politische Mythos ist also weder positive Realität noch reine Fiktion, er ist eine wirksame Fiktion. Natürlich
könnte man erwidern, daß jeder Plan, jedes Programm auch eine Fiktion
ist, die Wirksamkeit für sich in Anspruch nimmt. Der Unterschied aber
zwischen Programm und Mythos ist, daß das Programm für die Zukunft
eine objektive Veränderung der Dinge und Beziehungen plant, während der
Mythos gleichzeitig seinen Sinn auf die unmittelbare Gegenwart bezieht
und dadurch das Wesen des Handelnden angeht. Er faßt die Vieldeutig-
keit der politischen, der menschlichen, der zeitlichen Wirklichkeit in sich
zusammen."

Und weiter: „Man erreicht keine eindeutige politische Realität, indem
man die politischen Mythen auszuschließen oder zu entschleiern versucht,
als handle es sich um eine einfache Subtraktion. „Das Ende der Ideologi-
en", von dem heute oft die Rede ist, würde nicht den Anfang einer neuen
Zeit bedeuten, wo die Politik aufrichtig, kontrollierbar, nur auf soziale
„Realitäten" und auf Gemeinsinn gegründet wäre. „Das Ende der Ideologien" würde das Verkennen der wahren Natur des Politischen mit sich
bringen. Die Folge wäre entweder die blinde und dumpfe Herrschaft einer

---

17   In der Jungschen Zeitschrift *Spring*, Fall 1994, 84 f.
18   Kurt Hoffmann: *Die Wirklichkeit des Mythos*, 79–91.

nicht erkannten, ignorierten und also unbestrittenen Ideologie oder das Verschwinden der politischen Ebene zugunsten einer reinen Technokratie, deren Werte und Ziele als selbstverständlich gälten und also wiederum fraglos und unbestritten herrschen würden. In beiden Fällen wären die Menschen von der Tyrannei gekennzeichnet, so tief, daß die Freiheit ihren Sinn verlieren würde, und es gäbe den Menschen nicht mehr."

Und dann prägt Jeanne Hersch zwei unendlich wichtige Lehrsätze für eine „politische Kultur": „Die politische Wahrheit erreicht man nicht, indem man den Mythos ausschaltet, sondern indem man in der Gegenwart die Spannung entgegengesetzter Mythen erträgt. Dann wird man die Widersprüche, die sich daraus ergeben, auf sich nehmen, sowie auch die unvereinbaren Forderungen der Werte, woraus keineswegs folgt, daß diese Werte falsch sind, daß alles erlaubt ist –, sondern im Gegenteil, daß sie alle gelten, und daß alles versucht werden muß, ohne das Versprechen einer Vollendung."

Trotzdem also der Mensch „ohne Mythen kein Mensch ist", muß der Mensch Fragen an den Mythos und an sich stellen, Vernunft und Mythos müssen in einem Spannungsverhältnis koexistieren und so das menschliche Wesen widerspiegeln. Hier hat auch die Demythologisierung ihren Platz.[19] Wie Kurt Sontheimer in seinem grundlegenden Werk *Antidemokratisches Denken in der Weimarer Republik*, in der ja ein starker Zug zum Mythischen, Religiösen und Metaphysischen spürbar war, ausführt, geht es nicht um eine völlige Ablehnung des Mythos, sondern um eine Differenzierung der Erkenntnismittel. Das heißt, unterschiedliche Probleme bedingen unterschiedliche Erkenntnismethoden.

Doch zurück zu Evola: Zu den „Schlußbetrachtungen" im vorliegenden *Mysterium des Grals* sollten noch einige Worte gesagt werden. Daß Evola die Neigung hatte, „Weltverschwörungstheorien" anzuhängen, kann nicht bestritten werden. Anzumerken ist nur, daß er – hier stark unter dem Einfluß René Guénons stehend – nicht eine bestimmte Gruppe von Menschen anklagte, die Weltherrschaft an sich reißen zu wollen. Seine Theorie erstreckte sich vielmehr in den transzendenten Bereich und muß in einem

---

19 Wir denken hier v. a. an die Schriften von Karl Löwith und Ernst Topitsch.

geradezu „kosmischen" Rahmen gesehen werden. Die Kräfte, die den für ihn offenbaren Niedergang der Welt seit der Antike bewirkten, konnte er nur als geistige, „außermenschliche" Kräfte sehen. Und sollten einzelne Menschen oder Gruppierungen tatsächlich dabei mitwirken, sind sie für ihn nur unbewußte Werkzeuge weit höherer Wesen in ganz andern Sphären. Neben Guénon ist hier noch der Einfluß antimodernistischer, katholischer Kreise zu spüren, wobei vor allem Joseph de Maistre – der auch Freimaurer war – und Donoso Cortés zu nennen sind.[20]

Hierzu und zum Abschluß soll Evola selbst zu Wort kommen und zwar in einer Anmerkung, die er der letzten von ihm korrigierten Ausgabe des *Mysterium des Grals* eigens hinzugefügt hat und die, weil unsere Ausgabe auf einer früheren Version beruht, in unserem Text nicht erscheint. Evola schreibt also: „Wir legen ziemlichen Wert darauf, daß der Leser bei uns nicht irgendeine vorgefaßte Feindseligkeit gegen die Freimaurer als gegeben nimmt. Wir persönlich haben freundschaftliche Beziehungen mit hohen Vertretern der Maurerei gehabt, die bemüht waren, deren initiatische und traditionale Reste hochzuhalten. In dieser Richtung haben z.B. Ragon, A. Reghini und O. Wirth gewirkt. Wir wissen auch von Logen, wie die Johannislogen und anderen, die sich von politisch-sozialen Aktivitäten abseits gehalten haben und im wesentlichen Studienzentren darstellen. Aber aus dem Pflichtgefühl gegenüber der Wahrheit vermögen wir es nicht, das hier aus einem geschichtlichen Blickwinkel gegebene allgemeine Bild der modernen Freimaurerei abzuändern und zwar wegen der tatsächlichen und bereits vorherrschenden Richtung ihrer Tätigkeit."

---

20 Eingehendere Hinweise zu diesen Fragen und Evolas Verstrickung darin finden sich bei Sergio Romano, *I falsi protocolli*, Milano 1992, und im schon erwähnten Vorspann zu Julius Evola, *Menschen inmitten von Ruinen*.

Julius Evola

Das Mysterium des Grals

Vorwort

D ie auf den Gral sich beziehenden Überlieferungen haben in den
letzten Jahrzehnten ein zweifaches Interesse erweckt. Vor allem ein
zwischen dem Dichterischen, dem Spiritualistischen, dem Romantischen und dem Christlich-Mystischen schwebendes Interesse.
Von einer direkten Kenntnis der Quellen dieser Legende ist dabei kaum
die Rede. Maßgebend dabei ist vielmehr eine entstellte und willkürliche
Wiedergabe der Sagenmotive, wie wir sie hauptsächlich dem romantischen
Pathos des Wagnerschen Parsifal verdanken.

Zweitens liegt uns eine Reihe gelehrter Studien über den Gral vor,
in denen nur jene seelenlose, angeblich „positive" Prüfung der Quellen
zutage tritt, die man in unserer Zeit als „wissenschaftlich" zu bezeichnen
übereingekommen ist. Das Wesen der Gralslegende entzieht sich zur Gänze
sowohl der einen als auch der anderen Betrachtungsweise. Der Gral hat
weder mit den mystisch-schöngeistigen Ausschweifungen der ersten noch
mit den gelehrten Zergliederungen der zweiten Richtung zu tun. Im Gral
liegt ein lebendiger Inhalt, ein „Mysterium", verborgen, das heute noch
als in hohem Maße unbekannt zu betrachten ist. Dieses „Geheimnis" ist
vor allem rein metaphysisch.

1. Das Gralsreich und das Gralsrittertum sind die abendländischen, mittelalterlichen Erscheinungsformen der allgemeinen, traditionsgebundenen Idee eines obersten Weltzentrums und einer königlich-geistigen, jeder einzelnen sichtbaren und zeitlichen Herrschaft übergeordneten Autorität, was wir auch als Gedanken des „Weltherrschers" bezeichnen dürfen.

2. Die Gralssuche symbolisiert das Bestreben, Fühlung mit diesem geheimnisvollen Zentrum zu nehmen. Die verschiedenen Gralsabenteuer, weit davon entfernt, Fabeln und Erdichtungen zu sein, versinnbildlichen ihrem Wesen nach geistige Handlungen und Momente jenes inneren Wachstums und jener inneren Wandlung, die als Bedingung zu solchem Kontakt zu betrachten sind. Wir dürfen daher auch im eigentlichen Sinne von einem „Mysterium" des Grals sprechen. Die Gralsliteratur hat wesentlich initiatorischen Inhalt; sie ist den verschiedenen Mysterien- oder Initiatentraditionen des alten Abendlandes und des Morgenlandes an die Seite zu stellen, in denen in mannigfaltigen symbolischen Formen die unveränderlichen Phasen der Vollendung des Menschen auf überindividueller und überrationaler Ebene dargestellt sind.

Zugleich kommen in der Gralssage bestimmte geschichts-metaphysische Bedeutungsgehalte zum Durchbruch.

1. Der Gral ist seinem Wesen nach ein nordisches Mysterium: jedoch nicht nur wegen seiner zahlreichen Beziehungen zu den germanischen oder keltischen Überlieferungen. Der Gral ist vielmehr ein nordisches Mysterium, weil die Lehre vom höchsten Weltzentrum sowie die wichtigsten Elemente der Gralssymbolik auf die hyperboreische Tradition zurückweisen. Diese Tradition ist viel älter, ursprünglicher und umfassender als die verschiedenen geschichtlichen indogermanischen bzw. arischen Überlieferungen, die nur als Ableitungen aus ihr zu betrachten sind.

2. Die Erscheinungsform der hyperboreischen Tradition als Gralsmysterium verbindet sich mit der gibellinischen Reichstradition; sie übernimmt die Problematik der gibellinischen Kultur überall, wo der Gral als eine verlorene, wiederzufindende Wirklichkeit hingestellt wird, wo das Gralskönigreich als verfallen, verwüstet und einer Wiederherstellung bedürftig erscheint und im allgemeinen dort, wo die Hauptstimmung der Legende das Warten auf einen auserwählten Helden ist. Durch Erfüllung

bestimmter Aufgaben, durch Bestehen gewisser Proben und vor allem durch eine rätselhafte Fragestellung bewirkt dieser Held, daß der Gral von neuem seine verlorengegangene Kraft offenbart, und dann übernimmt er das königliche Amt. In diesen Vorstellungen ist das höchste Glaubensbekenntnis des mittelalterlichen Gibellinentums zusammengefaßt; durch sie enthüllt sich für einen Augenblick das Bestreben, das unterirdisch in den Vertretern des Heiligen Römischen Reiches wirkte, besonders wenn sie in den Kampf gegen die Kirche zogen. Es ist also die geheime Tradition des Reiches, die hier zum Durchbruch kommt.

Auf eine Deutungsmethode gestützt, deren Grundsätze wir in unserer Einleitung darlegen werden, haben wir uns in der vorliegenden Arbeit vorgenommen, von diesem Standpunkt aus die Gralssage zu ergründen und zu beleuchten. Nach Feststellung des Zusammenhanges der Hauptmotive der Legende mit den verschiedenen mittelalterlichen Wendungen der Kaisersage werden wir den esoterischen und geschichtlichen Sinngehalt dieser Motive darstellen. Dann werden wir sehen, in welchen Formen und Strömungen sich später derselbe Geist erhalten hat, bis zu den Rosenkreuzern. In einem kurzen Schlußwort wird zuletzt die Bedeutung umrissen, die auch für den heutigen Tag der Gralsgedanke haben kann.

VORAUSSETZUNGEN

Das „literarische" Vorurteil

Will man das Wesenhafte in den gesamten Sagen und Epen ergründen, zu denen auch der Gralszyklus gehört, dann muß eine Reihe moderner Vorurteile beseitigt werden, unter denen wir als erstes das literarische meinen. Dem literarischen Vorurteil fällt jeder zum Opfer, der in Sage und Mythos nichts anderes erblickt als eine phantastisch-dichterische, individuelle oder kollektive, jedenfalls aber nur menschliche Schöpfung und sich vor all dem verschließt, was in der Sage und im Mythos symbolischen Wert hat und sich keineswegs auf eine willkürliche Erdichtung zurückführen läßt. Gerade ein symbolisches und in seiner Art objektives und überindividuelles Element bildet dagegen in Sagen, Legenden, Mythen und Epen vormoderner Prägung[1] stets den Wesenskern. Zuzugeben ist nur, daß dies Element im entsprechenden, traditionsgebundenen Schrifttum nicht immer aus einer voll bewußten Absicht und einem klaren, reflektierenden Bewußtsein hervorgeht. Besonders bei halbkollektiven Schöpfungen kommt es oft vor, daß die wichtigsten und bedeutsamsten Motive fast ohne Wissen der Autoren zum Ausdruck gelangen; die Autoren hatten oft kaum eine Ahnung von den Einflüssen, denen sie gehorchten, und die sich in einem bestimmten Augenblick des Schöpfertriebs gewisser Persönlichkeiten oder Kreise als Mittel zum Zweck bedient haben. Auch in den Fällen, in denen eine willkürliche Phantasiegestaltung im Vordergrund zu stehen scheint oder auch wirklich steht, hat also das Dichterische nicht weniger die Bedeutung einer zufälligen Gewandung und eines bloßen Ausdrucksmittels, bei dem nur die oberflächlichste Betrachtungsweise zu verharren vermag. Wir geben gerne zu, einige Autoren wollten nur „Kunst" schaffen, und dies ist ihnen sogar so weitgehend gelungen, daß ihre Werke gerade denen entgegenkommen, die nur den ästhetischen Gesichtspunkt kennen und anerkennen. Das hindert jedoch nicht, daß diese Dichter bei ihrem ausschließlich künstlerischen Schaffen, und um so mehr, je eher sie einem absichtslosen, ursprunghaften Antrieb gehorchten – d.h. einem unkontrollierten, passiven Phantasievorgang –, *auch* anderes zustande brachten: sie wurden zu Bewahrern oder Vermittlern höherer, überindividueller Bedeutungsgehalte, die das geschulte Auge immer zu erkennen weiß, und worüber sich manche Autoren als erste selber wundern würden, wollte man ihnen diesen Gehalt ihrer Schöpfungen deutlich machen.

In der vormodernen Dichterwelt sind solche Fälle nicht selten. Viel häufiger kommt es aber vor, daß die alten Autoren nicht beabsichtigten, *nur* Künstlerisches und Phantastisches zu schaffen, obwohl sie fast immer nur einen unklaren Begriff von ihren wahren Inspirationsquellen und der Tragweite der durch ihre Schöpfung zum Ausdruck gelangten Sinngehalte besaßen. Was im Gebiet der Tiefenpsychologie auch dem Durchschnittsmenschen nunmehr ein Gemeinplatz geworden ist – nämlich: daß es ein äußeres Bewußtsein und darüber hinaus eine Zone feinerer, tieferer, bestimmender Einflüsse gibt, diese Kenntnis behält auch auf dem Gebiet der Sagen- und Mythengestaltung ihre ganze Geltung. Der Traum ist einer der Zustände, in denen derartige, aus dem Bereich des gewöhnlichen Bewußtseins ausgeschlossene oder von ihm verdrängte Einflüsse sich unmittelbar der Einbildungskraft bemächtigen und sich in symbolische Bilder umsetzen, die das Bewußtsein, ohne etwas von ihrem wahren Inhalt zu ahnen, erlebt. Je ungewöhnlicher und zusammenhangsloser nun solche Phantasiegebilde erscheinen, desto mehr darf man einen verborgenen, sinn- und bedeutungsvollen Inhalt in ihnen vermuten, schon deshalb, weil diese Inhalte so viele Verkleidungen nötig hatten, um sich den Weg bis zum Halb-Bewußtsein freizumachen. Hinsichtlich des Mythos, der Sage, der Legende und sogar des Märchens kann in vielen Fällen genau dasselbe gesagt werden. Aus diesem Grund erschließen gerade die phantastischeren, unheimlicheren, weniger für eine ästhetische oder geschichtliche Wertung geeigneten und daher gewöhnlich vernachlässigtesten Elemente in der in Frage stehenden Literatur den besten Weg, um den Wesenskern zu entdecken, der der Gesamtheit derartiger Gebilde ihren wahren Sinn und manchmal sogar ihre höchste geschichtliche Bedeutung verleiht. „Wo ich am deutlichsten und offensten über diese Lehre gesprochen habe, dort habe ich am dunkelsten gesprochen und habe sie verborgen" – heißt es in einer Tradition, die, wie wir im folgenden sehen werden, der Beziehung zur Gralsüberlieferung nicht ermangelt.[2] Schon Kaiser Julianus hatte geschrieben: „Was in den Mythen unwahrscheinlich vorkommt, erschließt uns den Weg zur Wahrheit. Je paradoxer, ungewöhnlicher das Rätsel ist, desto mehr scheint es uns zu mahnen, uns nicht auf das nackte Wort zu verlassen, sondern uns um den in ihm verborgenen Wahrheitsgehalt zu bemühen."[3]

So weit über das erste zu überwindende Vorurteil; ein Vorurteil, das oft ein tieferes Eindringen in die dichterisch-legendären Texte des Mittelalters verhindert, und das sich besonders unheilvoll z. B. hinsichtlich der Literatur der sogenannten „Liebeshöfe" ausgewirkt hat. Wegen der überwiegenden Rolle, die die künstlerischen und poetischen Verhüllungen in diesem Schrifttum spielen, ist vielen Kritikern jeder Versuch einer außerhalb des Literarischen sich bewegenden Deutung bilderstürmerisch erschienen. Gegenstandslos erscheint ihnen jede esoterische Deutung, jedes Eindringen in das Geheimnis, dessen Trägerin eine solche „dichterische" Literatur in vielen Fällen wirklich war, und das – wie wir sehen werden – aus denselben Einflüssen hervorging, die den Gralszyklus gestalteten.

Wahr ist vielmehr das Gegenteil. „Bilderstürmerisch", entweihend ist jeder Versuch, Schöpfungen dieser Art auf das Gebiet des rein Literarischen, Dichterischen und Künstlerischen – also auf etwas rein Menschliches und Profanes – zurückzuführen und zu erschöpfen. Dies heißt so viel wie die methodische Verkennung der höheren Wirklichkeit, welche das menschliche Werk getragen und sinnvoll gestaltet hat.

Das ethnologische Vorurteil

Das zweite zu überwindende Vorurteil ist das ethnologische. Dieses Vorurteil beherrscht hauptsächlich jene Autoren, die im Sagenkreis, zu dem auch die Gralslegende gehört, wohl unterirdische Wurzeln zu ahnen beginnen, aber in ihnen nichts als Folklore, Bruchstücke alten, primitiven Aberglaubens usw. zu sehen imstande sind. Dieses Vorurteil zu erledigen, ist um so wichtiger, weil Elemente dieser Art, also Folklore-Elemente, in der Gralsüberlieferung zahlreich sind und sogar den Faden bilden, um den spezifischen, übergeschichtlichen und initiatorischen Inhalt des Gralsmysteriums mit der hyperboreischen Tradition in Zusammenhang zu bringen.

Vor allem muß man sich auch auf diesem Gebiet über die Unerheblichkeit und Bedingtheit des bloß „Schöpferischen" klarwerden, die wir eben im Fall individueller Schöpfungen hervorgehoben haben. In der Folklore erblicken die meisten eine spontane Volksschöpfung, ein kollektivbedingtes und mit allerlei Aberglauben verwobenes Phantasiegebilde, das an und für sich und selbstverständlich von oben herab zu betrachten wäre. Aus diesem Vorurteil sind die sogenannten soziologischen Schulen entstanden, in mehr oder weniger enger Beziehung mit der zum Studium des Kollektivunterbewußtseins übergangenen Psychoanalyse. Dabei spielen die Lehre von der „primitiven Denkungsart und eine Reihe „Entdeckungen" und Deutungen eine wichtige Rolle, die immer – genau wie die psychoanalytischen – eine systematische und erniedrigende Zurückführung des Höheren auf das Niedere zum Ergebnis haben.

Hier müssen wir uns auf Grundsätzliches beschränken und schon den Begriff der „Primitivität" ablehnen, wie er von solchen Schulen bei gewissen Völkerschaften und Volksüberlieferungen vermutet wird. Weit davon entfernt, „primitiv im Sinne von „ursprünglich" zu sein, sind solche Völkerschaften und Überlieferungen fast immer nur das entartete Überbleibsel viel älterer Rassen und Kulturen. Daher ist ohne weiteres mit Guénon anzuerkennen, daß es sich bei der angeblichen Folklore in fast allen Fällen um traditionsgebundene Elemente im wahren (d. h. metaphysischen) Sinne des Wortes handelt, mögen diese manchmal entstellt, geschwächt oder verstümmelt sein, und um Dinge, die einen wirklichen symbolischen Wert haben, weshalb all diese Elemente, weit davon entfernt, volkstümlichen Ursprungs zu sein, einen Ursprung haben, der sogar mehr als nur menschlich ist. Was dabei volkstümlich sein kann, ist nur die Tatsache des Überlebens, wenn diese Elemente verschwundenen Überlieferungen angehören, die manchmal auf eine derart entfernte Vergangenheit zurückgehen, daß sie zeitlich zu bestimmen unmöglich ist, weshalb man sich begnügt, sie in das dunkle Gebiet der Vorgeschichte zu verweisen. In diesen Fällen spielt also das Volk die Rolle einer Art mehr oder weniger unterbewußten Kollektivgedächtnisses, dessen Inhalt offenbar von anderwärts zugeströmt ist. Ebenso treffend ist die folgende Erklärung für den merkwürdigen Umstand, daß gerade das Volk in solchen Fällen als Träger einer beträchtlichen

Anzahl von Elementen auftritt, die sich auf eine transzendente Ebene beziehen, also auf eine Ebene, die ihrem Wesen nach so wenig wie möglich als „volkstümlich" betrachtet werden kann: „Ist eine Überlieferungsform im Begriff zu erlöschen, dann können ihre letzten Vertreter mit Absicht jenem Kollektivgedächtnis, von dem wir eben gesprochen haben, alles das anvertrauen, was sonst verlorenginge. Dies ist die einzige Art, bis zu einem gewissen Maße zu retten, was noch rettbar ist. Das natürliche Unverständnis der Masse ist andererseits genügend Gewähr dafür, daß die Elemente esoterischer Natur diesen ihren Charakter nicht verlieren, sondern als ein Zeugnis aus der Vergangenheit für jene weiterbestehen, die in anderen Zeiten sie zu erkennen fähig sind."[4]

Diese letzten Betrachtungen sind ganz besonders maßgebend für die im Schrifttum vom Gral und König Artus enthaltenen Elemente angeblich „heidnischer", nordisch-westlicher Folklore. Werden diese Elemente „integriert", das heißt, durch Eingliederung in ein traditionales, ja auch übertraditionales Gefüge auf ihre symbolische Urbedeutung zurückgeführt, dann können sie uns den wahren Sinn vermitteln, den die zu behandelnden Sagen und Epen verkörpert haben, als sie in der Blüte des mittelalterlichen Rittertums auftraten: wobei sich die engste Beziehung zwischen diesen Sagen, dem gibellinischen Reichsideal und verschiedenen anderen Überlieferungen und geheimen Strömungen feststellen läßt, die in der einen oder anderen Form die geistige Erbschaft jenes Ideals übernommen haben.

Daraus ergibt sich der deutliche Unterschied zwischen dem von uns vertretenen Standpunkt und dem Standpunkt der schon erwähnten psychoanalytischen Theorien. Das Kollektivunterbewußtsein oder -unbewußtsein wird in diesen Theorien eine Art Sack, der die verschiedenartigsten Dinge aufzunehmen vermag, Dinge, die alle mehr oder weniger auf Grundlage des „Lebens", des Triebes, des Irrationalen usw., also auf rein materialistischer Grundlage gedeutet werden. Was in diesem Zusammenhang in verwirrender und nivellierender Weise als „unbewußt" betrachtet wird, ist vielmehr oft prinzipiell auf ein wirkliches Überbewußtsein zurückzuführen. Es ist nur lächerlich, behaupten zu wollen, Mythen und Symbole seien Projizierungen des „Lebens": jedes Symbol ist dem Wesen nach metaphysisch bedingt, hat folglich mit dem Leben, diesem neuzeitlichen

Aberglauben, nichts zu tun. Es nutzt auch wenig, einzuwenden,[5] daß die „positive", wissenschaftliche Betrachtung sich darauf zu beschränken habe, die Manifestationen des „Unbewußten" als reine Erfahrungstatsachen zu prüfen, ohne transzendente Anschauungen zuzulassen. Wo keine wahren Beziehungspunkte vorhanden sind, da gibt es keine Möglichkeit, sich im Bereich der Erfahrungstatsachen zu orientieren, sie zu ergründen und zu werten, am wenigsten dann, wenn man mißbräuchlicherweise als Erfahrungstatsache im allgemeinen nur ganz besonders, manchmal sogar pathologisch bedingte Abarten der möglichen Erfahrung versteht. Diese geht ganz deutlich aus den Ergebnissen aller psychoanalytischen Deutungsversuche hervor: auch wenn eine solche Deutung nicht in Verwirrungen nach der Art des freudianischen „Totem und Tabu" verfällt, auch wenn sie nicht zu einer unternormalen Welt von Neuropathen und Hysterikern hinabführt, so mündet sie doch immer in unklare pantheistische Vorstellungen, welche stark vom abergläubischen Kult des „Vitalen", des „Irrationalen" und der als Widersacher des Geistes aufgefaßten „Seele" beeinflußt sind: womit solche Deutungen sich nicht als „voraussetzungslos", sondern als mit falschen Voraussetzungen belastet erweisen.

Über die „traditionsgebundene" Methode

Es bleibt noch die methodologische Beschränkung zu erledigen, die grundlegenden Motive der Gralssage und des Kaisermythos im allgemeinen in ganz äußerlicher und einseitiger Weise aus einer besonderen geschichtlichen Strömung ableiten zu wollen. Nach einer sehr verbreiteten Meinung wäre die Grallegende hauptsächlich eine christliche Angelegenheit. Andere Gelehrte haben dagegen die keltisch-heidnische Hypothese in den Vordergrund gerückt,[6] und noch andere haben dieser Hypothese die morgenländische[7] bzw. die syrische[8] entgegengestellt. Man hat sich auf die Alchimie[9] bezogen und, in einem anderen Zusammenhang, den Gral nicht nur aus den Lehren der Katharer oder aus persischen Vorstellungen zu deuten versucht, sondern es auch unternommen, einigen charakteristischen Gestalten und Stätten der Legende geschichtliche Persönlichkeiten und

Örtlichkeiten – nach den einen provenzalische, nach anderen persische[10] – zu unterlegen.

Welches auch die Berechtigung mancher solcher Vergleiche sein mag, entscheidend ist der Geist, in dem sie vorgenommen werden. Wesensbestimmend für die Methode, die wir, im Gegensatz zur profanen – empirischen oder kritisch-intellektualistischen – Betrachtungsweise der modernen Forschung „traditionsgebunden" nennen wollen, ist die Hervorhebung des universalen Charakters einer Lehre oder eines Sinnbildes, indem es mit entsprechenden Elementen anderer Traditionen in Verbindung gebracht wird. Damit wird das Vorhandensein eines Bedeutungsgehaltes festgestellt, der höherstehend und ursprünglicher ist als jeder seiner unterschiedlichen und doch gleichbedeutenden symbolischen Ausdrucksweisen, wie sie den Überlieferungen und Kulturen der verschiedenen Völker eigen sind. Außerdem kann die eine Tradition mehr als die anderen einem gemeinsamen Bedeutungsgehalt vollkommenen und durchsichtigen Ausdruck verliehen haben: so bildet dieses vergleichende Verfahren die fruchtbarste Methode, Ideen zu erfassen und in metaphysischer Reinheit zu begreifen, die anderswo in dunklerer oder nur in verstümmelter Form aufgetaucht sind.

Daß diese traditionsgebundene Methode, die wir im folgenden anwenden werden, nicht dem von den modernen Gelehrten beschrittenen Weg entspricht, brauchen wir kaum zu betonen. Die „moderne" Forschung vor allem stellt weniger wirkliche Entsprechungen als seelenlose Ableitungen her. Sie verharrt bei der immer ungewissen Tatsache der materiellen Übertragung gewisser Auffassungen oder Symbole von einem Volk zum anderen, von einem Kulturkreis zum anderen und übersieht in ihrer Ahnungslosigkeit den Umstand, daß die Entsprechung und Übertragung auch auf ganz anderen Wegen als auf dem gewöhnlichen erfolgen kann, also ohne die Sonderbedingtheiten des Raumes, der Zeit und des materiellen, sichtbaren Kontaktes, wo immer Einflüsse in Frage kommen, die aus einer tiefgründigeren Ebene hervorgehen als der des Oberflächenbewußtseins.

An zweiter Stelle hat das moderne Forschungsverfahren eine Verschiebung, nicht Erweiterung, des Gesichtspunktes zum einzigen Ergebnis. Ist z. B. ein Gelehrter dazu gekommen, die Übereinstimmung gewisser Motive aus dem Gralszyklus mit anderen Themen, beispielsweise aus der persischen Überlieferung, festzustellen, so gilt ihm dies bloß als „Quellenforschung", und das Resultat ist, daß er triumphierend behauptet: „Der Gral ist ein persisches Symbol!" Die Übereinstimmung dient ihm überhaupt nicht zur Beleuchtung der einen Überlieferung durch die andere, zum Verständnis dieser Überlieferung durch das universale, metaphysische und übergeschichtliche Element, wie es sich eventuell im entsprechenden Sinnbild der anderen Tradition mit größerer Deutlichkeit darstellt. Kurz und gut, ein solches Verfahren ist eigentlich nichts anderes als eine zufällige Übersiedlung von dem einen zum anderen Punkt einer zweidimensionalen Perspektive, nicht die Suche nach dem Punkt, der besser als jeder andere uns von den beiden Dimensionen der Oberfläche zur dritten der Tiefe hinführen und so als der einzige grundlegende Bezugspunkt betrachtet werden kann.

Wir haben die Versuche erwähnt, gewisse Motive der Gralslegende auf Grund geschichtlicher Gestalten und Zusammenhänge zu deuten. Da solche Versuche auch mit vielen anderen mit der Gralslegende verbundenen Sagen – z. B. König Artus, dem Priesterkönig Johannes usw. – getrieben worden sind, so wollen wir hier eine weitere diesbezügliche Klarlegung vornehmen.

In diesen Versuchen wirkt die sogenannte „euhemeristische" Tendenz, wie sie vom modernen Menschen in seinem unwiderstehlichen Drang wiederaufgenommen wurde, überall so weit wie möglich das Höhere auf das Niedere zurückzuführen. Die Gestalten aus Mythos und Legende sind nach dieser Deutung nur abstrakte Sublimationen geschichtlicher Gestalten, die schließlich an deren Stelle getreten sein und sie in mythologischer und phantastischer Verklärung überlebt haben sollen. Wahr ist vielmehr das Gegenteil. Es gibt Symbole, die in ihrer Bedingtheit durch unwandelbare metaphysische Grundprinzipien und das Gesetz des analogen Ausdrucks nichts Konventionelles und „Erdichtetes" an sich haben. Es kann geschehen, daß in der Geschichte bestimmte Situationen oder Gestalten in gewissem Maße, bewußt oder unbewußt, solche Symbole oder Grundsätze verkörpern. Geschichte und Übergeschichte fließen dann zusammen und ergänzen sich gegenseitig. Auf solche Gestalten oder Situationen überträgt die Volksphantasie unwillkürlich die Züge des Mythos, gerade auf Grund der Tatsache, daß gewissermaßen die Wirklichkeit symbolisch und das Symbol Wirklichkeit geworden ist. Angesichts derartiger Fälle begeht die euhemeristische Deutung also eine völlige Verkehrung der wahren Abhängigkeitsverhältnisse. Das Primäre ist hier der Mythos; die geschichtliche Gestalt, die historische Gegebenheit usw. sind das Sekundäre, sie sind nur Ausdrucksformen, die im Grunde nebensächlich, hinfällig sind, beschränkt auf die Rolle einer Gelegenheitsursache. In den Sagen und Erzählungen, die sie zum Gegenstand haben, sind solche Gestalten nur dazu bestimmt, das ihnen entsprechende Prinzip auf das Kollektivbewußtsein eines gegebenen geschichtlichen Klimas einwirken zu lassen. In diesem Zusammenhang haben wir schon an anderer Stelle auch den wahren Sinn der scheinbar sinnlosen und willkürlichen, von gewissen Legenden zwischen verschiedenen geschichtlichen Persönlichkeiten hergestellten Beziehungen – sogar Verwandtschaftsbeziehungen – zu klären versucht: obwohl solche Gestalten im Bereich der Zeit und des Raumes nichts miteinander gemeinsam hatten, wurden sie doch in unklarer Weise als gleichwertige Versinnbildlichungen eines einzigen Prinzips, Ideals oder Amtes empfunden und daher miteinander in Zusammenhang gebracht. Eine ähnliche Daseinsberechtigung haben gewisse, scheinbar ebenso unsinnige „Genealogien": die legendäre Abstammung bringt in figürlicher Weise eine Fortdauer geistiger Tradition zum Ausdruck, eine Fortdauer, die auch, abgesehen von jeder materiellen Blutbedingtheit, wirklich sein kann. Die Genealogien der Gralskönige, des Lohengrin, Artus, des Priesterkönigs Johannes usw. sind prinzipiell auf dieser Grundlage zu verstehen.

Wir haben diesen Punkt betont, weil gerade ideale Zusammenhänge, die aus der soeben aufgezeigten Überschneidung von Geschichte und Übergeschichte hervorgehen, uns den Hauptschlüssel bieten, um die Entstehung und den Sinn des Gralszyklus und alles dessen richtig zu erfassen, was uns in diesem Sagenkreis zum allgemeinen Mythos des Kaisertums hinführt.

Geschichtlicher „Ort" des Gralsgeheimnisses

Die gesamten sich eigentlich auf den Gral beziehenden Texte bieten die Wiederholung einiger weniger Hauptmotive, die durch die Symbolik ritterlicher Gestalten und Unternehmungen zum Ausdruck kommen. Es handelt sich hier im wesentlichen um die Themen eines *Urzentrums*, einer Prüfung, einer *Suche* und *geistigen Eroberung*, einer *Thronfolge* oder *Wiederherstellung* eines Reiches, die manchmal die Züge einer *heilenden* oder *rächenden* Tat annimmt. Parsifal, Gawain, Galahad, Ogier, Lanzelot, Peredur usw. sind nur verschiedene Namen für einen einzigen Typus. Gleichbedeutende Gestalten und Spielarten desselben Motivs sind ebenso König Artus, Joseph von Arimathia, der Priesterkönig Johannes, der Fischerkönig usw., und dasselbe läßt sich von den verschiedenen Burgen, Schlössern, Inseln, Königreichen, unzugänglichen und abenteuerreichen Gegenden sagen, die in den Erzählungen in endloser Reihe vorbeiziehen.

Wir haben schon angedeutet, daß diese ganze Gestaltenwelt prinzipiell die Bedeutung eines Mysteriums im eigentlichen, d. h. initiatischen Sinne hat oder zu haben fähig ist. Wegen der spezifischen Art, nach welcher jene Hauptmotive Form angenommen haben, dürfen wir jedoch im Gralszyklus die Stelle erblicken, wo eine übergeschichtliche Wirklichkeit sozusagen in das Geschichtliche hereinbricht und die Sinnbilder des initiatischen Mysteriums sich am engsten mit dem wirren, aber gewaltigen Gefühl verbanden, daß die geheimen, geistigen und politischen Spannungen eines ganzen Zeitalters – des ökumenischen kaiserlichen Mittelalters im allgemeinen – in der Erfüllung dieses Mysteriums ihre Lösung hätten finden können.

Aus dieser ideellen Lage hat der Gralszyklus dem Wesen nach Form und Leben gezogen. Heraufbeschworene, übergeschichtliche Ursymbole begegnen der emporsteigenden Bewegung einer geschichtlichen Tradition in einem Punkte des Gleichgewichtes, um den sich in einer kurzen Zeitspanne ein Stoff verschiedenartiger Natur und Herkunft kristallisierte, auf Grund seiner Fähigkeit, ein gemeinsames Leitmotiv zum Ausdruck zu bringen. Wir werden also vom Gedanken einer grundlegenden inneren Einheit der verschiedenen Texte hinter der Mannigfaltigkeit ihrer Gestalten, Sinnbilder und Abenteuer auszugehen haben und die latente Fähigkeit des einen Textes aufdecken, einen anderen zu beleuchten oder zu ergänzen, um so zu einer vollständigen Klarstellung der Hauptthemen zu gelangen.

Wäre es hier unsere Aufgabe, die in Frage stehenden Themen auf ihre universalen, übergeschichtlichen Bedeutungen und auf eine umfassende Geschichtsmetaphysik zurückzuführen, dann hätten wir nur zu wiederholen, was wir bereits in einem anderen Werk dargestellt haben.[11] An dieser Stelle werden wir uns deshalb darauf beschränken, die Hauptgedanken anzuführen, die unentbehrlich sind für das wahre Verständnis der geschichtlichen wie auch übergeschichtlichen Bedeutung des Gralsgeheimnisses.

GRUNDSÄTZE

Der olympische Zyklus

Was sich bei den verschiedenen Völkern als Tradition offenbart, ist für uns nicht etwas Relatives und nur durch naturhafte Umstände Bedingtes; es zeigt vielmehr immer Elemente eines Wissens, das seinem Wesen nach ein einziges ist. Nun kehrt in der einen oder anderen Form in allen Traditionen des Altertums die Vorstellung einer ursprünglichen Rasse immer wieder, die Trägerin transzendenter Geistigkeit gewesen ist und deshalb oft als „göttliche Rasse" oder „der Rasse der Götter ähnlich" bezeichnet wird. Wir haben die ihr eigentümliche Seinsart *olympisch* genannt, womit wir eine eingeborene Überlegenheit, „eine Natur, die, unmittelbar als solche, Übernatur ist", meinen. Eine Kraft von oben ist in solcher Rasse gegenwärtig und beglaubigt sie als die Rasse „derjenigen, die *sind* und *können*", als die königliche und sonnenhafte Rasse.

Ist das *goldene Zeitalter*, von dem alle Überlieferungen sprechen, nichts anderes als eine ferne, mythologisierte Erinnerung an den Zyklus solcher Rasse, so hat sich auch eine überhistorische Vorstellung ihrer Herrschaft, ihres Amtes und Wohnsitzes herausgebildet, auf Grund des Umstandes, daß in einem gewissen Augenblick, was offenbar war, okkult wurde. Kraft einer fortschreitenden Entartung der Menschheit, von der ebenfalls in allen Überlieferungen die Rede ist, wurde die von dieser Rasse ausgeübte Funktion, bisher offenkundig, allmählich *unsichtbar* und jeder unvermittelte Kontakt zwischen dem Übergeschichtlichen und dem Geschichtlichen unterbrochen. Dies ist der Sinn des Berichtes Hesiods, daß die Wesen des Urzeitalters nicht gestorben, sondern unsichtbare Führer und Wärter der Sterblichen geworden sind.[12]

Das Motiv des goldenen Zeitalters geht dadurch in das eines metaphysischen Reiches über, zu dem alle Herrscher „von oben" in gewisser Hinsicht in Beziehung gestanden hätten: sowohl die Herrscher, die als wirkliche Erben der Urüberlieferung betrachtet werden können, als auch jene, die mehr oder weniger vollendet und bewußt den Typus jenes Reiches in einem gegebenen Land und im Rahmen eines geschichtlichen

Kulturzyklus wieder ins Leben riefen. Wir kommen auf diesem Wege zur traditionsgebundenen Vorstellung eines unsichtbaren „Königs der Könige" oder „Weltkönigs" und eines unsichtbaren, jedes sichtbare Königtum überragenden Reiches. Diese Vorstellung ist Kristallisationszentrum mannigfaltiger Sinnbilder, von denen einige unmittelbar auf analoger Basis beruhen, während andere auch Erinnerungen an das Land oder an die Länder des olympischen Urzeitalters entstammen.

Es sind vor allem Symbole der *Zentralität*: der Mittelpunkt, der Pol, das Land der Mitte, der Grundstein, der Magnet; dann Symbole der *Beständigkeit*: das feste Land in der Mitte des Lebensozeans, der Berg, der unerschütterliche Felsen, die Insel; Symbole der *Sonnenhaftigkeit*: das Sonnenland, die Sonnenburg, die Insel der Sonne oder des „Glanzes" usw.; schließlich Symbole der *Unantastbarkeit* und *Unzugänglichkeit*: das unsichtbare oder unauffindbare Schloß oder Land, die wilde Berghöhe, die unterirdische Gegend. Es kommen dazu alle Spielarten der *Goldsymbolik*, die einerseits die Begriffe des Solaren, des Lichten, des Königlichen umfaßt, andererseits aber immer in gewisser Beziehung zur Urtradition steht, da das Urzeitalter immer und überall durch dieses Metall gekennzeichnet war. Andere Sinnbilder verweisen auf das „Leben" im höchsten Sinne (die „ewige Speise", der Baum des Lebens usw.), auf ein transzendentes Wissen, auf eine unbesiegbare Macht, und das Ganze kommt verschiedenartig verwoben in den mythologischen, theologischen oder dichterischen Darstellungen zum Ausdruck, die sich in den verschiedenen Überlieferungen auf den Gedanken des unsichtbaren Regnums und des „höchsten Mittelpunktes" der Welt beziehen.[13]

Über den „Heros" und über die „Frau"

Die Lehre vom goldenen Zeitalter entspringt bekanntlich aus der umfassenderen Lehre von den *vier Zeitaltern* und steht also mit der erwähnten traditionsgebundenen Deutung der Geschichte als fortschreitende geistige Rückbildung in engster Verbindung. Jedes dieser Zeitalter ist gleichzeitig Sinnbild für eine bestimmte, allgemeine Kulturform. Nach dem goldenen

Zeitalter – d. h. nach dem olympischen Zyklus – kam das *silberne*, das an eine priesterliche, mehr weiblich-mystische als männliche Auffassung des Geistes gebunden ist: wir sprechen hier von einer lunaren Geistigkeit, weil das Silbersymbol zu dem des Goldes immer in dasselbe Verhältnis gestellt wurde wie der Mond zur Sonne, ein Verhältnis, das sehr bedeutsam ist: der Mond (Luna) ist nämlich das weibliche Gestirn, das nicht so wie die Sonne das Prinzip des eigenen Lichtes in sich trägt. Damit vollzieht sich der Übergang zu all dem, was nicht mehr „zentrale", sondern durch eine Vermittlung (die priesterliche) bedingte Geistigkeit ist, wie auch zu den Spielarten der Mystik als Hingabe, Auflösung, ichlose Versenkung. Mit anderen Worten, wir stehen hier am Ausgangspunkt des eigentlichen „religiösen" Erlebnisses.

Jede Auflehnung einer gewaltsamen und materialisierten Männlichkeit gegen derartige „lunare" Geistesformen ruft ein „*bronzenes Zeitalter*" ins Leben. In diesem Kulturtyp verweltlicht sich die Kriegerkaste, sie erhebt sich gegen den Träger des Geistes, einen Träger, der nun nicht mehr der olympische Herrscher ist, sondern nur noch Priester. Entfesselung des Wesensprinzips dieser Kriegerkaste: Übermut, Gewalttätigkeit, Krieg, ist Kennzeichen dieser Epoche. Der titanisch-luziferische Aufruhr, der prometheische Versuch, das olympische Feuer an sich zu reißen, sind die dazugehörigen Mythen. Das Zeitalter der „Riesen", des „Wolfes" oder der „Elementarwesen", wovon in verschiedenen Überlieferungen oder Überlieferungsbruchstücken die Rede ist, darf uns als ein weiterer Ausdruck für dasselbe Motiv gelten.

Als letztes kommt das *Eisenzeitalter*, von der indischen Tradition das „dunkle Zeitalter" genannt. Dieser Begriff ist auf jede entheiligte Kultur anwendbar, jede Kultur, die nichts anderes kennt und feiert als das Nur-Menschliche und Nur-Irdische.

Allen diesen Verfallsformen entgegen steht ein weiterer Zyklus, von Hesiod *heroischer* Zyklus oder *Zeitalter der Heroen* genannt. Der Ausdruck „heroisch" ist hier in einem Spezialsinn aufzufassen. Das „Geschlecht der Heroen" ist nach Hesiod von Zeus erschaffen – es stammt also vom „olympischen" Prinzip –, und es wird ihm die Möglichkeit verliehen, den Urzustand wieder zu erringen und damit einem neuen „goldenen" Zyklus ins Dasein zu verhelfen.[14] Eine Verwirklichung dieses Zustandes, der nicht mehr naturgegeben, wie im ersten Zeitalter, sondern nur eine bloße Möglichkeit ist, hat die Überwindung sowohl der „lunaren" Geistigkeit als auch der materialisierten Männlichkeit, d.h. sowohl des Priesters als auch des bloßen entheiligten Kriegers oder des Titanen zur Voraussetzung. Diese Züge finden wir in den „heroischen" Gestalten aller Traditionen immer wieder. In der hellenisch-achäischen Überlieferung wird zum Beispiel Herakles, heroischer Prototyp, zum Widersacher Heras, zur herrschenden Gestalt des pantheistisch-lunaren Kultes; er erringt die olympische Unsterblichkeit – den Urzustand – deshalb, weil er der Verbündete des Zeus, des Olympischen, gegen die „Giganten" ist; durch ihn wird das titanische Element (Prometheus) befreit und mit dem olympischen versöhnt.

Wir müssen jedoch bemerken, daß, insofern der Titan derjenige ist, welcher den menschlichen Zustand verachtet und das göttliche Feuer rauben will, nur ein einziger Zug den Heros vom Titanen unterscheidet. Daher die pindarische Ermahnung, „nicht Götter werden zu wollen", eine Ermahnung, die dem Symbol der Verfluchung Adams entspricht und auf eine grundsätzliche, geistige Gefahr des heroischen Unterfangens hinweist. Das Titanische – oder, von einem anderen Gesichtspunkt aus, das Wild-Kriegerische – bleibt ja im Grunde der Urstoff des Heros. Für die positive Lösung, d.h. für die olympische Verwandlung und Wiedergewinnung des Urzustandes, stellt sich jedoch folgende doppelte Bedingung:

1. Die mannhafte Eignung soll geprüft und bestätigt werden. Daher in der epischen und mütterlichen Symbolik eine Reihe von Unternehmungen, Abenteuern, Taten, Kämpfen, denen der Held die Stirn zu bieten hat. Die männliche, durch derartige Proben zu steigernde und zu verstärkende Einstellung darf jedoch keinesfalls Übermut, Frevel, selbstherrliche Abschließung zur Folge haben; sie soll nicht die Fähigkeit lähmen, sich einer transzendenten Kraft zu erschließen, also den Weg der Selbstüberwindung zu beschreiten.

2. Es kommt also eine „Verklärung" in Frage, die aber wiederum keinesfalls ein Sich-Verlieren bedeuten darf. Daher eine weitere Probe, die nur dann bestanden wird, wenn es der mannhaften Wesensart gelingt, sich auf einer übersinnlichen Ebene wieder zu behaupten, was gerade die olym-

pische Verwandlung und jene Würde zur Folge hat, die im initiatischen Schrifttum immer als „königliche" bezeichnet wird. Dies ist der springende Punkt, in dem das „heroische" Erlebnis sich von jeder mystischen Entfremdung und pantheistischen Verwirrung unterscheidet. Um diese Bedeutungsgehalte zum Ausdruck zu bringen, wurden mancherlei Symbole gebraucht. Wir wollen momentan ein einziges davon herausheben, das sich auf die *Frau* bezieht.

In der indo-arischen Überlieferung ist jeder Gott – jede transzendente Kraft – mit einer Gemahlin verbunden, wobei aber der Sanskritausdruck çakti, Gemahlin, auch Macht bedeutet. Im Abendlande wurden die Weisheit, Sophia, und nicht selten der Heilige Geist selbst als Frau oder königliche Frau dargestellt, ähnlich wie in Hebe die ewige olympische Jugend in Erscheinung tritt, die dem Herakles zur Gemahlin gegeben wird. In den altägyptischen Darstellungen reichen göttliche Frauen Königsgestalten den „Schlüssel des Lebens" und das Symbol der Wiedergeburt, die Lotosblüte. Die iranischen frawashi und die nordischen Walküren sind Verbildlichungen übersinnlicher Kräfte, die oft als bestimmend für das Los und den Sieg der Krieger aufgefaßt wurden. Der altrömischen Tradition galt eine Venus Victrix nicht als Göttin der Liebe, sondern als „Erzeugerin" eines kaiserlichen Geschlechtes (Venus Genitrix). In den altkeltischen Überlieferungen kehren übernatürliche Herrinnen immer wieder, die Helden auf geheimnisvolle Inseln entführen, um ihnen durch ihre Liebe Unsterblichkeit zu schenken. Eva bedeutet, dem Wortlaut nach, das Leben, die Lebende. Weitere diesbezügliche Belege wurden von uns schon an anderem Ort angeführt.[15] Aus diesem Zusammenhang ergibt sich also, daß eine allgemeine Symbolik in der „Frau" die belebende, verklärende Kraft versinnbildlicht hat, von der die Überwindung des menschlichen Zustandes und der rein materiellen Heldenkraft abhängt. Was ist aber der Grund der *weiblichen* Darstellung dieser Kraft? Jede Symbolik fußt auf genau umrissenen Analogiebeziehungen. Daher müssen wir von den möglichen Beziehungen zwischen Mann und Frau ausgehen. Diese Beziehungen können normal oder anormal sein. Der anormale Fall bewahrheitet sich, wenn der Mann sich in einen Sklaven verwandelt und die Frau sich zur Beherrscherin des Mannes erhebt. Die sich darauf beziehende Frauensymbolik kommt in diesem Zusammenhang nicht in Frage, und wir haben dabei nicht zu verweilen. Wir beschränken uns auf den Hinweis, daß es sich dabei um gynekokratische (mutterrechtliche) Auffassungen handelt, die als Überbleibsel „lunarer" Kulturkreise zu betrachten sind, und in denen sich die für diesen Kulturtyp bezeichnende Abhängigkeit des Männlichen von dem als souveräne Frau (Weltmutter, Magna Mater, Göttin bzw. Herrin des Lebens usw.) aufgefaßten Geist widerspiegelt.

Betrachten wir dagegen die normale Beziehung zwischen Mann und Weib, dann ergibt sich ein symbolischer Bedeutungsgehalt, der für die „heroische" Art wesensbestimmend ist: *Das männliche Prinzip hat nach „heroischer" Auffassung seine Natur zu bewahren, der Geist ist ihm gegenüber „Frau", das Männliche ist das Aktive, während dieser das Passive darstellt; auch angesichts der Macht, die ihn umgestaltet und befreit, bewahrt der Heros die Eigenart, welche der Mann als Gebieter der Frau normalerweise zu offenbaren hat.*

Entsinnen wir uns der „Zeichen" des Mittelpunktes, dann erfassen wir ohne weiteres die Bedeutung gewisser zusammengesetzter Symbole: die Frau der Insel, die Frau vom Baum, die Frau der Quelle, die Herrin der gefährlichen Burg, die Königin des Sonnenlandes, die im Felsen verborgene Frau u. s. w… Als Witwe drückt die Frau insbesondere eine Periode der Latenz aus, sie versinnbildlicht die Überlieferung, die Kraft oder Macht, die nicht mehr besessen wird, die ihren „Mann" verloren hat und auf einen neuen Herrn oder Helden wartet:[16] ähnlich die Bedeutung der eingekerkerten oder belagerten und auf die Befreiung und die geträumte Ehe wartenden „Jungfrau".

Alles, was in den Epen und ritterlichen Erzählungen als gefährliches Abenteuer und Kampf um eine Frau zu lesen steht, ist also als Symbolik und Allegorik für die Prüfung der mannhaften Eignung zu verstehen, eine Prüfung, die die Voraussetzung für die transzendente Verwandlung und olympische bzw. königliche Vollendung des Helden bildet. Stoßen wir in derselben Literatur auch auf Frauen, die für den Heros eine Versuchung und eine Gefahr bedeuten, so dürfen diese Zustände nicht moralistisch im Sinne einer bloß sexuellen Verführung gedeutet werden. Die in Frage stehende Gefahr ist vielmehr die eines titanischen Ausganges des „heroischen" Abenteuers. Die Frau personifiziert dabei die Verführung, die in der transzendenten Macht und dem übermenschlichen Wissen gelegen ist, wenn das Bestreben nach der Besitzergreifung der „Frau" durch den „Mann" unter dem Zeichen promethetischen Raubes oder frevlerischen Übermutes steht.

Das hyperboreische Motiv

Die Lokalisierung des Urzentrums oder des Ursitzes der „olympischen" Kultur des goldenen Zyklus *in einem borealen bzw. nordischborealen, heute verschwundenen Land* ist ein weiteres Motiv, das in den alten Überlieferungen immer wiederkehrt und das wir anderen Orts ausführlich belegt haben.[17] Eine Tradition hyperboreischen Ursprungs – sei es in der „olympischen" Urform oder in „heroischen" Umgestaltungen – liegt jenen Kulturen zugrunde, die von Rassen stammen, welche sich in der Zeitspanne zwischen dem Ende der Eiszeit und dem Paläolitikum auf dem euroasiatischen Festland ausgebreitet haben. Einige dieser Rassen sollen unmittelbar aus dem Norden gekommen sein; andere scheinen als Urheimat ein westlich-atlantisches Land gehabt zu haben, wo sich ein Ebenbild des nordischen Urzentrums gebildet hatte. Dies ist der Grund, warum viele gleichwertige Symbole und Erinnerungen sich manchmal auf ein nordisch-arktisches Land, manchmal aber auch auf ein westliches Land beziehen.

Unter seinen zahlreichen Namen, die manchmal also auch auf das atlantische Zentrum angewendet wurden, hatte der hyperboreische Mittelpunkt die Bezeichnungen Thule, weiße Insel, bzw. „Insel des Glanzes" (die indische çveta-dvîpa, die hellenische Insel Leuké), „Ursamen der arischen Rasse" (airyanem-vaêjô), Sonnenland und Land Apollos, *Avallon*[18]. Viele Traditionen haben die Erinnerung bewahrt an das Verschwinden dieses später sagenhaft gewordenen Landes infolge einer Vereisung oder Überschwemmung: ein Kataklysma, das ein geschichtliches Widerspiel bildet zu der allgemeinen Idee von etwas Kostbarem – einem symbolischen Gegenstand, einem „Schatz", einem Kleinod, einem mystischen Getränk, einem „Buch" usw. –, das vor Zeiten verlorengegangen sei oder verborgen wurde. Die angedeutete Naturkatastrophe bildet den Grund, warum oft die „Insel" oder das „Land der Lebenden" – wobei unter Lebenden die „göttliche" Urrasse gemeint ist – und im allgemeinen das Land, auf das sich die bereits bekannten Symbole des höchsten Weltzentrums beziehen, häufig mit dem „Totenland" verwechselt wird, da man unter „Toten" eben die verschwundene Rasse verstand. So behauptet z. B. eine altkeltische Lehre, daß die Menschen zum Stammvater den Gott der Toten gehabt haben – Diespater –, der in einer fernen, jenseits des Ozeans gelegenen Gegend weilt und seinen Sitz auf jenen „äußersten Inseln" hat, von denen nach druidischer Überlieferung ein Teil der vorgeschichtlichen Einwohner Galliens direkt hergekommen ist.[19] Kronos-Saturnus, der König des goldenen Zeitalters, ist nach klassischer Tradition entthront oder entmannt – d.h. seiner Fähigkeit zu „zeugen", einem neuen Geschlecht das Leben zu geben – beraubt: er lebt aber immer noch, „im Schlafe", in einem Land äußersten Nordens nahe dem arktischen Meere, das deshalb auch Kronidenmeer genannt wurde.[20] Obwohl derartige Vorstellungen und mythologisierte Erinnerungen zu manchen Verwirrungen Anlaß geben, so kehrt doch, in übergeschichtlicher Auffassung oder in der Form einer Wirklichkeit und eines Zentrums, die verborgen und unsichtbar sind, in den in Frage stehenden Traditionen das hyperboreische Motiv immer wieder.

Für unsere Zwecke müssen wir uns vorläufig bei der Form aufhalten, die diese Erinnerungen im keltisch-irischen Kulturkreis angenommen haben. Es handelt sich hauptsächlich um die sich auf Avallon, auf die Tuatha dé Danann und auf König Artus beziehenden Überlieferungen. Diese Traditionen haben mehr als eine volks- und geschichtsbedingte Bedeutung; sogar die in ihnen enthaltenen, geographischen Hinweise haben oft, so wie es in vielen ähnlichen Zusammenhängen geschieht, einen symbolischen Wert.

Die irischen Erscheinungsformen der Tradition

Die sagenhafte Geschichte Irlands umfaßt die Erlebnisse der Rassen, die nacheinander Irland beherrschten und von einem geheimnisvollen nordisch-atlantischen Land oder Eiland gekommen waren, wohin sie häufig zurückkehrten. Die „Historia Britorum" gibt diesem Ursprungsort oft den Namen Hiberien, aber in Wirklichkeit ist dieser Ausdruck nur die phantastische Wiedergabe der irischen Worte mag-môr oder trag-môr oder mag-mell, „Land der Toten", d. h. das nordisch-westliche Urzentrum.[21] Die Erlebnisse der in Frage stehenden Rassen haben verschiedenartigen Charakter; sie befinden sich in ständigem Kampf gegen die Fomoren, das sind Riesen oder ungeheuerliche Wesen, die bezeichnenderweise in den christianisierten Elementen der Sage den vorsintflutlichen Riesen oder anderen ungestüm wilden Wesen, Abkömmlingen Hams und Kains, gleichgestellt werden.[22] Diese Fomoren sind gleichbedeutend mit den „Elementarwesen" oder den Rinthursen, denen in der nordischen Tradition der Edda die Asen, die „göttlichen Helden", gegenüberstehen. Sie stellen die Mächte eines Zyklus des „bronzenen Zeitalters" dar, finstere titanische und tellurische Gewalten, die, wie der tellurische Poseidon, mit den Tiefen der Gewässer in Verbindung stehen – oder sie entsprechen Kräften des ursprünglichen Zyklus, die sich in titanischem Sinn materialisierten und entarteten. Eben diese zweite Deutung scheint sich aus den keltischen Überlieferungen zu rechtfertigen, denn dem Tethra, dem König der Fomoren, wird oft dieselbe geheimnisvolle Heimat jenseits des Ozeans zugeschrieben, und der unbezwingbare Turm Conanns, eines anderen Königs der Fomoren, auf der „Insel aus Glas inmitten des Meeres" kann im Grunde als eine der Darstellungen des Urzentrums gedeutet werden.

Auf jeden Fall werden die Fomoren, in ihrem Grundcharakter als finstere und tellurische Rasse, von einem höheren Geschlecht besiegt, das vom atlantischen Lande nach Irland gekommen ist, von der Partholans-Rasse. Diese Rasse stirbt aus, und an ihre Stelle tritt ein zweites Volk gleichen Ursprungs, die Rasse von Neimheidh. Der Name Neimheidh stammt aus einer keltischen Wurzel, die „himmlisch", aber auch „alt", „verehrungswürdig", „geheiligt"[23] bedeutet und uns daher erlaubt, auch diesen neuen Zyklus als eine Schöpfung der Träger jener ursprünglichen, noch im lauteren „olympischen" Zustand befindlichen Tradition zu betrachten. Aus den Zeiten der Neimheidh wird ein symbolisches Ereignis berichtet, das einem ähnlichen der Edda entspricht. In der Edda berufen die Asen die „Elementarwesen", damit diese die Festung im „Lande der Mitte" wieder aufbauen, das Asgard Midgards. Die Riesen begehren als Lohn für dieses Werk die „göttliche Frau" Freia und mit ihr „den Mond und die Sonne". Da sie das Verlangte nicht erhalten – denn die Asen widersetzen sich diesem Einbruch in den Bereich der oberen Mächte, der dadurch verschuldet worden ist, daß sie selbst sich elementarer Kräfte bedient haben –, wird ein Kampf entfesselt, der als unheilvollen Ausgang die „Verdunkelung der Götter" – ragna-rök – hat. Gleichermaßen bedienen sich im irländischen Sagenkreis die Neimheidh der Fomoren, um sich eine Festung bauen zu lassen, verjagen sie aber dann, weil sie Angst haben, die Fomoren könnten sich der Festung bemächtigen.[24] Das hilft jedoch nichts, und die Nachkommen der Neimheidh werden schließlich von den Fomoren unterworfen, welche die Torinis bewohnen, eine wiederum nordwestlich von Irland gelegene Inselfestung; in der Nähe dieser Insel werden sie bei einem Aufstandsversuch niedergemetzelt, ebenso wie in der eddischen Sage der Kampf gegen die Elementarwesen in einer ersten Phase mit dem Untergang der Asen endet. In dem einen wie dem anderen Fall läßt sich darin wahrscheinlich die Verbildlichung der Heraufkunft eines „titanischen" Zyklus erkennen, der die Überreste einer unmittelbar von der Urtradition abgeleiteten Kultur mitgerissen hat.

Die Weiterentwicklung der irländischen Sage enthält jedoch einen Versuch „heroischer" Wiederherstellung des einst Gewesenen. Es handelt sich um den Zyklus der Tuatha dé Danann, ein Ausdruck, der „Volk der Götter, deren Mutter Dana ist", bedeutet.[25] Diese Rasse wird einerseits als „vom Himmel" gekommen angesehen, woher, nach dem Leabhar na hvidhe „ihre Weisheit und die Überlegenheit ihres Wissens"[26] stammten; andererseits soll sie ihr übernatürliches Wissen aus dem hyperboreischen Land bezogen haben.[27] Die beiden Fassungen widersprechen einander nicht, ergänzen sich vielmehr wechselseitig, vor allem, wenn man an die nicht-menschliche Wesensart des Urzentrums denkt, ferner weil – der Tradition nach – die Rasse der Tuatha von überlebenden Nachkommen der Neimheidh-Rasse abstammte, die sich in das hyperboreische Land begeben hätten. Dort erlernten sie die übernatürlichen Wissenschaften im Zusammenhang mit gewissen symbolischen Gegenständen, von denen im folgenden noch gesprochen werden soll.[28] Da die Rasse der Neimheidh als die „himmlische" und „alte" erscheint, die zuletzt von einem titanischen Zyklus verdrängt wurde, dürfen wir die Sage so verstehen: Die belebend wirkende Rückverbindung mit dem geistigen Urzentrum (das als „himmlisch" und hyperboreisch aufgefaßt wird) bewegt und gestaltet im „heroischen" Sinne ein neues Geschlecht, nämlich die Rasse der Tuatha dé Danann,[29] die von neuem die Fomoren und ähnlich geartete Wesen – z. B. die Fir bolg – niederwerfen und sich Irlands bemächtigen. Der Führer der Tuatha, Ogme, ist eine „sonnenhafte" Gestalt – Grian Ainech – mit Zügen, die denen des dorischen Herakles nahe verwandt sind. Er erobert das Schwert des Fomorenkönigs.

Auch die Herrschaft der Tuatha nimmt jedoch ein Ende. Eine neue Rasse taucht in Irland auf, die „Söhne Mileadhs", deren Züge jedoch nicht ganz klar sind. Die kriegerische Wesensart ist in ihr vorwiegend – das Wort Mileadh scheint dieselbe Wurzel zu haben wie miles (Soldat, Krieger) –, doch fehlen ihr nicht die Zusammenhänge mit Resten der höheren, dem vorangehenden Tuatha-Zyklus angehörigen Überlieferung.[30] So behauptet sich auch in der Mileadh-Kultur abermals die hyperboreische Symbolik des „zentralen Landes". Die Verfassung dieses Volkes ist feudal mit einer obersten Königsgewalt, die ihren Sitz hat in den einst geheiligten Stätten der Tuatha, in Tara im „Lande der Mitte" – Meadhon. Die Könige empfingen ihre Weihe durch den „Stein des Schicksals" – lia fail –, von dem wir noch sprechen werden, und der gleichermaßen der hyperboreischen Tuatha-Überlieferung angehört.[31] Die Tuatha selbst haben sich vom Land zurückgezogen und einigen Texten nach unsichtbare Gestalt angenommen als Bewohner wundersamer „unterirdischer" Paläste oder den Sterblichen unzugänglicher Bergeshöhlen, von wo aus sie sich nur ganz ausnahmsweise den Menschen zeigen; nach anderen Texten sind sie in ihr ursprüngliches Vaterland heimgekehrt.[32] Nach dem bereits Gesagten sind die beiden Fassungen gleichwertig, denn es handelt sich dabei nur um zwei verschiedene Verbildlichungen des Urzentrums, das verborgen oder unzugänglich (daher, dank einer metaphorischen Umsetzung, „unterirdisch") geworden ist. Die keltischen Überlieferungen haben die Erinnerungen an dieses Urzentrum vor allem in der Gestalt der „Insel" bewahrt, *der atlantischen Insel Avallon*, und in diesem Zusammenhang ist es interessant, festzustellen, daß diese Insel in den darauffolgenden Zeiten zumeist als ein Ort der „Frauen gilt, welche die Helden anlocken, um ihnen die Unsterblichkeit zu verleihen. Der Name Avallon ist übrigens aus dem kymrischen Wort *Afal* erklärt worden, das Apfel bedeutet, also eine „Insel der Äpfel"[33], was selbstverständlich die Erinnerung an die Hesperideninsel „jenseits des Ozeans" erweckt, mit ihren symbolischen *goldenen* Äpfeln, die Herakles in einem der Abenteuer, die ihm die olympische Unsterblichkeit verschaffen, erringt. Den übernatürlichen Frauen der Insel Avallon wird die Kunst des „Heilens" zugeschrieben – in der Sage von Tir-na-n-og erklären sie, daß man in ihrem Lande „den Tod oder die Auflösung des Leibes nie sehen werde", und daß dort der Held Oisin „die Krone des Königs der ewigen Jugend" erlangen könne.[34] Aber gleichzeitig hat Avallon, die „weiße Insel"[35], auch den Bedeutungsgehalt einer „polaren" und „solaren" Insel. Nach einer anderen, ebenfalls möglichen Etymologie ist die Insel Avallon in Wirklichkeit nichts anderes als die Insel *Apollons*, der im Keltischen Ablun oder Belen heißt; es handelt sich immer wieder um das „Land der Sonne" und die hyperboreischen Stätten, da Apollo als Sonnenkönig des goldenen Zeitalters und des hyperboreischen Landes galt.[36] Und wenn diese Insel oft mit jener „Insel aus Glas" in eins gestellt wird, von der ebenfalls in solchen Traditionen die Rede ist, so darf diese Gleichsetzung auf die allgemeine Symbolik der aus Glas, ja sogar aus Luft bestehenden Wände bezogen werden, die eine Art unsichtbaren, übernatürlichen Schutz darstellen, der einige Orte umgibt, um sie unzugänglich zu gestalten: eigentlich eine Variante der Idee der Unantastbarkeit, die immer dem höchsten Zentrum zugeschrieben wurde.

Der unter dem Namen „Battle of Mag-Tured" (§§ 3–6) bekannte Text berichtet, daß die Tuatha aus ihrem nordischen Wohnsitz vier Gegenstände mitbrachten, die in enger Beziehung zu der dort empfangenen Erleuchtung stehen: einen Stein, eine Lanze, ein Schwert und ein Gefäß. Es ist der „schicksalskündende Stein" bzw. der „königliche Stein", so geheißen, weil er als eine Art Orakel erkennen läßt, wer rechtmäßig König ist; ferner die Lanze Lugs, von der es heißt, daß „nie eine Schlacht verlorenging, wenn man diese Lanze in der Faust hielt"; dann das unbesiegbare und unerbittliche Schwert Nuadas und schließlich das Gefäß Dagdes, das auf magische

Art eine beliebig große Menge von Kriegern zu sättigen vermag. Diese Gegenstände der Tuatha werden noch als entsprechende Gegenstände im Gralsmysterium erscheinen, ebenso wie der Sitz des Grals sich als eng verbunden mit eben jener Insel Avallon, dem „Land der Sonne" oder der „weißen Insel", erweisen wird.

Die in den „Annalen der vier Meister" gesammelten Überlieferungen zeigen dann, daß in diesem Kulturkreis das Motiv des Kampfes und des Sieges als Probe besonders betont wird. Eine immer wiederkehrende Formel ist z.B. die folgende: „X erschlug König Y und wurde dadurch König".[37] Ihr tiefster Sinn ist im Zusammenhang mit der Sage des Waldkönigs von Nemi zu verstehen, auf die wir schon andernorts eingegangen sind: die Besiegung und Tötung einer bestimmten Persönlichkeit leitet geradewegs zur königlichen und priesterlichen Funktion und Würde, die dem Toten eigen waren – andererseits auch zur Eigenschaft als Gemahl der „göttlichen Frau"[38]. Nun ist die mittelalterliche Ritterliteratur voll von Abwandlungen dieses Motivs. Die Waffenprobe führt oft von selber zum Besitz einer Frau, die von einem Ritter auf den anderen übergeht. Aufgrund des sogenannten „Liebesrechtes" ist es in der Ethik dieses Schrifttums etwas beinahe Natürliches, daß ein Ritter sogar die Dame seines Herrn zum Gegenstand seines Verlangens machen darf, wenn er sich für tüchtiger in der Waffenprobe hält und solches unter Beweis stellen kann.[39] Der eigenartige Charakter, den all das aufweist, wenn man es buchstäblich auffaßt, und seine kaum vorhandene Entsprechung zu den wirklichen Sitten der Zeit, müßten wohl zu der Annahme führen, daß ein verborgener Bedeutungsgehalt derartigen „Abenteuern" zugrunde liegt[40]; es handelt sich in der Tat um den materialisierten Widerhall von Prüfungen, die bezweckten, mittels einer Auslese den zu erwählen, der am meisten geeignet ist, im Geiste eines „heroischen" Zyklus wirklich die „Frau" zu erringen und die königliche Würde zu bekleiden.

Nach der „Historia Regum Britanniae" soll Britannien ursprünglich von Riesen bewohnt gewesen sein. Dem bedeutendsten unter ihnen wird der Name Goemagog gegeben. „Brutus", aufgefaßt als einer der Nachkommen jener Trojaner, die auch Rom schufen, vernichtet sie und begründet die britannische Überlieferung.[41] Goemagog ist offensichtlich gleichbedeutend mit Gog und Magog: eine vielsagende Reminiszenz an die Bibel. Gog und Magog entsprechen dem „dämonischen" Geschlecht, das, wie wir noch sehen werden, im Kaisermythos eine wichtige Rolle übernimmt. Sie sind gleichbedeutend mit den Fomoren, gleichbedeutend mit den Elementarwesen oder Rinthursen, denen die Asen der Edda mit einer Mauer den Weg versperren, auf daß ihnen „der Sitz der Mitte" – Mitgard, eine genaue Entsprechung des Zentrums der olympischen Urkultur – unzugänglich bleibe. In gewisser Hinsicht stellen sie nichts anderes dar als die Dämonie der Massenwelt.

Die „Annalen der vier Meister" berichten über verschiedene Aufstände gegen die geheiligte Dynastie der Tuatha dé Danann wie auch gegen die darauffolgende Kriegerdynastie der Söhne Mileadhs; Aufstände, die ausgingen von der Rasse der Fir-Domhain bzw. „Rasse der Tiefe", einer tellurischen Rasse, die mit der Entartung verfallender Überbleibsel früherer Bewohner Irlands, wie z. B. der Fir-Bolgs, in Beziehung gebracht wird. Ferner geht die Rede von einer „plebejischen Rasse" – aitheach-tuatha –, die bei Gelegenheit eines Festes den Adel niedermetzelt. Als Strafe einer solchen Gewalttat befällt jedoch allgemeine Not das Land, begleitet von vielerlei Gottesgeißeln. Das Reich bleibt in diesem wüsten Zustand, bis der Sohn des letzten getöteten Königs ins Land seines Vaters zurückkehrt.[42] Nun wird in der orientalischen Alexandersage die Zerstörung und das Austrocknen „aller Wasserläufe, so daß sie keinen Tropfen Wasser mehr von sich geben", als gleichzeitig mit der Heraufkunft des Geschlechtes von Gog und Magog angesetzt.[43] Und so gelangen wir zu einem für unsere Untersuchung wichtigen Punkt, denn das ist derselbe Zustand, *in den das Gralsreich wie auch das Reich des Königs Arthur durch den sogenannten „schmerzhaften Streich" versetzt werden*, ein Zustand, der bis zum Erscheinen des rächenden und wiederherstellenden Helden dauern wird. Schon dieser Zusammenhang zwischen alten Traditionen und alten vorchristlichen, keltischen Mythen gibt uns also die hauptsächlichen Themen an, die sich in der Gralslegende sozusagen wiederverkörpern werden. Den weiteren Verbindungspunkt bildet die Sage von König Arthur.

Der Arthur-Zyklus

Im Formenbereich dieser Sage tritt die historische Wirklichkeit Arthurs – welcher der dux bellorum der nordischen Kymrer (Walliser) im Kampf gegen die Angelsachsen in der Zeit zwischen dem fünften und sechsten Jahrhundert gewesen sein dürfte – beinahe in den Hintergrund. Maßgebend dabei ist vielmehr der Umstand, daß das Königreich Arthurs als ein Ebenbild des zentralen Königsamtes und in engster Beziehung mit der hyperboreischen Tradition erschien. Aus diesem Grund tritt es in den Sagen schließlich an die Stelle dieses Amtes selbst und übernimmt symbolische und überhistorische Züge. Die Beziehung des Reiches Arthurs zu England ist also eine zufällige; im mittelalterlichen Schrifttum hat dieses Reich vielmehr den Bedeutungswert eines übernationalen, das ganze Rittertum umfassenden Regnums, und die Suggestion, die es auf die heldische, mittelalterliche Christenheit ausgeübt hat, ist so groß, daß diese eben in König Arthur ihr symbolisches Oberhaupt erblickte und der Ehrgeiz eines jeden Ritters dahin ging, ein Mitglied des geheimnisvollen Ordens des „Königs Arthur" zu werden – eine außerordentlich bedeutungsvolle Tatsache!

Der Name Arthur ist verschiedenen Auslegungen zugänglich, von denen wohl am glaubwürdigsten die ist, die ihn auf das keltische Wort arthos, das ist Bär, und viros, das ist Mann, zurückführt.[44] Schon Nennius erklärt: „Artur latine sonat ursum horribilem"[45]. Dieser Bedeutungsgehalt einer männlichen Kraft, die in ihrer wilden Größe beinahe Schrecken einflößt, wird andererseits mit einer Symbolik hyperboreischer Art verbunden, und gleichzeitig weist er wiederum auf die Idee einer zentralen oder „polaren" Funktion zurück. Der Bär, eines der geheiligten Symbole des altnordischen Kultes, entspricht in der astronomischen Symbolik tatsächlich dem „polaren" Sternbild (dem Großen Bären). Nicht nur das: im Gesamtbereich des überlieferten Schrifttums ergibt sich aus Symbolen und Namen schließlich die Beziehung dieses Sternbildes und des entsprechenden Mittelpunktgedankens mit Thule. Thule bezeichnet wieder die hyperboreische, „weiße Insel", das traditionsgebundene Urzentrum.[46] Das „Polare", das Hyperboreische und das Königliche treffen also im Symbol Arthurs zusammen. Die Eigenschaft Arthurs als wilder Führer, viros und ursus horribilis, wird jedenfalls durch die Tatsache verdrängt, daß Arthur in der Legende immer von Myrddhin (Merlin) wie von einer Art Ebenbild begleitet wird, der übermaterielle Weisheit und Macht besitzt und letzten Endes weniger eine andere Person bedeutet als vielmehr die Personifikation des Transzendenten im Arthur-Symbol selbst.

Die enge Verbindung dieser beiden Prinzipien des Kriegerischen und des Übernatürlichen kennzeichnet in allen Fällen die „Ritterschaft" Arthurs und führt uns tiefer hinein in den Sinn der charakteristischsten ihr zugeschriebenen Abenteuer. Die Ritterschaft der Tafelrunde, d.h. des Königs Arthur, ist nicht allein irdisch. Diejenigen, die ausersehen sind, daran teilzunehmen – so steht es in der „Morte Darthur"[47] – „fühlen sich gesegneter und der Verehrung würdiger, als wenn sie die Hälfte der Welt erobert hätten. Und sie verlassen ihre Frauen und ihre Kinder, um dem Orden nachzufolgen". Der Gral selbst mag, im Grunde genommen, die transzendente Sphäre darstellen, in der diese Ritterschaft sich zu vervollkommnen strebte, eine Idee, die überall entschieden zum Durchbruch kommt, wo das Reich Arthurs ohne weiteres mit dem Reiche des Grals in eins verschmilzt. Es ist angezeigt, in diesem Zusammenhang auf die Episode angesichts der Steine von Stonehenge hinzuweisen, die heute noch vorhanden und für den Beschauer ein Gegenstand des Staunens sind, da es unvorstellbar bleibt, mit welchen Mitteln diese ungeheueren Felsblöcke in jenen fernen Zeiten behauen und dahin bewegt werden konnten, wo man sie auffand. Merlin befiehlt den Kriegern, solche riesige Steine von den fernen Felswänden herauszuholen, und spricht: „Macht euch ans Werk, ihr mutigen Krieger, und lernt, indem ihr diese Steine heranschafft, *ob es die Kraft ist, die den Geist überwindet, oder der Geist, der die Kraft überwindet.*" Die Krieger zeigen sich dieser Aufgabe nicht gewachsen, und Merlin vollbringt lachend und ohne jede Schwierigkeit selbst das Werk.[48] Daß die Kriegertugend im Arthur-Zyklus geistigen Wesens ist, ergibt sich übrigens schon aus der folgenden Ermahnung, die sich im selben Text vorfindet, nämlich in der „Historia Regum Britanniae": „Kämpft für euer Land und nehmt, wo es nottut, den Tod auf euch, denn der Tod ist ein Sieg und eine Befreiung der Seele".[49] Diese Haltung entspricht genau der antiken Auffassung von der mors triumphalis – ein Kernbegriff der den Überlieferungen „heroischen"

Typs eigenen Ethik. Nach der Legende beweist Arthur sein angeborenes Recht, gesetzmäßiger König ganz „Englands" zu sein, dadurch, daß er die Schwertprobe besteht, d. h. indem es ihm gelingt, ein Schwert aus einem großen, viereckigen Stein zu ziehen, der auf dem Altar des Tempels liegt.[50] Hierin offenbart sich eine aus zwei Elementen zur Einheit verschmolzenen Symbolik. Einerseits der allgemeine Symbolwert des „Grundsteins", der noch einmal auf den „polaren" Gedanken zurückweist. Die Sage spricht vor allem von der Aufgabe, aus der Urtradition eine männliche Kraft (das Schwert) zu beziehen, wobei der „Stein" offenbar dem „Stein der Könige" der hyperboreischen Überlieferung der Tuatha dé Danann gleichwertig erscheint. Andererseits bedeutet das Herausziehen des Schwertes aus dem Stein auch die Befreiung einer Kraft aus dem Stofflichen, denn der Stein hat oft diesen Sinn, und damit stimmt auch eine andere Episode der Sage überein: Arthur, von „Merlin" geführt, bemächtigt sich des Schwertes Caliburn bzw. Escalibur, das von einem geheimnisvollen Arm aus dem Wasser emporgereicht wird.[51] Diese Waffe wurde aber, wie es heißt, in Avallon verfertigt, d. h. sie steht in Beziehung zum „höchsten Zentrum"; daß sie aus dem Wasser emporgereicht wird, deutet neuerdings auf eine Kraft hin, die vom materiellen, leidenschaftlichen und vergänglichen Leben losgelöst ist. Eine solche Lebenssphäre findet in gewisser Hinsicht in der allgemeinen Wassersymbolik ihre Versinnbildlichung. Sie soll nicht nur von denen überwunden werden, die danach streben, den königlichen „Auftrag des Mittelpunktes" auf sich zu nehmen und Führer in höherem Sinne zu sein, sondern auch von jedem Ritter, der würdig sein will, der Gefolgschaft Arthurs anzugehören und schließlich den Gral wiederzufinden.

Es soll noch einiges über die Einrichtung der Tafelrunde und über die Symbolik von Arthurs Wohnsitz hinzugefügt werden.

In diesen Zusammenhängen kehren häufig die bekannten Sinnbilder des unzugänglichen Landes wieder. Das Reich Arthurs ist nach Andreas Cappellanus von der Menschheit durch einen breiten Strom getrennt, über den nur eine gefährliche Brücke führt. Hier findet sich ein Schloß in ständig kreisender Bewegung,[52] das Königsschloß - caer rigor – bzw. Schloß der Reichen – caer golud –, wo ein übernatürliches Gefäß aufbewahrt wird, das (nach der Tradition des „The spoiling of Annwn") von Arthur dem König der „Unterwelt" abgewonnen wurde. Dieses Gefäß ist die Nachbildung eines der mystischen Gegenstände, die schon der hyperboreischen Überlieferung der Tuatha dé Danann angehören (des Gefäßes Dagdé, vgl. S. 48); es vermag – eine Eigenschaft, die auch dem Gral eigen wird – jedermann zu sättigen, heilt Wunden und bewahrt vor den Auswirkungen des Alters, verweigert jedoch seine Gaben den Feiglingen und Eidbrüchigen.[53] Dieses sich drehende Schloß Arthurs – revolving castle, caer sidi – gleicht im übrigen der „rotierenden Insel", die in der altkeltischen Sage oft an Stelle der „Insel aus Glas" und ganz allgemein Avallons tritt, wobei der Hinweis nicht fehlt auf das „polare Land", das sich tatsächlich um einen unbeweglichen Punkt dreht. Wenn es heißt, daß eine solche, sich um die eigene Achse drehende Insel oder Burg die Welt in ihre kreisende Bewegung mit einbezieht, so liegt unbedingt der Gedanke nahe an die indoarische Vorstellung des „Herrn der Welt" als cakravartî, ein Ausdruck, der genau „Dreher des Rades" bedeutet und auf jenen Beweger anspielt, der als unveränderlicher Mittelpunkt das Rad des Regnum und der Weltordnung – rta- im allgemeinen in Drehung hält.

Die Symbolik der Tafelrunde, die Arthur auf Rat „Merlins" gegründet haben soll, um dem Ritterorden, dessen oberstes Haupt er ist, einen festen Zusammenhalt zu verleihen, führt uns auch ihrerseits in dieselbe Ideenordnung hinein. Laut Malory ist die Tafelrunde als Nachbildung der Welt geschaffen worden, sie soll für das ganze Weltall Schutz gewähren.[54] Daraus ergibt sich deutlich, daß die Ritter, die an der Tafelrunde sitzen, ebenso viele Vertreter der zentralen und ordnenden Gewalt sind, und es ist wichtig, festzustellen, daß in verschiedenen Erzählungen diese Ritter der Tafelrunde oder wenigstens die hervorragenden unter ihnen *zwölf* an der Zahl sind, wodurch eine sichtbare Beziehung zu den zwölf Rittern gegeben ist, die im „Roman de Brut" nach Teilung der Erde in zwölf Teile die Herrschaft über je einen Teil übernehmen und sich zu Gebietern dieser Bezirke ernennen lassen.[55] Die Wichtigkeit dieser Feststellung liegt darin, daß die Zahl zwölf eine „solare" Zahl ist, die in der einen oder anderen Form immer und überall dort erscheint, wo sich ein Überlieferungszentrum bildet oder zu bilden strebt: zwölf Throne Midgards, zwölf Stämme in der delphischen Tradition, zwölf oberste olympische Götter, zwölf Liktoren in

Rom, zwölf Residenten Avalloniens, die zwölf Grafen-Paladine Karls des Großen u.s.w.[56] In der Sage von Arthur und vom Gral gesellt sich jedoch zu dieser Symbolik noch ein neues Motiv, das *des gefährlichen Sitzes*. Es handelt sich hierbei um einen Platz, der in der Tafelrunde einem auserkorenen, jedem anderen überlegenen Ritter vorbehalten bleibt. Dieser Ritter erscheint manchmal als *dreizehnter* der Runde, verkörpert daher offenbar die oberste Funktion des „Mittelpunktes", indem er als Oberhaupt oder Pol der „Zwölf", als Gleichnis oder Vertreter eben des „Weltkönigs", d.h. cakravartî, auftritt.[57]

Wenn die Legende den dreizehnten Platz als *leeren* oder als *gefährlichen* Platz bezeichnet, so muß dabei an eine Periode der Verdunkelung des Reiches König Arthurs oder der Entartung seiner Vertreter gedacht werden, und zwar derart, daß die Auffrischung vermittels der Kraft eines dazu berufenen und befähigten Helden nötig wird. Damit halten wir beim Übergangspunkt vom eigentlichen Arthurzyklus zum Gralszyklus. Das Reich Arthurs ist, allgemein gesprochen, das Reich Locris – eine alte Bezeichnung für England, wie Albania und „weiße Insel" als Sitz des Grals; und die Ritter Arthurs machen sich auf die Suche nach dem Gral, um ihrem Königshof den alten, verlorengegangenen Glanz wiederzugewinnen und die bösen Zauberwirkungen zu zerstören, die – einigen Texten zufolge – nicht nur dieses Reich, sondern die ganze Welt befallen haben. Der Gral ist das Sinnbild des Verlorengegangenen und Wiederzufindenden. Es ist Gebot, daß ein Mann die Eigenschaften des Grals von neuem zur Wirksamkeit bringe, und das ist dann der Ritter, der sich auf den „gefährlichen Platz" setzen wird.

Wir wollen hier unseren späteren Ausführungen über den Gralszyklus nicht vorgreifen und nur bemerken, daß die Gestalt des Königs Arthur einer Spaltung unterliegt. Einerseits finden wir einen überhistorischen „König Arthur", der ein metaphysisches Amt symbolisiert; demgegenüber einen König Arthur, der als Typus eines historischen Vertreters dieses Amtes zum Mittelpunkt von Abenteuern wird, die in verhängnisvoller Weise zu Verfall und Untergang führen und folglich mit den altkeltischen Erzählungen über die Zerstörung und das Verschwinden der Tuatha dé Danann oder ihrer Nachkommen übereinstimmen. Wir müssen es hier bei einem kurzen Hinweis auf Episoden bewenden lassen, in denen unter anderem die Symbolik der Frau wiederkehrt.

Zwei Gestalten trachten danach, Arthurs „Frau" – Quennuwar, d.h. Ginevra, – zu entführen. Der erste ist Maelvas, der sie in seine Stadt Glastonbury entführt, die mit der im Ozean gelegenen „Insel aus Glas" und mit der Insel Avallon gleichgesetzt wird.[58] Nun wird die „Insel aus Glas" belagert, aber schließlich kommt es zu einer Aussöhnung. Schon in dieser Geschichte sind Einflüsse der neuen, christlichen Religion zu spüren, da Arthur bei dieser Gelegenheit die Insel einem Vertreter der Kirche zu Lehen gegeben und ihm seinen Schutz zugesichert haben soll. Wir haben hier einen Versuch der christlichen Religion, einigermaßen usurpatorisch sich an die Stelle der vorhergegangenen keltisch-hyperboreischen zu setzen. Glastonbury war eines der wichtigsten englischen Ausbreitungszentren des Christentums. Diese Religion strebte um ihrer Vormacht willen danach, die früheren nordisch-keltischen Überlieferungen unter christianisierten Formen zum Verschwinden zu bringen, was so weit ging, daß die Abtei Glastonbury sogar den Anspruch erhob, das alte Avallon zu sein.[59] Die Geschichte von der Verleihung der Insel an die Kirche durch Arthur soll also eine Art Rechtfertigung für eine „Traditionsübertragung" erbringen, die schon den christlichen Bekehrern Englands am Herzen lag; doch beschränkte man sich nicht darauf, sondern erklärte unter Bezugnahme auf den erwähnten, tragischen Epilog der alten Legende, König Arthur sei „tot" und in Glastonbury begraben.

Während Arthur kämpft, um sein sagenhaftes Weltreich zu verwirklichen und auch Rom zu erobern, um dort gekrönt zu werden, bemächtigt sich sein in der Heimat gebliebener Neffe Modred des Throns und bringt Arthurs „Frau" Ginevra in seine Gewalt. In dem daraus entstehenden Krieg wird der Verräter getötet, aber auch die besten Ritter der Tafelrunde fallen; Arthur selber wird tödlich verwundet und nach Avallon gebracht, auf daß die Kunst der dort wohnenden „Frauen", und vor allem der Morgandes, ihn heile und ihm die Rückkehr zu seinem Amt ermögliche.[60] Aber die Wunden des Königs (nach einigen Quellen vor allem die durch eine vergiftete Lanze zugefügten) öffnen sich jedes Jahr von neuem, und seine Getreuen harren vergeblich seiner Wiederkehr. Trotzdem hat sich die Überlieferung erhalten, daß sich Arthur doch eines Tages von neuem von Avallon aus offenbaren und in sein Reich zurückkehren werde, und aus diesem Grunde hätten die Briten niemanden mehr zum König ernennen wollen.[61] In anderen Texten, zum Beispiel in den „Otia Imperialia" des Gervasius von Tilbury, wird er in einem auf einem Bergesgipfel befindlichen, wundervollen Palast auf einem Bett liegend geschildert. Eine weitere, tendenziös christliche Tradition behauptet ferner, Arthur sei tot, und Avallon bedeute nichts anderes als die Abtei von Glastonbury, wo auch sein Leichnam ruhe.

Dies alles sind Symptome einer Periode des Niederganges des traditionsgebundenen Zentrums, einer hereinbrechenden Entartung, aus der heraus die Suche nach dem Gral zur Notwendigkeit wird. Und schon hier entdecken wir ein weiteres, grundlegendes Motiv des Gralszyklus': den verwundeten König, der in dem unzugänglichen und geheimnisvollen Sitze der Heilung wartet, damit er „zurückkehren" könne. Erinnern wir uns dabei auch des anderen, schon in der keltischen Sage wirksamen Motives: Verwüstung und Dürre eines Reiches infolge einer plebejischen Erhebung, die bis zur Ankunft des „Sohnes" des getöteten Königs währen.

Die Kaisersage – Der „Weltkönig"

Aufgrund ihres nunmehr klargestellten Bedeutungsgehaltes darf die Arthursage als eine Form der allgemeinen Lehre von den „zyklischen Offenbarungen" oder Avataras betrachtet werden. Nach dieser alten, traditionsgebundenen Lehre offenbart sich in bestimmten, verschiedenartigen Gestaltungen und nach bestimmten Zeiträumen wiederkehrend eine einzige metaphysische Macht, die in der Zwischenzeit in latentem Zustand weiterlebt.[62] Dieser Voraussetzung gemäß ist es begreiflich, daß, wenn ein Herrscher eine solche Macht gewissermaßen verkörpert hat, sich undeutlich in der Sage die Vorstellung herausbildet, er sei „nie gestorben", er habe sich nur an eine unzugängliche Stätte zurückgezogen, von wo er sich eines Tages wieder offenbaren werde, oder er „schlafe" und müsse wieder erwachen. Und wie in diesen Fällen das Übergeschichtliche mit dem Geschichtlichen verschmilzt und eine gewisse, wirkliche Gestalt gleichzeitig zum Symbol wird, bleiben andererseits die Namen dieser wirklichen Gestalten manchmal jenseits des geschichtlichen Realbereichs erhalten und dienen als Bezeichnungen für das, was über ihre historische Sphäre hinausführt und eigentlich universalen und transzendenten Charakter hat.

Die Vorstellung einer Herrschergewalt im Zustand des „Schlafes" oder des scheinbaren Todes steht in naher Beziehung zu der Idee einer verletzten, verwundeten oder gelähmten Königsmacht, allerdings nicht so sehr, was ihr unantastbares Prinzip betrifft, als eher in bezug auf seine äußeren und geschichtlichen Vertreter. Daraus stammt das Motiv des verwundeten, verstümmelten oder kraftlosen Königs, der auch weiterhin in jenem unzugänglichen Zentrum am Leben bleibt, wo das Gesetz der Zeit und des Todes keine Kraft hat.

Ohne das andernorts Dargestellte zu wiederholen, sei hier an einige typische Gestaltungen erinnert, die dieser Symbolik in den älteren Zeiten gegeben wurden, um dadurch den gesamten, universalen Sinngehalt des hier behandelten Stoffes klarzulegen.

In der indischen Tradition finden wir die Sage von Mahâkâçypa, der im Berg schläft, aber beim Klang der Muscheltrompete im Augenblick des neuerlichen Sich-Offenbarens der Macht, die in der Gestalt Buddhas schon einmal erschienen ist, erwachen wird. Ein solcher Augenblick ist auch mit dem Auftreten eines „Herrn der Welt", cakravartî – çankha genannt –, gegeben; aber çankha bedeutet auch Muschel – eine Doppelbeziehung, worin sich der Gedanke spiegelt eines Erwachens aus dem Schlaf im Zusammenhang mit einer neuen Manifestation des arischen „Weltkönigs" und einem neuen Durchbruch jener Urtradition, die – dieser Erzählung nach – in den dazwischenliegenden, kritischen Zeiten eben als in einer Muschel eingeschlossen galt. Eine ähnliche, iranische Überlieferung bezieht sich auf den Held Kereshâspâ, der, während er „schläft", von einem Pfeil verwundet wird, aber durch die Jahrhunderte in lethargischem Zustand weiterlebt, betreut von den „Frauen" (von den fravashi, so wie der verwundete König Arthur auf der Insel der heilkundigen Frauen am Leben bleibt): doch wird Kereshâspâ zur Zeit des Caoçyant wieder auferstehen und an seiner Seite kämpfen: Caoçyant gilt als Gebieter eines künftigen, sieghaften Reiches des „arischen Lichtgottes" und als Zerstörer der finsteren „arimanischen"

Mächte. Schon in diesem Zusammenhang ist angebracht, hervorzuheben, daß die jüdische Vorstellung des Messias und die christliche des Regnums, die einige Autoren als bestimmend für den mittelalterlichen Kaisermythos betrachten möchten, nur das Echo dieser älteren Auffassung ist.[63]

Das erwähnte Motiv kommt jedoch am vollendetsten in der Sage des Kalki-Avatara in ihrer Beziehung zur Geschichte von Paraçu-Râma zum Ausdruck. Paraçu-Râma ist eine bezeichnende Verbildlichung des „heroischen" Trägers der olympisch-hyperboreischen Urtradition. Mit seiner Axt soll er, als die Urahnen der arischen Eroberer Indiens noch das nördliche Gebiet besiedelten, die aufrührerische entweihte Kriegerkaste verjagt, aber andererseits auch seine schuldige Mutter getötet haben. Wir haben hier Symbole für eine doppelte Überwindung aus „heroischem" Geiste heraus: eine Überwindung sowohl einer materialisierten Männlichkeit als auch einer Geistigkeit, die sich zufolge einer Entartung und Rückbildung in der entgegengesetzten Richtung, unter dem Zeichen des Weiblich-Mütterlichen entwickelt hat. Dementsprechend wird die Zeit des Paraçu-Râma zwischen dem silbernen oder lunaren Zeitalter (Mutterzyklus) und dem bronzenen oder titanischen angesetzt – zwischen dem trêta – und dem dvâpara-yuga. Paraçu-Râma ist nie gestorben, er hat sich zu asketischem Lebenswandel auf eine Bergeshöhe zurückgezogen, auf den Mahendra, wo er ewig lebt.[64] Dies vorausgeschickt, wird in einer von den zyklischen Gesetzen festgesetzten, bestimmten Zeit von oben her eine neue Manifestation des „solaren" Prinzips erfolgen in der Gestalt eines sakralen Herrschers, der das „finstere Zeitalter" besiegt: Kalki-Avatara. Kalki wird symbolisch in Sambhala geboren – eine der Bezeichnungen indisch-tibetanischer Tradition für das geheiligte, hyperboreische Zentrum.[65] Er hat Paraçu-Râma als geistigen Lehrer. Nach seiner Einführung in das heilige Wissen erhält er die Königsweihe. Von Civa hat er inzwischen ein geflügeltes, weißes Pferd (dem in der Sage so viel Bedeutung beigelegt wird, daß es häufig als Kalki selbst gilt), einen allwissenden Papagei[66] und ein leuchtendes Schwert bekommen. Von dem Vogel geleitet, erringt er die „Frau", das heißt Padmâ oder Padmavatî, eine Königstochter, die niemand bezwingen konnte, weil jeder Mann, der von Liebe zu ihr entflammt war, auf göttliches Geheiß in eine Frau verwandelt wurde – eine

59

tiefsinnige Symbolik! Kalki durchquert mit seinen Kriegern trockenen Fußes ein Meer, das sich vor ihm magisch festigt, und gelangt von neuem in seinen Heimatsort Sambhala, den er so verwandelt und glänzend findet, daß er ihm als Wohnsitz des Indra, des Götterkönigs und Heldengottes, erscheint: Symbol für die Wiederoffenbarung des Urzentrums, worauf auch die Vertreter der Sonnen- und Mond-Dynastie, die Könige Matu und Dêvâ, wieder erscheinen. Dank der Macht ihrer Askese waren sie durch alle Weltepochen und bis zum „finsteren Zeitalter" im Himalaya am Leben geblieben, in einem symbolischen Bergland, wo die Urzeit „ewig dauert". Schließlich kommt es zum Endkampf, dem Kampf Kalkis gegen das finstere, von Kâlî und den beiden Dämonenführern Koka und Vikoka personifizierte Zeitalter.[67] Der Kampf mit den letztgenannten ist besonders hart, weil diese Dämonen abwechselnd wieder zum Leben auferstehen und unversehrt sich wieder erheben, sobald sie die Erde berührt haben – doch schließlich endet der Kampf siegreich für Kalki.[68]

Die in dieser Geschichte enthaltenen Symbolelemente, deren Sinn dem Leser nicht sogleich klar ist, werden im folgenden ihre Erläuterung finden. Hier haben wir hauptsächlich auf einige Bezugspunkte hingewiesen, die geeignet sind, um in einem übertraditionellen Zusammenhang den Kaisermythos der neuen Manifestation des Regnums zu erfassen, und um zu verhindern, daß die von diesem Mythos im Mittelalter erhaltenen Gestaltungen getrennt und in einseitiger Verbindung mit christlichen Vorstellungen betrachtet werden. Übrigens erschien schon das kaiserliche Römertum in seiner heidnischen Periode vielen als Vorspiel für das Erwachen des goldenen Zeitalters, dessen König Kronos, wie wir gesehen haben, nach den antiken Vorstellungen noch immer in einem Zustand des Schlafes in der hyperboreischen Region am Leben ist. Unter Augustus kündigten die sybillinischen Weissagungen einen „solaren Herrscher an, rex a coelo oder ex sole missus,[69] auf den sich auch Horaz zu beziehen scheint,[70] wenn er darum fleht, daß der hyperboreische Gott des goldenen Zeitalters, Apollo, endlich kommen möge; ebenso Vergil,[71] wenn er gleichermaßen ein nah bevorstehendes, neues goldenes Zeitalter ankündigt, ein Zeitalter Apollos und der „Heroen". Auf diese Weise kam Augustus auf den Gedanken seiner symbolischen Abstammung von Apollo, und der den Bildnissen Hadrians und Antonius' oft beigefügte Phoenix steht ebenso in Zusammenhang mit der Idee eines Wiedererstehens des Urzeitalters durch das römische Kaiserreich.[72] Eben das Erlebnis der Verbindung Roms mit dem überhistorischen Imperiumsgedanken gab auf dem Wege des schon erklärten Verwandlungsprozesses dem Mythos der immerwährenden Dauer bzw. der aeternitas Roms das Leben.

In der byzantinischen Periode erfährt die Kaisersage durch Methodius – nicht ohne Beziehung zur Alexandersage – die folgende Gestaltung: ein für tot gehaltener König erwacht aus seinem Schlaf und gründet ein neues Rom; nach kurzer Herrschaftsdauer brechen jedoch die Völker Gog und Magog hervor, denen Alexander den Weg versperrt hatte, und es kommt zum „letzten Kampf".[73] Es ist dies genau die Form, gemäß der die Sage im gibellinischen Mittelalter wieder aufgenommen und fortgebildet wird. Der erwartete, verborgene, nie gestorbene, in ein unsichtbares oder unzugängliches Zentrum abgeschiedene Kaiser verwandelt sich in den einen oder anderen der größten Vertreter des Heiligen Römischen Reiches: in Karl den Großen, Friedrich I., Friedrich II. Wir haben hier das Gegenstück zum Motiv des verwüsteten oder unfruchtbar gewordenen Reiches, das auf Wiederherstellung wartet, und folglich auch zu einem weiteren, bezeichnenden Motiv aus der Kaisersage: dem Motiv des dürren Baumes. Der dürre Baum ist sowohl der Baum des „Urlandes", dessen Zugang nunmehr den Menschen versperrt ist, als auch der Baum des Reiches. Er wird wieder grünen im Augenblick einer neuen Offenbarung der höchsten Kaisermacht und des Sieges gegen die Kräfte des „finsteren" Zeitalters. Diese Kräfte werden entsprechend der neuen Religion mit biblisch-christlichen Ausdrücken belegt, sie sind z. B. das im Zeitalter des Antichrist losbrechende Volk von Gog und Magog.[74]

In unzähligen Abwandlungen kreist diese Sage in der goldenen Zeit des abendländischen Rittertums und des Gibellinentums und findet in der prophetischen Gärung, den der Gedanke des Auftretens des „Dritten Friedrich" erweckte, ihren Abschluß in der rätselhaften Formel von dem lebenden und nicht lebenden Kaiser. „Oculus eius morte claudet abscondita supervivetque, sonabit et in populis: vivit, non vivit, uno ex pullis pullisque pullorum superstite[75]." „Er lebt, er lebt nicht": diese sybillinische Formel enthält das Geheimnis der mittelalterlichen Kultur am Vorabend ihres Zusammenbruches. Der verwundete Herrscher, der in Lethargie befangene Fürst, der König, der gestorben ist, obwohl er zu leben scheint, und der lebt, obwohl er tot zu sein scheint usw., dies alles sind gleichbedeutende oder übereinstimmende Motive, die wir genau so im Gralszyklus wiederfinden werden und die mit besonderem Leben und besonderer Suggestivkraft ausgestattet erscheinen am Höhepunkt des letzten großen Versuches des Abendlandes, sich in einer allumfassenden, geistigmännlichen und kaiserlichen Kultur wieder aufzurichten.

Friedrich – Der Priesterkönig Johannes – Der Baum des Weltreiches

Eine altitalienische Novelle berichtet, der „Priester Johannes, ein hochedler indischer Herr", habe Kaiser Friedrich als dem, der „in Wahrheit der Spiegel der Welt ist", eine Botschaft gesandt, um den Beweis zu erlangen, ob dieser „in Worten und in Werken weise sei". Es werden also Friedrich (höchstwahrscheinlich ist Friedrich II. gemeint) im Auftrage des Priesters Johannes drei Steine überreicht, wobei er gefragt wird, was er für das Beste auf der Erde hält. *„Der Kaiser nahm sie und fragte nicht nach ihren Kräften"*; was aber die Frage betrifft, antwortete er, „das Masz" sei das Beste auf der Welt. Aus diesem Verhalten schloß der Priester Johannes, daß der „Kaiser weise sei in Worten, aber nicht in Taten, weil er nicht nach den Kräften der Steine gefragt hatte, die von so besonders edler Art waren". Er urteilt, mit der Zeit würden diese Steine „ihre Kraft verlieren, weil sie vom Kaiser nicht erkannt worden sind", und trägt Vorsorge, sie zurückzuerhalten. Dies geschieht hauptsächlich mittels eines dieser Steine, der die Fähigkeit hat, unsichtbar zu machen, und von dem es heißt, „er ist mehr wert als Euer ganzes Reich"[76].

Nach einer anderen Legende, die uns von Oswald dem Schreiber erhalten wurde, empfängt Friedrich II. vom Priester Johannes ein Gewand aus unverbrennbarer Salamanderhaut, das Wasser der ewigen Jugend und einen Ring mit drei Steinen, die den Kräften entsprechen, das Leben unter dem Wasser zu ermöglichen bzw. unverwundbar und unsichtbar zu machen. Der Stein des Priesters Johannes wird besonders in den deutschen Bearbeitungen der Kaisersage um 1300 bei vornehmlicher Betonung der unsichtbar machenden Kraft erwähnt.[77]

Diese Legenden sind sehr aufschlußreich, wenn man sich vor Augen hält, daß das Reich des Priesters Johannes nichts anderes ist als eine der mittelalterlichen Darstellungen des „höchsten Zentrums"[78]. Man dachte es sich in einer geheimnisvollen und wunderreichen Gegend bald Mittelasiens, bald der Mongolei, Indiens oder sogar Äthiopiens, welch letzterer Begriff jedoch in jener Zeit eine ziemlich unklare und wandelbare Bedeutung hatte. Aus der Art der Schilderung dieses Reiches geht aber sein symbolhaftes Wesen mit unbezweifelbarer Klarheit hervor. Die „Geschenke" des Priesterkönigs Johannes an den Kaiser Friedrich haben etwa den Sinn eines „Auftrages" höherer Art, der dem deutschen Vertreter des Heiligen Römischen Reiches angeboten wird, auf daß er eine wirkliche Verbindung zwischen diesem Reich und dem „höchsten Zentrum" herstelle. Das Wasser der ewigen Jugend hat offenbar die Bedeutung einer Unsterblichkeit verleihenden Kraft, das unverbrennbare Gewand steht in Beziehung zur symbolischen Eigenschaft des Phönix, inmitten des „Feuers" unverletzt zu bleiben und sich darin stets zu erneuern. Die Unsichtbarkeit ist ein Symbol, das im allgemeinen die Fähigkeit bezeichnet, mit dem Unsichtbaren und Übersinnlichen in Beziehung zu treten; ferner bedeutet das Vermögen, „unter dem Wasser leben zu können", im Grunde nichts anderes, als im Wasser nicht zu versinken und auf dem Wasser gehen zu können. Diese Einzelheiten erinnern uns an die Episode vom Meerübergang Kalki-Avataras sowie an das Schwert Arthurs, das *über* das Wasser ragt, usw.: es wird dabei die Teilnahme an einem Prinzip gemeint, das dem Strom des Lebens, dem Gesetz des Werdens überlegen ist. Alles in allem handelt es sich dabei um Kräfte und Fähigkeiten unverkennbar initiatischen Typs.

Dies vorausgeschickt, scheint die italienische Legende auf eine Art Unzulänglichkeit Friedrichs gegenüber diesem Auftrag anzuspielen: Friedrich scheint nichts Höheres anzuerkennen als eine Tugend des Laienrittertums und der nur weltlichen Herrschaft: „Das Masz" ist das Beste auf der Welt.[79] *Er stellt die Frage nicht* – die Frage nach den Kräften, die ihm vom Priester

Johannes durch die symbolischen Steine angeboten werden. Dank dieser Ahnungslosigkeit gegenüber den höchsten Möglichkeiten seines Mandates ist auch sein Amt mit der Zeit zum Verfall verurteilt. Darum wird auch der Auftrag, soweit er auf den Priester Johannes Bezug hat, wieder von ihm genommen. Eine neue Form des „Er lebt, und er lebt nicht", des Kaisers, dessen Leben nur scheinbar ist, oder des in Lethargie befangenen Königs – aber nun in engstem Zusammenhang mit einem weiteren, für den Gral grundlegenden Thema: *der Schuld, „die Frage nicht zu stellen", die eine wiederherstellende Wirkung ausüben könnte.*

Was den Priester Johannes betrifft, so nennt ihn der „Tractatus pulcherrimus" den „König der Könige" – rex regum. Er vereinigt in sich die geistige Autorität mit der königlichen Gewalt[80] und kann von sich sagen: „Johannes presbyter, divina gratia Dominus dominatium omnium, quae sub coelo sunt ab ortu solis usque ad paradisum terrestrem." Doch ist „Priesterkönig Johannes" im Wesen ein Titel, ein Name, der eher ein Amt als einen Einzelnen bezeichnet. So finden wir bei Wolfram von Eschenbach und im „Titurel" den „Priester Johannes" als Titel, und der Gral selbst zeigt, wie wir sehen werden, wer der Ordnung nach „Priester Johannes" werden soll. In der Sage ist der „Priester Johannes" jedoch der Mann, der das Geschlecht von Gog und Magog im Zaum hält und eine sichtbar-unsichtbare Herrschaft ausübt (figürlich: Herrschaft über die natürlichen Wesen und über die unsichtbaren).[81] Noch einmal begegnen wir hier der „polaren" Symbolik unter der Form eines sich drehenden Schlosses, das nach himmlischem Vorbild erbaut ist und im Reiche Johannes lokalisiert wird. Hier finden sich auch Steine des Lichts, Steine, die „den Blinden das Gesicht wiedergeben", und schließlich ein Stein, dem die Fähigkeit innewohnt, sei es den Phönix, sei es den *Adler* wieder auferstehen zu lassen.[82] Die Tragweite dieses letzten Hinweises wird jedem insofern klar, als der Adler von jeher – und ganz besonders zur Zeit dieser Legenden – als Symbol des kaiserlichen Amtes gegolten hat, das in seinem „ewigen" Aspekt schon in Rom, wie wir gesehen haben, gleichermaßen mit dem „Phönixsymbol" verbunden war. Nun haben nach einigen Quellen der arische König Xerxes, Alexander, die römischen Kaiser und schließlich Ogier von Dänemark und Guérin das Reich des Priesters Johannes „besucht".[83] Es handelt sich hierbei um eine Versinnbildlichung des unklaren Gefühls, daß alle die größten Herrscher und sagenhaften Helden der Weltgeschichte in einer gewissen Verbindung mit dem höchsten Zentrum gestanden haben, wo der lichthafte, die Wiederauferstehung des Adlers bewirkende Stein ruht, und daß sie dort die unsichtbare Bestätigung ihrer Legitimität und Würde bezogen haben.

Nach der Sage betrat Alexander zur Vollendung seiner Welteroberung den bereits von Herakles und Dionysos begangenen Weg nach „Indien". Er fordert von der Gottheit das höchste Zeichen seines Sieges. Er erreicht den männlichen Baum der Sonne und den weiblichen des Mondes, die ihm sein Geschick und sein Imperium verkünden.[84] So findet sich hier wieder das Motiv des „Baumes", der überall in der Kaisersage unter den verschiedensten Erscheinungsformen auftritt: als „Baum der Mitte", „als Sonnenbaum", als Sieg und Reich verleihender Baum, gleichzeitig aber auch als „dürrer Baum" und „Baum Seths".

Aufgrund unklar-wundersamer Berichte verschiedener Reisender rief im Mittelalter das ferne, herrliche Reich des Groß-Khan, des Tataren-königs, wieder die Vorstellung des „Weltkönigs" in Erinnerung, so daß es hier und da mit dem Reich des Priesters Johannes selbst verwechselt wurde. Dies ist der Grund, warum im Mittelalter das Motiv eines ge-heimnisvollen Baumes entwickelt wurde, der einem jeden, der sich ihm nähert oder seinen Schild dort aufhängt, den Sieg und die Weltherrschaft sichert, vor allem in bezug auf die Sage vom Groß-Khan. Wir wollen hier eine recht charakteristische, diesbezügliche Stelle aus Johannes von Hildesheim wiedergeben: „Et in ipsa civitate in templo tartarorum est arbor arida, de qua plurima narratur in universo mundo ... ab antiquo in omnis partibus Orientis fuit consuetudinis et est, quod si quis rex vel dominus vel populus tam potens efficitur, qui scutum vel clipeum suum potentur in illam arborem penderet, tunc illi regi vel domino in omnibus et per omnia obediunt et intendunt.[85]" Der Baum, um den es sich han-delt, wird durch Vermittlung gleichlautender Worte zum Schnittpunkt verschiedener Bedeutungsgehalte. Er ist der „dürre Baum", in dem der in den Reiseberichten Marco Polos enthaltene Ausdruck „Arbre Solque" mit „alberosecco" wiedergegeben wurde, weil aber „Arbre Solque" gleichfalls als arbor solis, arbre seul, arbor Seths gedeutet wurde, so nimmt dieser rätselhafte Baum auch die Bedeutung von Baum der Sonne, einsamer Baum und Baum von Seth an.

In dieser letzten Hinsicht behauptet ein englisches Manuskript, es handle sich hier vor allem um den Baum des Seth, den Seth aus einem vom Baum der Erkenntnis – also vom Baum in der Mitte des „irdischen Paradieses" – stammenden Samenkorn habe erwachsen lassen.[86] In diesem Zusammenhang führt uns der Baum, der jedem, der ihn erreicht, Macht und Herrschaft über die Welt verleiht, noch einmal zu der sich auf den „Urzustand" beziehenden Tradition zurück, während sowohl die Zweiheit des Sonnen- und Mondbaums als auch der Doppelaspekt als Baum der Erkenntnis und Baum des Sieges uns an die Synthese der beiden Gewalten denken läßt, die gerade jenem Zustande eigen ist – eine Synthese, die der darauffolgenden Spaltung, der Verweiblichung des Geistigen und der Verstofflichung des Männlichen, vorangeht. Das „irdische Paradies" ist in der Tat, wie erwähnt, nichts anderes als ein mythologisiertes Abbild des „polaren" Urzentrums. Die Bezugsetzung des Baums des Reiches auf den Baum in der Mitte des Paradieses, die solche Legenden aufweisen, wird verständlich, wenn man das besprochene Wechselverhältnis zwischen jeder echten Manifestation des „Reiches" und dem Urzustand oder dem Urmittelpunkt berücksichtigt. – Über das Attribut „dürr" haben wir schon gesprochen: dieser Aspekt des Baumes bezieht sich auf einen Zustand, der eines Erneuerers bedarf. Eine solche Bedeutung ist z. B. bei der Sage klar, der zufolge der dürre Baum bei der „Begegnung" zwischen Friedrich und dem Priesterkönig Johannes wieder erblühen wird.

Was die Vorstellung des Reiches des Priesters Johannes betrifft, diente diese auch historisch als Anhaltspunkt für die unbestimmte Idee einer Machtsteigerung der Kräfte, die sich unter dem Zeichen des Rittertums, des Reiches und der Kreuzzüge entfaltet hatten. Indem es materialistisch, also als eine weltliche Herrschaft, aufgefaßt wurde, wurde dieser geheimnisvolle und mächtige Fürst des Morgenlandes, der, obwohl kein Christ, doch Freund der Christen ist, zur Hilfeleistung für das christliche Unternehmen im Augenblick, da dieses seine tragischste Wendung nahm, berufen zur siegreichen Führung des heiligen Krieges.[87] Da diese Hoffnungen zunichte wurden und sich die Hilfe in der naiverweise erwarteten, militärischen

Form nicht einstellte, da man andererseits die Wege nicht fand, das zu erfassen, was sich hinter dem Symbol des Priesters Johannes und seiner „Hilfe" verbarg, bestand nur seine „Legende" als Grundlage verschiedener Sagen weiter.

In diesem Zusammenhang ist noch die Sage von Ogier dem Dänen zu erwähnen. In der dänischen Überlieferung trägt Ogier oder Holger einfach die Züge eines Ebenbildes des niemals gestorbenen Gibellinenkaisers: ein Nationalheld, der in die Tiefe eines Berges oder in den unterirdischen Teil des Schlosses Kronburg entrückt worden ist, aber wiederkehren wird, sobald sein Land eines Retters bedarf.[88] Im Sagenkreis Karls des Großen zeigt der Mythos von Holger seine für uns interessantesten Züge, weil hier die bisher aufgezeigten Einzelmotive in bedeutsamer Weise zu einem organischen Ganzen verbunden erscheinen. Holger von Dänemark erscheint dabei als einer der Paladine Karls des Großen, mit dem er zwar in Zwiespalt geraten ist; doch nimmt er schließlich die Züge eines Welteroberers und Retters der Christenheit im Augenblick der höchsten Gefahr an. Er erstreckt seine Macht auf das ganze Morgenland und gelangt wie Alexander zum Reich des Priesters Johannes und zu den beiden dort befindlichen Bäumen, dem Mond- und dem Sonnenbaum,[89] die, wie wir gesehen haben, im Baum der Weltmacht der Groß-Khan-Sage und dem zentralen Baum des Urlandes ihre Entsprechung haben.[90]

Das Interessante dabei ist aber, daß hier das Reich des Priesters Johannes *schließlich mit Avallon*, d. h. mit dem Zentrum der hyperboreischen Tradition, *gleich wird*.[91] Dazu kommt die enge Beziehung zwischen dem „Balsam" der beiden Bäume und der Wandlung Holgers zur Form eines, der „immer lebt" und „eines Tages wiederkehren wird". Darüber liest man in der deutschen Übersetzung Otto von Diemeringens der Reiseberichte des John Mandeville: „Man saget auch in den selben Landes das Oggier by denselben boumen werde und sich spyset mit dem balsam und do vo lebt er so lang, und meinen er lebe noch und solle har wider zu inen komen." Nach der Eroberung des Morgenlandes kommt Holger von Dänemark also nach Avallon, wo er der Geliebte der übernatürlichen Frau Morgane wird, der Schwester des Königs Arthur. Hier lebt er, der Welt entrückt, in ewiger Jugend. Aber die Christenheit in einem Augenblick der äußersten Gefahr bedarf seiner wieder. Sankt Michael wird zu Morgane geschickt, und auf göttliches Geheiß erscheint Holger von neuem in der Welt und erringt den Sieg. An diesem Punkte tritt ein neues, bezeichnendes Motiv auf, das im Gralszyklus und vor allem im Zusammenhang mit dem „Sohn" des Gralskönigs, Lohengrin, wiederkehren wird: der vom obersten Zentrum entsandte Held *darf nicht seinen Namen und das Land, woher er kommt, enthüllen.* Was in Wahrheit in ihm wirkt, muß unerkannt bleiben, damit es nicht mit seiner Person verwechselt und in irgendwelcher Weise auf sie bezogen wird. Da Holger dieses Gesetz mißachtet und enthüllt, wo er „gewesen ist", gewinnt das Gesetz der Zeit unverzüglich wieder Gewalt über ihn, er altert plötzlich und ist dem Tode nahe. Im letzten Augenblick erscheint Morgane, um ihn von neuem nach Avallon zu entführen, wo er so lange bleiben wird, bis die Christenheit zum siebenten Male seiner bedarf.[92]

Wer sich nun das Vorangegangene vergegenwärtigt, wird unbedingt erkennen müssen, wie bedeutungsvoll der Umstand wirkt, daß bei Wolfram von Eschenbach der Priester Johannes als ein Nachkomme der Gralsdynastie aufgefaßt wird, ferner, daß im „Titurel" Parsifal selbst das Amt des „Priesters Johannes" übernimmt, und daß der Gral zuletzt in dessen Gebiet übersiedelt, um dann fallweise den Namen derer anzugeben, die „Priesterkönig Johannes" werden sollen.[93] In der deutschen Fassung der Ogiersage werden Priester Johannes und Groß-Khan als zwei Gefährten Ogiers dargestellt, die zwei mächtige Dynastien gründen.[94] Was durch solche Verbildlichungen zum Ausdruck kommt, ist die innere Einheit des Themas der verschiedenen Sagen, in deren Mittelpunkt die eine oder andere dieser symbolischen Gestalten steht.

Dante: Der „Windhund" und der Dux

Um diese Reihe von Vergleichungen zum Abschluß zu bringen, wollen wir bemerken, daß die berühmte Allegorie des „Windhundes" und des Dux, die wir einem großen Verfechter der gibellinischen Kaiseridee, Dante Alighieri, verdanken, aus einer wesensverwandten Gedanken- und Symbolwelt herkommt.

Vom äußeren Gesichtspunkt aus ist es nicht ausgeschlossen, daß Dante den Ausdruck „Windhund" – Veltro – aufgrund einer Lautähnlichkeit zwischen dem Wort „cane", Hund, und Khan, dem Titel des großen Herrschers des Mongolenreiches, gewählt hat. Wie gesagt, wurde damals dieses Reich mit dem Reich Johannes', Alexanders, Holgers usw. und mit anderen unklaren Vorstellungen des „Weltzentrums" verwechselt. Der Groß-Khan der Tataren war damals noch nicht der Schrecken Europas, sondern wurde nach den Beschreibungen eines Marco Polo, eines Haithon, eines Mandeville, eines Johannes de Plano Carpini usw. als der mächtige Kaiser eines geheimnisvollen, fernen und unermeßlich großen Reiches angesehen, als weiser und glücklicher Monarch, Freund der Christen, wenngleich „Heide". Die Wortähnlichkeit, die von Khan zum Windhund führte, erscheint übrigens schon in der deutschen Fassung Mandevilles: „Heißet der große hundt, den man gewöhnlich nennt Can… der Can ist der öberst und machtigt Keiser den die sunne überscheinet" –, und auch Boccaccio verwirft zwar die Auslegung des Danteschen Windhundes als Groß-Khan, spielt aber doch darauf an.[95] Im Altdeutschen bedeutete übrigens hunô Herr, Gebieter, und dieses Wort tritt in verschiedenen altdeutschen, adligen Familiennamen, wie Huniger usw., auf.

Das Eigenartige, das man zunächst in der Annahme einer solchen Entstehung der Danteschen Windhundsymbolik empfinden könnte, verschwindet, wenn man sich klarmacht, daß in diesem Zusammenhang der Groß-Khan ein einfaches Hilfsmittel ist, ein Amt zu bezeichnen, das weder an eine Einzelperson noch an eine einzelne historische Herrschaft gebunden ist. Dante beschwört dieses Amt wieder herauf; es wird ihm zum Symbol und zugleich zu einem politischen Glauben und zu einer Hoffnung. Damit sind wir schon dem ziemlich nahe, was wir als innere, gestaltende Seele des Gralszyklus kennenlernen werden.

Hier ist es gewiß nicht unsere Aufgabe, uns in eine genauere Deutung der Symbolik der „Göttlichen Komödie" nach den verschiedenen Interpretationen, die auf sie anwendbar sind, einzulassen. Wir wollen uns auf den Hinweis beschränken, daß in den allerallgemeinsten Grundzügen Dantes Reise ins Jenseits als die Allegorie einer fortschreitenden Läuterung und Initiation aufgefaßt werden kann. Bei Dante steht jedoch ein solches

„Abenteuer", so wie das des Grals, auch in enger Beziehung zum Problem des Kaiserreichs. Dantes Herumirren im dunklen und wilden Wald, der „noch nie eine lebende Person durchgelassen hat"[96], seine Anspielungen auf den „verlassenen Strand" und den „Tod, der ihn bekämpft"[97], auf seinen Aufstieg auf den „köstlichen Berg" und seine „Hoffnung der Höhe"[98] müssen uns unbedingt an ganz ähnliche Situationen denken lassen, in denen wir später die Ritter auf der Suche nach dem Gral sehen werden, wenn sie z. B. mächtige Flüsse überqueren und in dem „wilden Land" Todesgefahren bestehen, um endlich einen wilden Berg, Montsalvatsche, zu besteigen, wo auch das „Schloß der Freude" liegt.

In der „Beatrix" Dantes – das werden wir noch genauer sehen, sobald wir die allgemeine Symbolik der „Getreuen der Liebe", zu denen auch Dante gehörte, im einzelnen prüfen werden – kehrt das Motiv der „übernatürlichen Frau" wieder.[99] In der Liebe, die Beatrix bewegt, Dante von oben her zu helfen, ist etwas, das an das Motiv der Vorausbestimmung bzw. des „Erkorenseins" erinnert, das im allgemeinen nötig ist, auf daß die Ritter den Gral erringen und allerlei Abenteuer und symbolische Kämpfe bestehen können: womit im Grunde derselbe Vorgang der Läuterung gemeint wird, den Dante vielleicht weniger im Sinne einer heroischen als vielmehr einer theologisch-kontemplativen Überlieferung in der Allegorie eines langsamen Durchschreitens der Hölle und des Fegefeuers verbildlicht hat.

In der Anfangsepisode der „Comedia" wird Dante der direkte Aufstieg auf den Berg hauptsächlich von einer *Löwin* und einer *Wölfin* verwehrt, die ihre sichtbaren Entsprechungen in den Symbolen der Buhlerin, „sicher wie ein Fels auf hohem Berge", und in dem wilden, mit ihr verkehrenden Riesen findet, von dem im zweiten Teil des Gedichtes die Rede ist.[100] Die landläufigste Auslegung, nach der die Wölfin und die Buhlerin die katholische Kirche darstellen sollen, während der Löwe und der Riese das Haus Frankreich bedeuten, erscheint auch uns als gerechtfertigt; wer einen Schritt weitergehen will, muß aber von der historischen Gegebenheit (die man dann mit der Zeit der Zerstörung der Templer in Verbindung bringen soll) auf die entsprechenden Prinzipien zurückgreifen. Der Löwe und der Riese erscheinen uns dann mehr allgemein als Darstellungen des wildkriegerischen Prinzips und eines entarteten, laienhaften, angemaßten

Königtums, während die Wölfin und Dirne auf eine entsprechende Entartung oder Entwürdigung hindeuten, die dem Prinzip der geistigen Autorität widerfahren ist. Allerdings erleidet Dantes Auffassung in dieser zweiten Hinsicht eine Beschränkung, die er seinem christlichen Glaubensbekenntnis schuldig ist. Wenn er die Kirche anklagt, klagt er sie bloß wegen ihrer Verderbtheit im Sinne der Verweltlichung oder der politischen Ränke an, mehr oder weniger wie es später Luther tun wird. Er klagt sie aber nicht an, weil sie in jedem Falle ein Hindernis gebildet hätte, selbst wenn sie in ihrer Eigenschaft als Vertreterin der Urlehre Christi rein und unverderbt geblieben wäre, geht die Kirche doch in ihrem innersten Wesen nicht über eine lunare und im höchsten Falle asketisch-kontemplative Geistigkeit hinaus. Damit hätte sie aber niemals einen höchsten Bezugspunkt für eine vollständige, traditionelle Wiederbelebung darstellen können.

Auf jeden Fall sagt Dante die Ankunft jenes voraus, der der doppelten Usurpation ein Ende setzen wird. Das ist eben der „Windhund"[101], der nach den dargelegten Übereinstimmungen der Symbole eins ist mit dem Dux. Der „Windhund", „von Gott gesandt"[102], wird „die Dirne zusammen mit jenem Riesen, der mit ihr Verbrechen begeht", umbringen. Welche die historischen Gestalten auch sein mögen, in denen Dante zufolge seiner Hoffnungen als militanter Gibelline den Dux bzw. Windhund zu erkennen geglaubt hat, er meint damit gewiß einerseits das Symbol eines Rächers als Gleichnis jenes „universalen Herrschers", von dem Dante in „De Monarchia" sprechen wird, andererseits kommt dabei eine Funktion der „Wiederherstellung" durch die Zerstörung der beiden erwähnten, zusammenwirkenden Entartungsprinzipien in Frage, was uns an die Unternehmungen Paraçu-Râma's erinnert. Dem schließen sich Anspielungen auf andere Sinnbilder an, die wir in der Sage vom Groß-Khan, vom Priester Johannes, von Holger dem Dänen, von Alexander und in der Kaisersage überhaupt kennengelernt haben – vor allem der dürre Baum, sein Wiedererblühen, der Adler.

Auch bei Dante nimmt der Baum die doppelte Bedeutung des Baumes der Erkenntnis und des „irdischen Paradieses" (in dessen Beziehung auf Adam) sowie des Baumes des Reiches (in seiner Beziehung auf den Adler) an; und es wird dabei ganz allgemein das Reich gemeint, wie es sich auf

Grund der Urüberlieferung legitimiert. Der Dantesche Baum ist vor allem der Arbre Sec, der dürre Baum der Kaisersage: eine „beraubte Pflanze", ein „verwitwetes Laub". Von ihm heißt es, daß „jeder, der von der Pflanze raubt oder sie zerstört, durch diese fluchwürdige Tat Gott schmäht, der sie für den ihr bestimmten Gebrauch heilig geschaffen hat".[103]

Nach dieser Anerkennung der Heiligkeit des Reiches in der darauffolgenden Entwicklung der Danteschen Vision wollen wir die Elemente weglassen, die eine nur historische Tragweite haben (die Symbole der verschiedenen Perioden der Kirche und ihrer Beziehungen zum Kaiserreich) und nur folgendes hervorheben: Die Vision des wiedererblühenden Baumes wird Dante zuteil, unmittelbar nachdem er das unverhüllte Gesicht der „übernatürlichen Frau" schauen konnte, ein Erlebnis, das er bedeutsamerweise dem „Glanz lebenden, ewigen Lichtes" gleichsetzt.[104] An zweiter Stelle, während die Erscheinung des wiederergrünten Baumes zur Ankündigung einer neuen rächenden Offenbarung des „Herrn der Welt" bzw. des Dux führt, kehrt die Vorstellung des „Urzustandes", des „irdischen Paradieses", wieder, und es heißt da: „Hier wirst du kurze Zeit als Fremder verweilen – dann wirst du mit mir (mit der ‚übernatürlichen Frau') ohne Ende ein Bürger jenes Rom sein, kraft dessen Christus römisch ist."[105] Diese Worte deuten hin auf eine Anteilnahme an dem metaphysischen Regnum, wobei das römische Symbol wiederkehrt, und zwar in seiner dem Christentum übergeordneten Wirklichkeit (Christi „Römertum"). Dieser Vision folgt die Erneuerung Dantes durch das Wasser der Erinnerung, eine Verwandlung bzw. ein Erwachen, das ihm den himmlischen Weg eröffnet, d. h. den Weg zu rein metaphysischen Bewußtseinszuständen. Dafür wird dieselbe Symbolik des Wiedererblühens angewendet, die wir schon beim Symbol der „beraubten Pflanze" angetroffen haben. „Ich kehrte zurück aus der hochheiligen Welle, so neu geschaffen wie neue Pflanzen, die erneuert sind durch neues Laub, lauter und bereit, zu den Sternen emporzusteigen.[106]"

Bei Dante hat letzten Endes der geistige, in der Symbolik der „Comedia" dargestellte Weg einen kontemplativen Abschluß, wobei die Wirkung der dualistischen Auffassung Dantes festzustellen ist: für Dante ist das Reich in seiner Geistigkeit und der ihm innewohnenden vita activa nur die Vorbereitung auf die vita contemplativa. Wir werden etwas Ähnliches auch bei einigen späteren Gestaltungen der Gralssage sehen, die – wie die italienische Legende des Guerrino – mit dem Rückzug der Gralskönige zum asketischen Leben enden. Im Rahmen des Gralszyklus erhält jedoch diese Wendung den Sinn einer Art pessimistischen Ausganges; denn die grundlegenden Formen der Gralsabenteuer bezeugen einen ganz anderen Geist, eine höhere Spannung, eine bedingungslose Haltung, entsprechend der Wirksamkeit eines heroischen und „solaren" Ideals und einer ursprünglicheren Überlieferung, als die ist, nach der sich der Dantesche Gedanke gestaltet hat.

Nachdem wir jetzt alle Belege gesammelt haben, die zu einer vollständigen Orientierung nötig sind, wollen wir endgültig zur unmittelbaren Betrachtung des Gralsmysteriums übergehen.

DER GRALSZYKLUS
Die Quellen des Grals

Man hat mit Recht hervorgehoben, daß die charakteristischen, auf den Gral bezüglichen Texte vom historischen Standpunkt aus den Gedanken an eine unterirdische Strömung nahelegen, die zu einem gegebenen Zeitpunkt an der Oberfläche aufgetaucht ist, sich aber plötzlich wieder zurückzog und von neuem unsichtbar wurde, als ob sie ein bestimmtes Hindernis oder eine drohende Gefahr gespürt hätte.107 Diese Texte drängen sich in der Tat in eine kurze Zeitspanne zusammen; keiner von ihnen scheint früher als im letzten Viertel des zwölften und keiner in späterer Zeit als dem ersten Viertel des dreizehnten Jahrhunderts abgefaßt worden zu sein. Diese Zeitspanne fällt mit dem Höhepunkt der mittelalterlichen Tradition zusammen, mit dem goldenen Zeitalter des Gibellinentums, des hohen Rittertums, der Kreuzzüge und des Tempelritterordens, gleichzeitig aber auch mit dem Bestreben des Thomismus, zu einer metaphysischen Synthese zu kommen, und zwar eigentlich aufgrund einer vorchristlichen und nicht-christlichen Erbmasse, wie es der Aristotelismus ist: eine Erbmasse, die im Rahmen einer ähnlichen Blüte des ritterlichen und religiösen Geistes in der arabischen Kultur dieser Zeit gleichermaßen zentrale Bedeutsamkeit besaß. Einer plötzlichen Volkstümlichkeit der Romane und Epen über den Gral folgt aber ein ebenso eigenartiges Vergessen. In den ersten Jahren des dreizehnten Jahrhunderts hört man auf, über den Gral zu schreiben, als gehorche man einer ausgegebenen Parole. Das Thema wird erst nach einem merklichen Zeitraum, im vierzehnten und fünfzehnten Jahrhundert, wieder aufgenommen, aber schon in veränderten, oft bereits erstarrten und in raschem Verfall begriffenen Formen. Die Periode des Abbrechens der ersten Gralstradition fällt mit der Zeit der stärksten Bemühungen der römischen Kirche zusammen, Strömungen auszurotten, die sie als „ketzerisch" betrachtete. Die Wiederaufnahme erfolgt eine gewisse Zeit nach der Vernichtung des Templerordens, der besonders in Italien und Frankreich, zum Teil auch in England, die Organisation verwandter Einflüsse in der Form von Geheimbünden gefolgt zu sein scheint:

Einflüsse, die, wie wir noch sehen werden, einer gewissen Beziehung zur Gralsüberlieferung selbst nicht entbehren und schließlich einige Elemente dieser Tradition bis in relativ jüngere Zeiten hinüberretten konnten.

Wir wollen die wichtigsten Quellen der Gralssage, auf die wir vorwiegend unsere Darlegung stützen werden, anführen, und zwar in einer Reihenfolge, die nach einigen Forschern diejenige ihrer chronologischen Entstehung sein soll.

1. Der Zyklus Robert de Borons. Er umfaßt:
   a) Joseph von Arimathia;
   b) Merlin;
   c) Perlesvax.
2. *Conte du Gral* von Chréstien de Troyes,
   a) eine erste Fortsetzung von Gautier de Doulens;
   b) eine zweite Fortsetzung von Manassier;
   c) eine Interpolation von Gebert de Mostreuil.
3. Der sogenannte *Grand Saint Graal*.
4. Der *Perceval li Gallois* in Prosa.
5. Der *Parzifal* von Wolfram von Eschenbach, mit dem der *Titurel* Albrechts von Scharffenberg und der *Wartburgkrieg* in Verbindung gebracht werden können.
6. *Morte Darthur* von Sir Malory.
7. *Diu Crône* von Heinrich von dem Turlin.[108]

Soviel zu dem, was man die „Literatur" des Grals in ihren positiven Quellen zu nennen pflegt. Wir gehen jetzt zu einer kurzen Prüfung der inneren Quellen der Überlieferung über nach den in den eben erwähnten Texten gegebenen Zeugnissen.

Als erstes ist das Avallon-Motiv hervorzuheben. „Perceval li Gallois" berichtet, daß das lateinische Buch, das die Geschichte des Grals enthielt, *auf der Insel Avallon*, „in einem heiligen, auf der Höhe eines abenteuerreichen Landes gelegenen Hause", wo „auch Arthur und Ginevra begraben sind", gefunden wurde.[109] In einem der ältesten Texte dieses Zyklus erscheint Avallon als das im äußersten Westen gelegene Land, wohin sich auf göttliches Geheiß einige Ritter aus dem Gefolge Josephs von Arimathia, des Gralsträgers, begeben, wie zum Beispiel Petrus und Alein. Es wird hervorgehoben, Petrus müsse sich dorthin begeben, „wohin sein Herz ihn ruft", das heißt, „in die Täler von Avaron", und dort soll er bleiben, bis einer kommen wird, der einen göttlichen Brief zu lesen versteht und die Macht des Grals verkünden wird.[110] Wissen wir schon, daß das westliche Avallon dasselbe wie die „weiße Insel" ist, so spricht ein anderer Text ausdrücklich von der „weißen Insel": auf die „weiße Insel", ille blanche – und mag diese auch, aufgrund der schon erwähnten Verlegung, nur als Teil Englands aufgefaßt werden – begibt sich nach Gautier Joseph von Arimathia mit dem Gral, und als er dort von Feinden angegriffen wird, wird er mit den Seinen vom Gral „gespeist".[111] Nach anderen soll auf der insula Avallonis, die aus dem bereits erklärten Grund mit Glastonbury verwechselt wird, Joseph von Arimathia selbst begraben liegen.[112] Eine solche Insel, die im Grund eine Nachbildung jener ist, auf die viele Helden des Grals entrückt werden, und wo sich ihre Abenteuer und ihre bedeutsamsten Prüfungen abspielen, bekommt ihrerseits manchmal die alte „polare", nordisch-keltische Bedeutung des Urzentrums in Gestalt der „kreisenden Insel". *Und wirklich ist es dieses Zentrum, um das es sich hier in der einen oder anderen Form handelt*: dies ist das „Land der Verheißung" des Grals, entweder als Stätte begriffen, an der sich die Quellen des Grals befinden, oder als Bannkreis, in den der Gral entrückt wird, oder als der Ort der Gralssuche. Daß die verschiedenen Reisen, die sich darauf beziehen, einen symbolischen Charakter und die Bedeutung einer inneren Fühlungnahme mit Kräften oder Zentren der Urtradition haben, ergibt sich zum Beispiel schon aus der Tatsache, daß das im „Grand Saint Graal" als Land des Grals aufgefaßte, englische Gebiet auf übernatürliche Weise von Joseph von Arimathia und dessen Rittern erreicht wird. Sie werden vor die uns bereits bekannte Probe gestellt, auf übernatürliche Weise das Wasser zu überschreiten, eine Probe, die von den Auserwählten und den Lauteren bestanden wird, während die, denen es an Glauben mangelt, ertrinken.[113] Die von Wolfram von Eschenbach wiedergegebene Überlieferung führt uns ebenfalls auf Avallon zurück: sie erwähnt den Stammherrn der Dynastie des künftigen Gralskönigs Mazadan, der von der übernatürlichen Frau

Ter-de-la-Schoye nach Feimurgân geführt wurde.[114] Hier liegt offensichtlich eine Namensverwechslung vor; in dieser Legende ist sicher von der
Morgande des Artuszyklus die Rede, die das „Land der Freude" bewohnt:
„Land der Freude"– Ter-de-la-Schoye –ist eine von der keltischen Überlieferung gebrauchte Bezeichnung für die westliche Insel", eine Bezeichnung,
die zuletzt auch für das Gralsreich angewendet wird. Das Motiv einer
mit Avallon zusammenhängenden Urtradition spielt übrigens auch bei der
Gestaltung der Sage durch Robert de Boron eine wichtige Rolle: Parsifal
kommt zur Kenntnis, daß „der reiche Fischer" (ein Titel, der oft Joseph
von Arimathia selbst gegeben wird) sein Vater ist. Auf göttliches Geheiß
wurde dieser „in ferne Länder des Abendlandes, wo die Sonne untergeht"
(avaloit), entrückt; sein Leben wurde so verwandelt, daß er keinen Tod
kennen wird, bevor Aleins Sohn derartige Waffentaten geleistet hat, daß
er sich als der beste Ritter der Welt erweist.[115]

Was Joseph von Arimathia betrifft, so wird er als heidnischer „edler
Ritter" dargestellt, der für die während *sieben* Jahren dem Pontius Pilatus
geleisteten Dienste von diesem den Leichnam Jesu erhält und das Blut des
Lanzenstiches in einer Schale auffängt, die nach einigen Texten eben der
Gral sein soll. Eingekerkert in einem Hause, das „einem hohlen Pfeiler
inmitten eines Sumpfes gleicht", hat Joseph von Arimathia die Erscheinung
des Herrn, der ihm die Schale überläßt: diese spendet ihm Licht und Leben
bis zu seiner Befreiung, die nach einigen Quellen erst *vierzig* Jahre später
erfolgt.[116] All dies zu einer Zeit, da Joseph von Arimathia noch „Heide"
war. Dann empfängt Joseph die Taufe und wird vom Herrn mit einem
Öl gesalbt, das jedoch nicht das Öl der priesterlichen Weihe, vielmehr
das der Königssalbung zu sein scheint; dieses Öl wird später die gesamte
Dynastie der britischen Könige bis zu Uther Pendragon, den Vater des
Königs Arthur, salben.[117] Joseph und sein Gefolge erleben verschiedene
symbolische Abenteuer, auf die wir noch zurückkommen werden, und bei
denen das Thema der „Insel" wiederkehrt; dann erst können sie auf dem
übernatürlichen, bereits angegebenen Wege nach „Britannien" gelangen,
das, wie wir sahen, mit der „weißen Insel" in Verbindung gebracht wird.
Im „Perceval li Gallois" findet sich auch die wichtige Angabe, daß Joseph
schon vor dem Tode Jesu auf jener Insel gewesen sei, wohin später Parsifal

fährt.[118] Robert de Boron spricht auch von geheimnisvollen Vorfahren Josephs, denen ebenfalls Dienste geleistet werden müßten, um in den Orden aufgenommen werden zu können; dieser erweist sich dadurch verbunden mit einer schon vor dem Christentum bestehenden Überlieferung.[119]

Will man in diesen Aspekten der Sage einen gewissen historischen Inhalt erblicken, so könnte man ihn folgendermaßen formulieren: Christliches geht in den nordisch-keltischen Zyklus über, wodurch die Avallon-Tradition zu neuem Leben erweckt wird. Nach diesen Überlieferungen wird Britannien, das mit Erinnerungen an die „weiße Insel" und dann entschieden mit König Arthurs Reich verknüpft ist, sozusagen zum „Land der Verheißung" des Grals; es ist das Gebiet, in dem sich der Gral hauptsächlich offenbaren wird. Der Hinweis, der Gral sei bestimmt, den nach Avallon gelangten und in einen Zustand der Not geratenen Rittern Nahrung zu spenden, dürfte auf Verfallserscheinungen gewisser sichtbarer Formen der altnordischen Überlieferung anspielen, die gerade als Gralsüberlieferung durch die christliche Religiosität zu neuem Leben wiederauferstehen sollten. Dies ließe sich mit dem Motiv der Verzauberungen, von denen der Gral „England" und, nach einigen Autoren, die ganze Welt[120] erlösen sollte, in Verbindung bringen, an zweiter Stelle mit der Vorstellung des Arthur-Hofes, der durch den „schmerzhaften Streich" in Verfall geraten ist, und zuletzt mit der Notwendigkeit für die Ritter der Tafelrunde, sich auf ein Abenteuer zu begeben, das in den älteren Texten der nordisch-keltischen Tradition unbekannt ist, nämlich auf die Suche nach dem Gral.

Diese Suche jedoch ist gleichfalls den Texten des orthodoxen Christentums unbekannt, ja die Gralsüberlieferung hat sogar in ihren christianisierten Formen ganz offensichtlich recht wenig mit der apostolisch-römischen Kirche zu tun. Erinnern wir uns, daß der Ahnherr des Gralskönigtums, Joseph von Arimathia, direkt von Christus eingesetzt wird, daß seine wesenhaft königliche Dynastie durchaus unabhängig von der römischen Kirche bleibt, sie führt auf das nordische Königtum Arthurs und, in einer ihrer Verästelungen, nach Wolfram von Eschenbach auf das symbolische Reich des Johannes, des „Königs der Könige", zurück. Was nun das christliche Schrifttum betrifft, so weiß es zwar von Joseph von Arimathia und seiner Einkerkerung[121], sagt aber über den Gral nichts, und es gibt auch keinen altbritischen Text – abgesehen von einem, und auch da nur an einer einzigen, anscheinend untergeschobenen Stelle –, wo Joseph von Arimathia als christlicher Apostel Englands auftritt.[122] Der Chronist Helinand hat als erster die Geschichte des Grals in Verbindung mit Joseph von Arimathia gebracht. Er schreibt: „Gradalis autem vel gradale dicitur Gallice scutella lata et aliquantulum profunda in qua preciosae dapes, cum suo jure divitibus solent apponi, et dicitur nomine Graal … Hanc historiam latine scriptam (zu verstehen: in den Schriften der Kirche) invenire non potui, sed tantum Gallice scripta habetur a quibusdam proceribus, nec facile, ut aiunt, tota inveniri potest.“[123] Im Jahre 1260 wird Jakob von Maerlant die Gralsgeschichte als Lüge bezeichnen, weil bis dahin die Kirche nichts davon wußte, oder besser gesagt, nichts davon wissen wollte.[124] Wird in einigen Texten der Kelch Josephs von Arimathia mit dem des Letzten Abendmahles gleichgesetzt, so finden sich jedoch in keiner christlichen Tradition Spuren einer solchen Verbindung.[125] Dient auch in viel späteren, stark christianisierten Texten der Gral einem ähnlichen Zwecke wie der Abendmahlskelch, so legen beispielsweise die Scheu eines Robert de Boron, von der Natur des Grals zu sprechen, und der Hinweis auf geheime, sich darauf beziehende, dem Joseph von Arimathia überlieferte Worte, die niemand wiederholen darf, den Gedanken nahe, daß es sich hier um ein anderes, höheres Mysterium als das des katholischen Ritus handelt. Dieses Mysterium hat jedenfalls andere Träger als den rechtgläubigen Klerus und fußt auf einer dem Christentum total fremden Symbolik und Esoterik.[126] Der Umstand, daß manche Texte den Gral auf den Kelch Jesu und die Gralslanze auf die Lanze der Kreuzigung zurückführen, kann denjenigen, der den Grundton und die innere Logik des Ganzen in Betracht zieht, nicht hindern, einzusehen, daß es sich hier um christliche, in jener Zeit herrschende Vorstellungen handelt, die lediglich zum Ausdrucksmittel eines Bedeutungsgehaltes ganz anderer Artung benutzt wurden.

Daß dieser Bedeutungsgehalt von Traditionen jenseits des Christentums herrührt und äußerlich sich mit einer Stimmung verbindet, die man schwerlich auf die christliche Frömmigkeit zurückführen könnte – dies zeigt sich eindeutig aus der Gesamtheit der Gralslegenden.

Wolfram von Eschenbach führt die Quellen zu seiner Erzählung auf einen gewissen „Kyot den Provenzalen" zurück, der wiederum die Legende von Parsifal und vom Gral in heidnischen Texten aufgefunden haben will. Kyot hat sie entziffert mithilfe der Erleuchtung, die ihm die „Taufe" gebracht hat, aber ebenso dank seiner Kenntnis der magischen Buchstaben, die jedoch nicht mit schwarzer Magie verwechselt werden darf. Flegetanis vom Stamme Salomons hatte in uralten Zeiten die Gralsgeschichte, die in diesen Texten enthalten ist, aufgrund seiner astrologischen Kenntnisse abgefaßt, wobei er den Namen des Grals in den Sternen gelesen habe. „Die Sterne erforschend, entdeckte er tiefe Geheimnisse, von denen er nur mit Zittern sprach."[127]

Überirdische, geheime, initiatische Züge bietet also im allgemeinen die Geschichte des Grals. Robert de Boron bezieht ihre wahren Quellen auf ein „großes Buch", das er nicht lesen konnte, „wo die erhabenen Mysterien beschrieben sind, die nach dem Gral benannt werden", und im „Perceval li Gallois" wird hinzugefügt: „Diese Erzählung ist hoch zu bewerten und nicht Leuten zu erzählen, die sie nicht verstehen; denn ein gutes Ding, unter schlechten Menschen verbreitet, wird niemals von diesen gut behalten." Und Robert de Boron versichert noch einmal: „Die große Geschichte vom Gral wurde noch niemals von einem sterblichen Manne behandelt (unque retreite este n'avoit – la grant estoire dou Graal – par nul home qui fust mortal)." Die aus der Sicht des Gral hervorströmenden Visionen und Verwandlungen sind für ihn unaussprechlich, „denn die Geheimnisse des Sakraments dürfen nur dem enthüllt werden, dem Gott die Kraft dazu gegeben hat".[128] Vauchier sagt, es sei gefährlich, vom Gral zu reden, es wäre denn zur richtigen Zeit und am rechten Ort, und daß „man vom Gralsmysterium nicht sprechen kann, ohne zu zittern und die Farbe zu wechseln".[129] Die sogenannte „Elucidation", die dem Text von Chrétien de Troyes vorangeht, verweist auf einen gewissen Meister Blihis, Träger einer Tradition, die geheim bleiben muß: „Car si maistre Blihis ne ment, nus ne doir dire le secrée".[130] Der jüngste und christianisierte Text der ersten Periode, der „Grand Saint Graal", gibt der Erzählung statt des ursprünglichen, geheimen und mysteriösen Charakters einen mehr mystischen: das Buch vom Gral wurde von Christus selbst geschrieben und dem Verfasser während einer Vision übergeben. Man kann es nur nach einer asketisch-läuternden Vorbereitung ergründen. Beim Lesen erfolgen Erscheinungen, und der Geist wird von Engeln entrückt und zur unmittelbaren Schau der Dreieinigkeit gebracht. Den Schrein öffnen, der den Gral enthält, bedeutet in direkte Verbindung mit Christo treten. Trotz solcher mystischer Züge bleibt immerhin angesichts der Gefahr von Verletzungen, Erblindung und Verbrennung, von denen der erwähnte Text im Hinblick auf diejenigen handelt, die sich dem Gral zu sehr nähern wollen, die ursprüngliche Bedeutung eines mysterium tremendum erhalten, das mit dem christlichen Pathos wenig zu schaffen hat.

Die Kraft des Grals

In den verschiedenen Texten zeigt sich der Gral im wesentlichen unter drei Formen:

1. Als ein unstofflicher Gegenstand, mit Eigenbewegung begabt, von unbestimmter und rätselhafter Natur („er war nicht aus Holz noch aus irgendeinem Metall noch aus Stein oder Horn oder Bein").

2. Als ein Stein – „Himmelsstein" bzw. „Stein des Lichtes".

3. Als eine Schale oder ein Becken oder Gefäß, häufig aus Gold und manchmal mit Edelsteinen verziert. Sei es in dieser Form oder in der vorhergehenden, sind es fast immer „Frauen", die den Gral tragen.

Eine Mischform ist die aus einem Stein (zuweilen aus einem Smaragd) geschnittene Schale. Der Gral wird manchmal als „heilig" gewertet, manchmal als „reich" – „es ist das Reichste, was ein Lebender besitzen kann", heißt es in der „Morte Darthur".[131] Dieser Text verwendet, wie viele andere derselben Periode, den Ausdruck Sangreal, den man auf drei Arten auslegen kann: Sankt Gral, Sanguis Realis, Sanguis Regalis, d. h. königliches Blut.

Die hauptsächlichen Kräfte des Grals lassen sich wie folgt erfassen:

1. Leuchtkraft – d.h. erleuchtende Kraft. – Vom Gral strahlt ein übernatürliches Licht aus. Chréstien de Troyes: „Une si grans clartés i vint – que si pierdirent les candoiles – los clarté, com fort les estoiles – quand li solaus

lière ou la lune."[132] Robert de Boron beschreibt die Erscheinung des Grals im Gefängnis des Joseph von Arimathia als die eines großen Lichtes und fügt hinzu: „Kaum hatte Joseph das Gefäß gesehen, so war er ganz erfüllt vom Heiligen Geist."[133] Im Vauchier erleuchtet der „Fischerkönig", der den Gral bei Nacht mit sich führt, mit ihm seinen Weg. An der Stelle, wo er vom Erscheinen des Grals vor Joseph handelt, sagt der „Grand Saint Graal", daß aus ihm „ein gleicher Glanz hervorbricht, als brännten tausend Kerzen", und er spricht von einer Art Entrückung jenseits der zeitlichen Bedingtheit: zweiundvierzig von Joseph mit dem Gral im Gefängnis verbrachte Jahre scheinen ihm nicht länger als drei Tage.[134] Bei Gautier folgt Parsifal einem Mädchen trotz ihres Verbotes in den dunklen Wald. Plötzlich bricht ein großes Licht hervor, das Mädchen verschwindet, es entfesselt sich ein furchtbarer Sturm, und anderntags vernimmt Parsifal, daß das Licht vom Gral herrührte, den der „Fischerkönig" im Forste trug.[135] Bei Wolfram ist es der „Stein des Lichtes": „vollkommene Erfüllung allen Wunsches und Paradies, das ist der Gral, der leuchtende Stein, demgegenüber aller irdischer Glanz nichts ist".[136] In der „Morte Darthur" ist die Erscheinung des Grals von einem Donnerschlag begleitet und von „einem Sonnenstrahl, siebenmal leuchtender als das Tageslicht". In demselben Augenblick wurden alle von der Gnade des Heiligen Geistes angestrahlt. Bei dieser Gelegenheit zeigt sich der Gral von seiner rätselhaften Seite: „Keiner konnte ihn anschauen noch tragen", wenn auch jeder Ritter aus ihm „die Nahrung, die er auf der Welt am liebsten hatte", empfing.[137]

2. Damit kommen wir zu einer weiteren Kraft des Grals. Der Gral ist nicht allein das Prinzip geistiger Erleuchtung, er gibt Nahrung, die Gabe des „Lebens". Vom Gral werden bei Wolfram alle Tempelritter gespeist: „sie lebet von einem steine".[138] Wenn er zum Tisch gebracht wird oder magisch auf ihm erscheint, erhält jeder Ritter gerade das, was er am meisten ersehnt. Wird von verschiedenen Nahrungsmitteln gesprochen, die dem Geschmack jedes einzelnen entsprechen, so ist darin nur die Verdinglichung einer tieferen Bedeutung zu erblicken: die Abhängigkeit einer bestimmten Gabe des „Lebens" von der Form des Willens, des Begehrens und der Eigennatur derer, denen diese Gabe gewährt wird. Als Grenzbegriff wird solche Nahrung zum Zerstörer alles materiellen Begehrens, weshalb

im „Perceval li Gallois" die Geladenen wegen des Duftes, den der Gral ausstrahlt, das Essen vergessen, wobei Gavain entrückt wird und eine Engelsvision erlebt.[139] Im „Grand Saint Graal" wiederholt der Gral das Wunder von der Vermehrung der Brote,[140] in der „Queste du Graal" geht seiner Erscheinung ein „wie die Sonne strahlendes Licht" voraus; es bewegt sich magisch und verschwindet, nachdem ein jeder seine Zehrung erhalten hat, ähnlich wie nach der schon angeführten Erzählung der „Morte Darthur".[141] Es heißt insbesondere, daß die Starken, die Helden, die Speise lieben, die der Gral gibt – so gibt Robert de Boron folgende Etymologie: „Er heißt Gral, weil er den Kühnen gefällt – agree as prodes homes."[142] Joseph von Arimathia selbst und seine Ritter empfangen während ihrer ganzen vierzigjährigen Gefangenschaft, die ihnen der König Crudel auferlegt hat, außer dem Licht auch das Leben (Nahrung) vom Gral.[143]

3. Die an den Gral gebundene Gabe des Lebens erweist sich auch in der Heilung tödlicher Verwundungen: der Gral kann das Leben erneuern und in übernatürlicher Weise verlängern. In Manassier kämpfen Perceval und Hector miteinander; beide werden zu Tode verwundet und erwarten schon ihr Ende, als um Mitternacht der Gral – getragen von einem Engel von „kaiserlicher Herrlichkeit" – erscheint und sie augenblicklich und vollkommen heilt.[144] Derselbe Zug findet sich in „Morte Darthur", wo eine gleiche Erscheinung sich an Lancelot verwirklicht.[145] In der „Queste du Graal" wird eine Vision erzählt, die einen Ritter zum Gegenstand hat, der auf einer Bahre liegend leidet. Er schleppt sich bis zum Gral, und als er ihn berührt, fühlt er sich wieder gekräftigt, und sein Leiden verwandelt sich in Schlaf.[146] Hier kommt auch ein zweites Motiv zum Vorschein: das von den Königen, die auf den vorbestimmten Wiedererneuerer oder Rächer warten und deren Leben durch die magische Wirkung des Grals künstlich verlängert wird. Darüber hinaus, wenn Wolfram von Eschenbach erzählt, daß „der Phönix, kraft des Grals, sich verzehrt und zu Asche wird, dann wieder neu ersteht und in all seinem Glanze schöner ist als je",[147] so meint er damit unzweifelhaft die Beziehung der Gralsgabe des „Lebens" zur Palingenese, für die der Phönix immer das Symbol gewesen ist. Wolfram sagt aber, „solch ein Stein (der Gral) flöße dem Menschen eine solche Kraft ein, daß seine Gebeine und sein Fleisch ihre Jugendkraft gewinnen – selbe

kraft dem menschen gît der stein – das im fleisch und bein – jugent entfacht al sunder twâl".[148] Der Gral verweigert jedoch seine symbolische Speisung oder die „Gabe des Lebens" denen, die von Schuld befleckt sind[149] – nach einigen Texten, den Feiglingen.

4. Der Gral verleiht Sieges- und Herrschaftskraft. Wer ihn genießt, „n'en court de bataille venchu". Nach Robert de Boron werden alle, denen es gelingt, ihn zu erblicken, ewiger Freude teilhaftig und niemals ihrer Rechte beraubt, ferner werden sie niemals in der Schlacht besiegt.[150] Im „Lorengel" erscheint der Gral als der „Siegesstein", mit dem Parsifal König Etzel und seine Hunnen in dem Augenblick verjagt, in dem sie im Begriffe sind, die Christenheit zu stürzen.[151] Von dem, der die Gralsprobe besteht, heißt es bei Wolfram: „Nunmehr gibt es kein Wesen in der Welt, das dich an Edelsinn und Ehre übertreffen wird. Du bist der Herr aller Geschöpfe. Die höchste Gewalt wird dir übertragen werden."[152] Der Aspekt des Grals als Kraft des Sieges wird deutlicher in Verbindung mit dem „Schwert des Grals" hervortreten. Schon in dieser Stelle von Wolfram wird aber die höchste Wesensart des Grals angedeutet, seine Bezogenheit auf ein transzendentes Königtum, auf das Prinzip des „Weltherrn". Wir werden übrigens sehen, daß der Gral selbst nach Weise eines Orakels die Ritter bezeichnet, die berufen sind, die Königswürde zu bekleiden.

5. Während der Gral einerseits eine belebende Kraft hat, zeigt er auf der anderen Seite eine furchtbare, zerstörerische Eigenschaft: er läßt erblinden, er schlägt wie ein Blitz, er kann wie eine Art Abgrund wirken. Nescien erkennt im Gral den Gegenstand des Wunsches, den er schon seit seiner Jungritterzeit genährt hat, aber kaum hat er dessen Hülle gelüftet, zittert er und verliert das Augenlicht und auch die Herrschaft über den eigenen Körper.[153] Die „Queste du Graal" fügt erklärend hinzu: Mordrain habe schauen wollen, was keiner Zunge gegeben ist, auszusprechen, bei seinem Unterfangen habe sich ein übernatürlicher Wind erhoben, der ihm das Augenlicht zerstörte, und in diesem Zustand sei der Ritter verurteilt, am Leben zu verharren, bis der Held kommt, der das Gralsmysterium erfüllt und ihn heilt. Das in Frage stehende Motiv ist nicht neu. Dante selbst verliert beim Anschauen der Überwelt das Sehvermögen, auch wenn er es darauf geschärfter wiedergewinnt.[154]

Die Taten des persischen Helden Rostan haben den Sinn, einem König, dessen prometheische Berufung klar aus seinem Versuch hervorgeht, den Himmel auf Adlerschwingen zu ersteigen, das Augenlicht und die Freiheit zurückzugewinnen.[155] Weitere Beispiele könnten leicht beigebracht werden. Nach Geberts Erzählung findet Mordrain, der einen Altar für den Gral erbaut hat, den Weg zu ihm von einem Engel mit Flammenschwert versperrt (was an die biblische Absperrung des „Urlandes" erinnert). Der Engel kündet ihm als Strafe seines Unterfangens an, er werde nicht sterben, und seine Wunden müßten stets offen bleiben, bis der Ritter kommt, „der die Frage stellen wird"[156]. In „Diu Crône" wird es als „tödlich gefährliche Sache" bezeichnet, den Weg zum Gral zu beschreiten.[157] Aber gerade diese Gralsschau aus der Nähe, die Mordrain und Nescien getroffen haben, begehrt in der „Morte Darthur" Gavain, der auf Abenteuer auszieht mit dem Vorsatz, nicht eher zurückzukehren, als bis er sein Ziel erreicht hat.[158]

Die gefährliche Beschaffenheit des Grals scheint ferner mit dem Motiv des „gefährlichen Sitzes" und mit dem der Probe in Zusammenhang zu stehen, die derjenige bestehen soll, der die Rolle des „erwarteten Helden" zu spielen und das Amt des höchsten Hauptes der Ritterschaft der Tafelrunde zu übernehmen hat. Es geht hier um den „leeren Sitz" oder den „dreizehnten Sitz" oder den „polaren Sitz", von dem schon die Rede war. Ein Sitz, unter dem sich der Abgrund öffnet oder der vom Blitz getroffen wird, wenn sich auf ihn ein Unwürdiger oder ein Nicht-Erwählter niederläßt. So wird Moses, der ihn einnehmen will, von sieben Feuerhänden[159] gepackt und vernichtet, „wie die Flamme ein Holz verzehrt" – in der Folge stellt das der Text auch so dar: die Hälfte des Feuers, das Moses verbrennt, erlischt, aber die andre Hälfte wird nicht ausgehen, bis Galahad kommt und das Gralsabenteuer zur Vollendung bringt.[160] Eine Variante ist die „Probe des Gefäßes": es erleben die Gralsekstase nur diejenigen, die an der Tafel Josephs von Arimathia (die mit der Tafelrunde gleichgesetzt wird oder als Vorbild dieser gilt) nicht mit Schuld befleckt sind; bei dieser Gelegenheit wird Moses, der sich auf den gefährlichen Platz niedergelassen hat, vom sich öffnenden Abgrund verschlungen – nach christianisierter Auslegung, weil es ihm als falschem Jünger an Glauben gefehlt hat.[161]

Auf der andern Seite begegnet man auch dem Motiv, daß nur der die Gralssuche vollenden kann, der auf einem *goldenen* Platz sitzt, der von einer überirdischen Frau errichtet worden ist. Sechs Ritter, die es versucht haben, sich dort niederzulassen, sind von dem sich plötzlich öffnenden Abgrund verschluckt worden; Parsifal setzt sich gleicherweise, man hört einen starken Donnerschlag, die Erde birst auseinander, aber er bleibt ruhig auf seinem Platze.[162] Gelassen, in ruhiger Würde und in der Reinheit seiner Kraft verharrend, nichts kann ihm schaden. Danach wird bei Robert de Boron dem Kühnen, der eine derartige Probe ausgehalten hat, und so auch allen Rittern der Tafelrunde, eine weitere Reihe von Abenteuern auferlegt, die den Weg zur endgültigen Gewinnung des Grals und zur Wiederherstellung seines Reiches bilden.[163] Die „Queste du Graal" und die „Morte Darthur" bieten das Thema in noch greifbarerer Form: der gefährliche Platz wird gefahrlos nur von dem eingenommen, der die „Schwertprobe" überstanden hat, der ein Schwert aus einem Stein herausziehen konnte und dadurch erwies, daß er der beste Ritter sei. Beim Gelingen einer solchen Probe, deren Bedeutung von uns schon behandelt wurde, offenbart sich der Gral an König Arthurs Hof: ein Licht, stärker als die Sonne, erstrahlt, der Gral erscheint magisch, verbreitet seinen Duft und schenkt jedem Ritter die ihm passende Nahrung.[164]

Diese gefährliche Seite des Grals ist ja als der Grenzfall dessen zu betrachten, was der Gral je nach der verschiedenartigen Veranlagung derer, die mit ihm in Berührung kommen, zu spenden vermag. Die Kraft des Grals zerstört alle, die sich seiner zu bemächtigen versuchen, ohne die geeignete Befähigung zu haben, alle, die in Wiederholung der titanischen, luziferischen oder prometheischen Gebärde ihn usurpieren wollen. Ein sehr bezeichnender Ausdruck findet sich in dieser Hinsicht bei Wolfram, wenn er sagt, für die Schuldhaften mache sich der Gral so schwer, daß sie ihn nicht einmal alle zusammen tragen können.[165] Die transzendente Macht wirkt auf ein bedingtes, in seiner Begrenzung verhaftetes Wesen mit so überwältigender Wucht, daß sich die „Lebens"-Kraft als Kraft der Zerstörung erweist (vgl. das Feuer, in dem Moses verbrennt). Eine weitere, bedeutungsverwandte Fassung findet sich in der „Morte Darthur" in folgender Form: als der Gral eine solche Helligkeit verbreitete, „als ob alle Fackeln der Welt in diesem Saale vereinigt wären", wagt sich Lanzelot hervor. Eine Stimme warnt ihn, nicht weiterzuschreiten, sondern lieber zu fliehen, sonst hätte er es zu bereuen. Er gehorcht nicht, tritt ein, ein Feuer schlägt ihm ins Gesicht, er fällt auf den Boden und kann sich nicht mehr erheben, da er alle Macht über seine Glieder verloren hat. Den Gefährten, die ihn tot glauben, sagt ein Greis: „Beim Namen Gottes, er ist nicht tot, sondern mehr voll Leben als der Stärkste unter euch allen." Lanzelot bleibt in diesem Scheintodzustand vierundzwanzig Tage lang, und die ersten Worte, die er sagt, sind „Warum habt ihr mich geweckt, mir erging's sehr viel besser als jetzt." Dieses Erlebnis wird auf den Anblick des Sancgréal zurückgeführt, „wie ihn niemand besser haben kann";[166] offenbar handelt es sich um einen Zustand der Initiation, in dem das Teilhaben an der Gralsmacht durch Aufhebung des Wachbewußtseins und der ihm eignenden Beschränkung bedingt wird; so wird die negative, zerstörerische und niederzwingende Auswirkung vermieden, die das „Berührungs"-Erlebnis für den hat, der sich nicht zu einer bestimmten Form höheren bzw. überindividuellen Bewußtseins erheben kann.

Dieser flüchtige Überblick über die dem Gral zugeschriebenen Kräfte beleuchtet die sozusagen subjektive Seite der Gralssuche. Diese Suche ist ihrem Wesen nach ein inneres Unternehmen. Es handelt sich dabei aber um etwas mehr als um einfache Ekstase, mystisches Versinken. Es ist eher eine Urmacht, die positiv heraufbeschworen wird. Befähigt zu den höheren, von der Legende versinnbildlichten Aufgaben ist, wer Träger dieser Kraft geworden ist.

Gehen wir jetzt zu den Erzählungen über, die vom Gral als Stein handeln. Es ist dabei der besondere Bedeutungsgehalt hervorzuheben, den im Zusammenhang mit bereits Gesagtem jene Überlieferung bietet, die den Gral als einen vom Himmel gefallenen Stein und als „luziferischen" Stein vorstellt.

Wolfram von Eschenbach verknüpft den Gral mit dem rätselhaften Ausdruck lapsit exillîs[167]. Dieser Ausdruck ist von den Gelehrten gedeutet worden: lapis erilis, d.h. „Stein des Herrn" (San Marte), lapis elixier in Anspielung auf das alchemistische Elixier der Wiedergeburt (Palgen), lapis betillis oder betillus (Hagen), wobei auch an den φαιτυλος, den vom

Himmel gefallenen Stein der griechischen Mythologie, gedacht werden darf, lapis ex coelis oder de coelis, „Himmelsstein" (Martin), schließlich „Stein der Verbannung". Wie weit auch die eine oder andere dieser Deutungen vom rein etymologischen Standpunkt aus objektiv berechtigt sei – es sind Auslegungen, denen der Gral je nach seinen verschiedenen Aspekten gleichermaßen entspricht.

Der Gral ist insofern vor allem ein lapis ex coelis, als er nach Wolfram ursprünglich von einer Engelsschar zur Erde herabgebracht worden ist – ähnlich lautet auch die von Albrecht in seinem „Titurel" berichtete Überlieferung. Hier erscheint der Gral ebenfalls als ein Stein, Jaspis oder Kiesel, an den sich das Phönix-Symbol knüpft: „Ein schar den gral uf erde – by alten zîten brahte – ein stein in hohem werde – man ein schüzzel dar uz wurken dahte; – iaspis und silix ist er genennt – von dem der fenix lebende wirt – swenn er sich selb zu aschen brennet.[168] Bei Wolfram von Eschenbach sind es Engel, dazu verurteilt, auf Erden niederzusteigen, weil sie sich bei Luzifers versuchter Erhebung neutral verhielten. In ihrer Hut verlor der Gral niemals seine ursprüngliche Reinheit. Dann ging er über in die Hut eines Geschlechtes von Rittern, die zu diesem Amt vorwiegend von oben her erwählt sind.[169] Das Motiv verändert sich im „Wartburgkrieg" in folgender Weise: Ein Stein sprang aus Luzifers Krone, als er von Sankt Michael getroffen wurde. Das ist der Stein der Auserkorenen, vom Himmel zur Erde gefallen, den Parsifal wiederfand und den schon Titurel, der hier eben als Stammhaupt der Gralsdynastie gilt, aufgehoben hatte. Der Gral wäre also der Stein, den Luzifer verlor.[170] Nach anderen wäre dieser zur Erde gefallene Stein ein Smaragd gewesen, der die Stirne Luzifers selbst geziert hatte. Er wurde von einem getreuen Engel in die Form eines Kelches geschnitten, und so entstand der Gral, der Adam im „irdischen Paradies" gegeben wurde, bis Adam selber fiel und vertrieben wurde. Seth, der Sohn Adams, dem es zeitweilig geglückt war, das irdische Paradies wiederzufinden, holte von dorther den Gral.[171] Es scheint schließlich, daß der Gral noch in Verbindung gebracht wurde mit einer Katharer-Festung in den Pyrenäen, dem Montsegur, den die Heerscharen Luzifers belagert hätten, um den Gral wiederzuerringen und ihn wieder ins Diadem ihres Fürsten zu heften, aus dem er im Augenblick der Vereitelung seines Aufstandsversuches zur Erde gefallen war. Doch wurde dabei der Gral ins Innere eines Berges gerettet.[172]

Der luziferische Stein

Befreien wir diese Legenden von ihrem mystisch-religiösen Moment, so wird in ihnen von neuem die Verbindung zwischen dem Gral als Himmelsstein und einem geheimnisvollen Erbgut faßbar, das mit dem „Urzustand" in Zusammenhang steht, und das auch während der Zeit der „Verbannung" bewahrt wurde. Was insbesondere die Bezugnahme auf Luzifer betrifft, drückt sie eigentlich nichts anderes als das Thema eines gescheiterten oder auf Abwege geratenen Versuchs der „heroischen" Wiedergewinnung dieses Urzustandes aus. Das Motiv der Engelschar, die mit dem Gral vom Himmel herabgestiegen ist, ruft jenes von der Tuatha dé Danann-Rasse in die Erinnerung zurück; auch diese wurden als „göttliche Wesen" betrachtet, die vom Himmel nach Irland gekommen waren, auch sie führten einen überirdischen Stein mit – den Stein der rechtmäßigen Könige – und andere Gegenstände, die, wie schon bemerkt, genau denen des Gralszyklus entsprechen: ein Schwert, eine Lanze, ein Gefäß, das unerschöpflich jeglichem seine Nahrung spendet. Zu gleicher Zeit ist das Vaterland der Tuatha, wie wir wissen, jenes Avallon, das nach einer schon angemerkten Überlieferung als Sitz der Gralsbücher gilt und dessen unklares Bild sich mit dem des Ortes vermengt, wo sich der Gral vorzugsweise offenbare. Darüber hinaus setzen einige Legenden die gefallenen Engel geradezu den Tuatha dé Danann gleich.[173] In anderen Sagen wird von Geistern gesprochen, die zur Strafe für ihre Neutralität auf die Erde herabsteigen mußten. Sie werden beschrieben als Einwohner eines westlichen, transatlantischen Landes, bis wohin Sankt Brandan gelangt wäre. Dieses Land ist wiederum eine Abart vom Avallon, ebenso wie jene Reise St. Brandans ein christianisiertes Gegenbild zu jener ist, die verschiedene keltische Helden nach jener „Insel" unternehmen, der Urheimat und dem unverletzlichen Zentrum der Tuatha.[174] Wir haben hier also eine seltsame Überschneidung der Motive, die z. B. im „Leabhar na hvidhe" sichtbar wird, wo zu lesen steht, daß die Tuatha „Götter und falsche Götter sind, auf welche bekannterweise der Ursprung der irischen Weise zurückgeht. Es ist wahrscheinlich, daß sie aus dem Himmel nach Irland gekommen sind, daher die Überlegenheit ihrer Weisheit und ihrer Kenntnisse".[175]

Hier wäre also eine etwas heikle Motivspaltung vorzunehmen: Es wäre nämlich klarzulegen, was tatsächlich auf das „Luziferische" Bezug hat –, und darauf läßt sich die Idee eines „Falles" sowie der als Strafe verstandenen Anwesenheit auf der Erde sinngemäß anwenden. Dagegen hätte geklärt zu werden, wie weit in tendenziös entstellten Vorstellungen die Erinnerung an den keineswegs luziferischen oder schuldhaften Urzustand der „göttlichen", den Gral bewahrenden Rasse aufscheint. Die „Neutralität" der Gralsengel bei Wolfram legt uns in der Tat den Gedanken an ein Stadium nahe, das ideell jener Spaltung der Geistigkeit voranging, die dem Luziferischen im allgemeinen seine Bedeutung verleiht. Und wenn Wolfram an einer anderen Stelle eine davon abweichende Fassung gibt und Trevrizent sagen läßt, daß die neutralen Engel nicht wieder in den Himmel kämen (wie die Tuatha, die sich neuerlich nach Avallon zurückzogen), sondern sich selbst für ewig verlören, so daß, „wer von Gott belohnt werden will, sich jenen gefallenen Engeln feindlich erzeigen muß",[176] so muß gerade die Art und Weise in Anschlag gebracht werden, mit der das Christentum vorhergehende Traditionen entstellt hat, indem es ihrem ursprünglichen Bedeutungsinhalt sehr verschiedene Auslegungen unterschob.

Im allgemeinen hat oft das Christentum wegen seiner vorwiegend „lunaren" Auffassung des Sakralen nicht nur all das als „luziferisch" und „teuflisch" gebrandmarkt, was tatsächlich diesen Charakter trägt, sondern es hat auch jeden Versuch der Wiederherstellung „heroischer" Art und jede Richtung verdammt, der die für die neue Religion wesensbestimmenden Haltungen der bloßen Andacht und der kreatürlichen Abhängigkeit von dem theistisch aufgefaßten Göttlichen fremd sind. Daher haben wir auch anderswo Gelegenheit gehabt, Motivvermengungen ähnlich – der eben hinsichtlich der Tuatha dé Danann gezeigten festzustellen, etwa in einer gewissen syrisch-christlichen Literatur, wo die gefallenen Engel schließlich mit einem Geschlecht der „Wachen" bzw. „Wachenden" – ἐγρήγορω – eins werden, die man als Urlehrer der Menschheit auffaßt.[177] Tertullian[178] zögert nicht, die Gesamtheit der magisch-hermetischen Lehren in Bausch und Bogen den gefallenen Engeln zuzuschreiben. Wir haben schon erwähnt, wie diese Lehren dem Flegetanis zum Verständnis der Urtexte des Grals verhalfen. Sie werden in der „Morte Darthur" dem als Stammhaupt der Gralshelden dargestellten Salomo zugeschrieben, und zwar mit denselben Ausdrücken Tertullians: „Dieser Salomo war ein Weiser und kannte alle Kräfte der Steine und der Bäume, und so wußte er auch den Lauf der Gestirne und viele andere Dinge mehr."[179] Wenn Innozenz III. die Templer anklagte, daß auch sie sich der Lehre der „Dämonen" hingegeben hätten – utentes doctrinis daemoniorum[180] –, so hatte er höchstwahrscheinlich die nicht Christi Verehrung geltenden Mysterien der Templer im Auge; es vollzog sich so instinktiv in seinem Geiste dieselbe Angleichung, nach der die „göttliche Urrasse" in die schuldhafte und luziferische Rasse der gefallenen Engel verwandelt wurde.

Wir haben bereits zu Anfang hinreichend genaue Beziehungspunkte angesetzt, um uns jenseits derartiger Fälschungen zurechtzufinden und uns eine genügend klare Vorstellung über die Grenze zu bilden, welche das Luziferische von dem scheidet, was es nicht ist, wie auch um den christlichen Gesichtspunkt von dem einer höheren Geistigkeit zu trennen. So wird es nicht schwer fallen, das verschiedene Gewicht der einzelnen Elemente zu unterscheiden, die in unserer Sage neben mannigfachen Einschiebungen und Entstellungen auftreten.

Wenn wir gezeigt haben, daß das „Titanische" doch der Urstoff bleibt, aus dem sich der Held formt, so wird es verständlich, daß trotz allem Wolfram schließlich luziferische Züge in Parsifal bewahrt hat: von einem Luzifer jedoch, der sein Abenteuer glücklich bis zum Hineinwachsen in die Lichtgestalt des Gralskönigs und Wiederherstellers durchführt. Parsifal klagt Gott an, ihn verraten zu haben, ihm die Treue versagt zu haben, weil der ihm nicht beistand bis zur Gewinnung des Grals. Er lehnt sich auf und sagt in seinem Zorne: „Einem Wesen, das sich Gott nennt, diente ich, bevor es sich erlaubt hatte, mich schmählichem Spott auszusetzen und mich mit Schande zu bedecken … Ich war sein ergebener Diener, weil ich glaubte, daß er mir seine Gunst zugebilligt hätte; aber von Stund ab werde ich mich weigern, ihm zu dienen. Wenn er mich mit seinem Haß verfolgt, werde ich mich dareinschicken. Freund" (sagt er zu Gauvin), „wenn für dich die Stunde des Kampfes anbricht, so richte deine Gedanken auf eine Frau (also: nicht auf Gott)."[181] In solchem hohen Stolz vollführt Parsifal seine Abenteuer, nachdem er bei seinem ersten Besuch in der Gralsburg nicht zum Ziele gelangt ist. Abgewandt von Gott, vermeidet er Kirchen und gibt sich „wilden" Ritterabenteuern hin – der wilden Aventüre, der wilden, ferren Ritterschaft – und kommt doch gleicherweise dazu, zu siegen, gleicherweise den Ruhm des Gralskönigs zu erlangen. Trevrizent muß ihm sagen: „Selten sah man ein größeres Wunder! Da ihr eueren Zorn gezeigt habt, habt ihr von Gott erlangt, was ihr wünschtet."[182]

Es sei überdies bemerkt, daß bei Wolfram Parsifal als derjenige erscheint, der gegen die Regel die Gralsburg erreicht, ohne, wie die anderen, ausersehen oder gerufen worden zu sein.[183] Seine Berufung folgt nach und nach – es sind sozusagen seine Abenteuer selbst, die bei Parsifal diese Berufung erwirken und fast aufzwingen. Trevrizent sagt: „Nie war es vorgekommen, daß der Gral durch Kampf erworben werden konnte – es was je ungewolnheit, dasz den Gral ze keinen zâten jeman möchte erstriten." Auch dieser Zug läßt den „heroischen" Typus erkennen: jenen, der nicht von Natur aus wie der „olympische" Typ (dem der rechtmäßige Gralskönig entsprechen könnte, der dann in Verfall gerät, vergreist, verwundet oder krank ist), sondern durch das Wachwerden einer innersten Berufung und durch seine Taten zur Teilhabe an jener metaphysischen Wirklichkeit gelangt, wofür der Gral das Symbol ist, und der sich dermaßen emporringt, daß er Gralsritter wird und schließlich die höchste Würde des Gralsordens bekleidet.

Die Probe des Übermutes

Diese Bedeutungsgehalte werden bei Wolfram teils in Beziehung auf Gawein, teils auf Amfortas präzisiert und bestätigt. In der Wolframschen Darstellung ist Trevrizent der Bruder des gestürzten Gralskönigs, der sich zur Führung eines asketischen Lebens an die „wilde Quelle" – Fontâne la Salvâtsche – zurückgezogen hat und den Versuch macht, eben mittels seiner Askese das Leiden des Bruders und den Verfall des Gralsreiches zu heilen.

Schon sein Name läßt sich wahrscheinlich mit „kürzlichem Waffenstillstand" (trève récente)[184] übersetzen, wobei die Annahme naheliegt, es handle sich um eine Art Kompromiß aufgrund der Askese während eines Interregnums, in Erwartung der Wiederherstellung eigentlich heroischer Art. Nun verfehlt Trevrizent nicht, Parsifal, unmittelbar nachdem dieser sich entschlossen hat, ohne Gott seiner Berufung zu folgen, an nicht mehr und nicht weniger als an das Schicksal *Luzifers* und seiner Schar zu erinnern.[185] Gleichzeitig aber weist er auf die wahre Ursache des „Falles" hin: wenngleich es notwendig ist, eine unbedingt überlegene Kraft und Tapferkeit zu zeigen, um Gralshüter zu werden, so ist es auch notwendig, *„frei von Übermut zu sein"*[186]. Trevrizent sagt zu Parsifal: „Vielleicht würde Jugend euch hinreißen, es an der Tugend der Entsagung gebrechen zu lassen" – und hier geht er bedeutsamerweise dazu über, den Fall des Amfortas zu erwähnen, „das Elend, das ihn martert und das der Lohn für seinen Übermut war". Da er „in seiner Suche nach Liebe nicht die Keuschheit zu respektieren verstand – 'unt daz er gerne minne – üzerhalp der kiusche sinne – wurde er von den Übeln befallen, unter denen auch die zu leiden hatten, die in seiner Umgebung waren".[187]

Wolfram hat in Amfortas den Typus des verwundeten und zur Ohnmacht verurteilten Königs geschildert, der auf den Helden wartet, der ihn heilen soll, um dann selber den Auftrag des Gralskönigs zu empfangen. Der Sturz des Amfortas wird auf folgende Art erklärt: Er wählte als Kampfruf den Wahlspruch „Amor, der sich nicht allzusehr mit Bescheidenheit (bzw. Demut) mengt" und stellte sich in den Dienst der Orgeluse de Logrois, wobei er kühne Abenteuer, „getrieben vom Hunger nach Liebe", vollbrachte. Doch bei einem dieser Abenteuer wird er schließlich von einem „heidnischen" Ritter, der sich sicher wähnte, den Gral erobern zu können, mit der vergifteten Lanze an den männlichen Teilen verwundet („mit einem gelüppeten sper – wart er ze tjostieren wunt"). Der Gegner bleibt auf dem Platz, aber die vergiftete Wunde des Amfortas vergeht nicht, und seine Kraft ist verloren. Er ist unfähig, sein Amt als Gralskönig auszuüben, weshalb das Königtum in einen Zustand völliger Verwüstung gerät.[188]

Es ist recht leicht, hinter der erotischen Symbolik dieser Episode die Anspielung auf eine luziferische Abwegigkeit wiederzuerkennen, d. h. auf eine von keiner verklärenden Einstellung, sondern von Übermut und Stolz geleitete Handlung. Die Keuschheit im gewöhnlichen Sinn des Wortes ist kein Gesetz der Gralskönige – bei Wolfram dürfen sie auch eine Frau haben, die der Gral selbst bestimmt; aber sie dürfen sich nicht mit jener „Frau" vereinigen, die das Sinnbild des Übermutes ist – l'Orgeluse („die Stolze"). Ein solches Vergehen verletzt und vergiftet die heroische Männlichkeit und verurteilt damit zu quälender, unverlöschbarer Glut: was den gleichen Sinn hat wie die symbolische Bestrafung des Prometheus.[189] Das ist der Sinn jener Verwundung des Amfortas, die gleichbedeutend mit seinem Sturz selbst ist, und man versteht so, warum Trevrizent sogleich von Amfortas spricht, nachdem er Parsifal vor dem Fall des Luzifer gewarnt hat.

Nun ist es bezeichnend, daß Wolfram uns auch von einem anderen Ritter spricht, der im Grunde dasselbe Abenteuer unternimmt wie Amfortas, aber zu einem anderen Ende gelangt. Dies ist Gawein. Gawein hat dem Rate des Parsifal Gehör geschenkt, sich eher auf seine „Frau" als auf Gott zu verlassen. In Oblilote findet er sie, die „jede Gefahr eines bösen Abenteuers von ihm abwehren wird", die ihm „Schutz und Geleit" sein wird, sie, die sagt: „Meine Liebe wird Euch den Frieden bringen, wird Euch glücklich vor jeder Gefahr schirmen, obwohl Ihr bei Eurem Mute nicht verfehlen werdet, Euch bis zum Äußersten zu verteidigen. Ich bin in Euch, mein Schicksal ist eng mit dem Euren verknüpft, und ich will Euch nahe sein im Kampf. Wenn Ihr fest an mich glaubt, werden Euch Glück und Mut nie verlassen." Nachdem in solchen Aussprüchen die Vereinigung des Ritters mit seiner „Frau" und deren okkulte Wirksamkeit besiegelt worden ist,[190] trotzt Gawein dem Abenteuer des „Schlosses der Mädchen" oder Schastel Marveil. Dieses Abenteuer wurde von Cundrie, der Botin des Grals, als ein Wagnis angekündigt, dem sich die Ritter der Tafelrunde unterziehen müssen, nachdem Parsifal, obwohl er die Gralsburg erreicht hatte, noch nicht verstand, seine erneuernde Sendung zu erfüllen. Diese wird bei Wolfram als das verwegenste unter allen Abenteuern und in der „Morte Darthur" als „große Tollheit" bezeichnet.[191] Nun vollzieht sich bei Wolfram dieses Abenteuer *eben im Zeichen jener, die schon die Ursache für den Untergang des Amfortas gewesen ist*, nämlich Orgeluses. Und das Abenteuer *gelingt* Gawein; ihm bringt es nicht den Untergang. Die Einzelheiten werden wir in der Folge sehen. Hier brauchen wir nur zu bemerken, daß Gawein sich während dieses Abenteuers bereit zeigen muß, allerlei Unternehmungen unter den unerträglichsten Demütigungen, Verhöhnungen und Geringschätzungen auszuführen. Es handelt sich im großen und ganzen um eine *Art Probe des Übermutes*, um die asketische Fähigkeit, bei Überwindung jeglicher Hybris zu kämpfen und zu siegen und dadurch zu einer geläuterten Herrschaft über sein eigenes Inneres zu gelangen. Ein derartiger Sinngehalt kann wohl in der Allegorie des die „estroite voie" (enger Weg) beschreitenden Gawein enthalten sein, womit das Abenteuer anhebt, ein gefährlicher Weg, der in „Diu Crône" aus *Stahl* und kaum handbreit ist und über einen dunklen, tiefen Strom führt, als einziger Zugangsweg zum „kreisenden Schloß", ein Weg, den der Ritter Keii nicht zu begehen wagt.[192] Gawein gelingt es, und er führt Orgeluse als Braut heim, statt ein ähnliches Ende zu nehmen wie Amfortas. Und es ist auch ein bedeutsames Symbol, daß Gawein das Reich Orgeluses erreicht, während er denjenigen verfolgt, der einen in den Armen einer Frau angetroffenen Ritter „verwundet" hat; es wird also derselbe Weg wieder eingeschlagen, derselben Unheilsursache die Stirn geboten, doch das Unternehmen gelingt.

Mit Bezug darauf ist noch der Doppelsinn festzuhalten, den bereits Gesagtem zufolge das Thema der „Frau" in der Sage nimmt. Einerseits erhebt sich hier der Unterschied zwischen einer „irdischen Ritterschaft", deren Triebfeder die Frau ist, und einer „himmlischen Ritterschaft", die den Gral zum Ziel hat. Diese Unterscheidung ergibt sich zum Beispiel aus der „Queste du Graal". Die Ritter, die auf die Suche nach dem Gral ziehen, möchten die Frauen gerne mitnehmen, doch wird ihnen dies von einem Einsiedler verboten, der bei dieser Gelegenheit ausdrücklich erklärt, daß „die irdische Ritterschaft sich in geistige Ritterschaft verwandeln soll"[193]. Noch bedeutsamer ist sodann, daß die Gralstexte sehr oft und ganz unverhohlen die Versuchung *Luzifers* in Form der Versuchung durch die „Frau" darstellen[194], eine eigenartige Auffassung, die nur im Rahmen des von uns Dargestellten verständlich wird, denn das Luziferthema hat der Tradition nach nie mit einer sexuellen Versuchung etwas zu tun gehabt.

Aber gleichzeitig nimmt die Gralssage in vielfacher Form das bereits bekannte Motiv vom Königreich auf, das von einer Frau verliehen wird, die durch siegreiches Bestehen allerlei heroischer Prüfungen zu erobern ist. Auf diesem Wege wird zum Beispiel nicht nur Parsifals Vater Gamuret zweimal König, sondern Parsifal selbst erreicht dieselbe Würde durch Condwiramur, deren Anrufung laut Wolfram beinahe der Anrufung des Grals gleichkommt.[195] Gerbert bringt am Ende sogar den anfänglichen Mißerfolg Parsifals mit dem Umstande in Verbindung, daß er seine „Frau verlassen hat (hier ist es Blancheflour)[196] Der Gral selbst steht in enger Verbindung zu den „Frauen, königliche Jungfrauen und gekrönte Frauen sind es, die stets seine Trägerinnen sind und zum Schluß manchmal Züge des Grals selbst verkörpern. Parsifals Halbbruder, der „Heide" Feirefis, der „glühend den Lohn wünschte, den die Frauen zu spenden vermögen", widmet sich deshalb jeglicher heldischen und gefährlichen Unternehmung und gewinnt eben in dem Gedanken an die „Frau" solche Kraft, daß er beinahe Parsifal selbst besiegen könnte; er wird der Gatte der Gralsträgerin Repanse de Schoy[197], und indem er sich bei dieser Gelegenheit auch taufen läßt, wird ihm die Gralsschau zuteil, wird er Stammvater der Dynastie der „Priester Johannes" und damit des transzendenten Königsamtes teilhaftig. Der „Kuß" der Antikonie hat eine eigenartige Kraft: wenn er einem Ritter gewährt wird, „entflammt er in ihm eine solche Glut, daß dieser bereit ist, einen Wald zu verheeren, um sich Lanzen ohne Zahl zu verschaffen" Aber Antikonie ist auch jene Frau, die sich versprechen läßt, daß er „getreu und ohne Zaudern hingehe, ihr den Gral zu erobern"[198].

Vor allem bei Heinrich von dem Turlin ist die Verbindung, ja beinahe Einswerdung des Themas der Frau als „göttliche Frau", Vrowe Saelde, und des Themas vom Gral deutlich sichtbar. Der Palast der Frau Saelde ist aus Gold und Edelsteinen erbaut; er hat einen so blendenden Glanz, daß es Gawein im ersten Augenblick scheint, als stünde ein ganzes Land in Flammen. In ihm findet sich ein „polares" Symbol, das gleichbedeutend ist mit dem der „kreisenden Insel".[199] Dieser Palast erscheint uns also als eine Nachbildung der Gralsburg selbst, und die Suche nach diesem Sitz der Frau Saelde hat mit der Suche nach dem Gral viele Züge gemeinsam, indem sie von ähnlichen Prüfungen (z. B. dem Bezwingen eines feuerspeienden Löwen und eines Magiers) abhängig gemacht wird, oder erscheint als eine vorbereitende Einführung zur eigentlichen Eroberung des Grals. Der Text bietet uns einige sehr bezeichnende Symbole. An erster Stelle die *Probe des Handschuhs*. Wenn der Handschuh von einem „Reinen" angelegt wird, macht er die rechte Hälfte des Körpers unsichtbar, während er bei anderen genau den Teil bezeichnet, der gesündigt hat. Wer die Probe glücklich besteht, erhält von Frau Saelde den zweiten Handschuh und gewinnt ihren Beistand und Schutz bei der Gralssuche.[200] Obwohl es nicht ausdrücklich gesagt wird, liegt doch die Annahme nahe, daß der zweite Handschuh auch die andere Körperhälfte des Auserwählten unsichtbar macht, also vollständige Unsichtbarkeit verleiht. Eine derartige Symbolik kann wie folgt erklärt werden: die Unsichtbarkeit entspricht der Fähigkeit, sich ins Unsichtbare zu versetzen, d. h. in einen von der physischen Form freien Zustand überzugehen. Bezüglich des zweiten Handschuhs der Saelde wirkt hier die „Frau" im Sinne der Vervollständigung dessen, was schon allein die „Reinheit" der geprüften Ritter zustande bringt (hier bestehen nur Arthur und Gawein die Probe). An zweiter Stelle wird Gawein in einer anderen Episode derselben Erzählung von Frau Saelde, als er eben ihre Burg erreicht hat, mit dem Gruß empfangen: „Heil und Sieg für alle Zeit" und „ewige Dauer" für das Reich Arthurs, dem Gawein angehört.[201] Doch bald nach dieser Art von Investitur soll Gawein eine Prüfung bestehen, welche der des Wolframschen Gawein entspricht, die Probe der *Unerschütterlichkeit*, der inneren Beherrschtheit: er muß fürbaßschreiten und sich völlige Gefühllosigkeit auferlegen, darf weder Herausforderungen noch Einladungen zum Zweikampf annehmen noch auf Hilferufe reagieren und sich nicht in ritterliche Rache einlassen. Und der Text sagt: Wäre Gawein bei dieser ihm von Frau Saelde auferlegten Probe unterlegen, der Hof hätte sich aufgelöst – „der Hof waere zergangen"[202] – eine Wirkung, die der durch Amfortas Sturz hervorgerufenen gleicht. Noch einmal tritt in einer anderen Form dasselbe Symbol wieder auf, als Gawein, vor die Wahl gestellt zwischen dem Besitz einer königlichen Frau und mit ihr ihres Reiches und dem Besitz der ewigen Jugend, nicht zögert, die zweite Möglichkeit, d. h. ein übernatürliches Leben, vorzuziehen.[203] Und gerade dieses Abenteuer geht einer Probe voran, die das genaue Nachbild jener anderen ist, welche Wolframs Gawein im „Schloß der Mädchen" besteht und die mit dem Besitz Orgeluses endet.

Zusammenfassend dürfen wir feststellen, daß die „Frau" – die Kraft, die transzendente Erleuchtung, das „Leben" – nur als Gegenstand der Gier eine Gefahr ist.[204] Nur in dieser Hinsicht verkörpert sie die luziferische Versuchung, ist sie die Ursache der Verletzung der „Männlichkeit", die Amfortas entwürdigt und lähmt; so entspricht sie der Frau, die in der Sage von Kalki im Grunde von keinem wirklich besessen wird als vom wiederherstellenden Helden; denn die anderen werden, sobald sie sie begehren, aus Männern zu „Frauen" – sie verlieren so wie Amfortas ihre geistige Männlichkeit. Als Gier, d.h. als schrankenloses Begehren, bildet der heroische Amor eine Gefahr. Die Keuschheit bedeutet in diesem Falle Zaum und Zaun, antititanische Reinheit, Abstand von Übermut, unstoffliche Unerschütterlichkeit – keine banale moralistische Vorschrift. Schwerwiegend ist jenes Wort Trevrizents zu Parsifal: „Es gibt ein einziges Ding, das der Gral und seine geheimen Kräfte niemals an dir dulden werden: die Maßlosigkeit in den Begierden."

Der „triumphale Friede" entspricht dem „olympischen Zustand", dessen der Held teilhaftig wird. „Durch Kämpfe hast du den Frieden der Seele erobert."[205] Askese der Kraft und Überwindung des Wild-Männlichen wie des Begierdebedingten,[206] Reinheit des Sieges – nur damit nimmt der unverletzbare, siderische, geläuterte männliche Kern Form an, behauptet sich das unbezwingliche Prinzip derjenigen, die fähig sind, den Gral zu gewinnen, den Gral zu schauen, ohne davon vernichtet, geblendet oder verbrannt zu werden.

All dies betrifft die grundlegende Bedeutung dieser Teile der Gralslegende. Nachdem wir sie also klargestellt haben, ist es vielleicht angebracht, eine weitere mögliche Perspektive der Auslegung für die Amfortas-Episode zu erwähnen, bei der das Motiv der „Frau" eine mehr konkrete Bedeutung annimmt. Die Berechtigung einer derartigen zusätzlichen Deutung ist durch das bedingte Maß, nach dem die Annahme gerechtfertigt ist, daß die Kreise, aus denen sich die mittelalterliche „Literatur der Liebe" verbreitet hat, einige Kenntnisse über die Sexualmagie besaßen und auch auf dieselben durch ihre Symbolik anspielen wollten. Es ist nicht leicht, mit Bestimmtheit eine derartige Frage zu beantworten. Gegebenenfalls ließen sich die entsprechenden Anhaltspunkte wie folgt zusammenfassen:

Nach den geheimen Traditionen besitzt der Mann eine in höherem Sinne männliche Kraft, die sich als magisch schaffende und befehlende Gewalt offenbaren kann, wenn sie aus der Stofflichkeit befreit wird. Diese Kraft wird durch das Geschlechtliche gelähmt, mit Ausnahme des Falles, wo diesem eine ganz spezielle Orientierung gegeben wird. Daher wo immer die Frau im Initiaten den Wunsch erweckt und ihn zum Zeugungsakt anzieht, wirkt sie in tödlicher Weise auf diese Kraft; und da die Kraft der magischen bzw. unstofflichen Männlichkeit auch diejenige ist, die zur Übersetzung des „Stromes des Todes" befähigt, so hat man mit Recht von einem „saugenden Tod, der von der Frau kommt", sprechen können. Es bietet sich damit ein neuer Aspekt der eben erinnerten Symbolik des Mannes, der paradoxerweise im Augenblick zur „Frau" wird, wenn er eine Frau begehrt und vor allem, wenn er sie – wie man gemeinhin annimmt – „besitzt". Wo dies im Zeichen des Begehrens und der Hingabe geschieht, kommt die Handlung für den Initiaten fast einer Entmannung, einer Verletzung seiner magischen Männlichkeit gleich – und zwar von jeder moralisierenden „spiritualistischen" Betrachtung abgesehen. Eine derartige Ansicht kann – mit dem gebührenden Vorbehalt – in Anschlag gebracht werden für eine zusätzliche Deutung des Motivs des verwundeten und verhinderten Amfortas, mit besonderer Berücksichtigung des Umstandes, daß seine vergiftete Wunde gewöhnlich auf die Geschlechtsteile bezogen wird. Auf dem Gebiet der Sexualmagie stellt die Frau eine Kraft dar, die ebenso unentbehrlich wie gefährlich ist[207] – gerade in demselben Grad, wie sie es auf der Ebene jener eigentlich geistigen und initiatischen Bedeutungsgehalte ist, von denen oben die Rede war und die – es sei hier betont – dem grundlegenden Bezugspunkt für die Deutung entsprechen.

Der Blitz und die Lanze

Nun kehren wir zum Gral selbst zurück. Es wurde hervorgehoben, daß der Gral als von der Stirn Luzifers gefallener Stein in eindeutiger und bedeutsamer Weise an den Stirnstein – urnâ – erinnert, der in der indoarischen Symbolik und vor allem im Buddhismus den Platz eines „dritten Auges", bzw. des Auges des Civa, einnimmt. Es ist ein Auge, dem sowohl die transzendente oder zyklische[208] Schau zuerkannt wird (im Buddhisms ist dies eigentlich die bodhi, die geistige Erleuchtung), als auch blitzartige Macht. In dieser zweiten Hinsicht ergibt sich eine unmittelbare Verbindung mit dem von uns eben Gesagten, wenn man sich erinnert, daß Civa durch ein solches Auge wie durch den Blitz Kâma, den Dämon der Liebe, vernichtet hat, als dieser auf dem Sitz des Meru – d.h. „polarer" oder „des Weltherrn Sitz" – versucht hatte, in ihm die Begierde für seine Frau, bzw. seine çakti zu erwecken. Übrigens entspricht in den esoterischen Traditionen gleicher Herkunft dem frontalen Auge das sogenannte „Befehlszentrum" – âjñâcakra – das gleichzeitig der höchste Sitz der „transzendenten Männlichkeit" ist. Dort offenbart sich der symbolische Phallus des Civa in der Form „itara", dem die Macht, „den Strom der Zeit" zu überwinden, eignet.[209]

In einem allgemeinen Aspekt als vom Himmel gefallener Stein tritt der luziferische Stein zur blitzartigen Macht in Verbindung, kraft der Symbolik der sogenannten „Donnersteine", der Meteorsteine, von denen in vielen Überlieferungen die Rede ist und die oft den Blitz selbst verbildlichen.[210] In diesem Zusammenhang hat Guénon die Möglichkeit hervorgehoben, auch auf die Symbolik der Axt zurückzugreifen; denn die Axt ist jene Waffe, die teilt und spaltet, und deshalb versinnbildlicht sie auch den Blitz in vielen Überlieferungen, die fast immer mit der hyperboreischen Urtradition[211] und deren „heroischen" oder olympischen, auf jeden Fall aber antititanischen Trägern verknüpft sind. So wird die Axt außer Civa, dem Blitzschleuderer gegen den indischen Eros (wie erwähnt), auch dem Paraçu-Râma beigelegt; sie entspricht dem Hammer mijôlnir des Thor als symbolische Waffe, mit der diese beiden Göttergestalten tellurische, titanische oder wildkriegerische Wesenheiten treffen und niederschlagen. Die Axt ist somit gleichbedeutend jenem Blitz, mit dem der olympisch-hellenische Gott die Titanen ausrottet, und vor allem mit der vajra des Indra, des Himmels- und Kriegergottes der indo-arischen Urscharen.

Dieser letzte Zusammenhang bietet für unsere Zwecke insofern Interesse, als in dem vajra drei Bedeutungen verknüpft erscheinen: die des

Zepters, des Blitzes und des diamantenen Steines. Die Symbolik des Zepters schließt im Grunde den gleichen Bedeutungsgehalt in sich, der in der Symbolik der Lanze zum Ausdruck kommt. Es gibt eine keltische Sage, die der Gralslegende eng verwandt ist: es ist die Sage von Peronnik. Grundthemen dieser Sage sind ein Goldbecken und eine diamantene Lanze, die im Schlosse eines Riesen erobert werden müssen. Das Becken besitzt die gleichen wohltätigen Eigenschaften des Grals: „es liefert augenblicklich alle Speisen und Reichtümer, die man wünscht; wenn man aus ihm trinkt, wird man von jedem Übel gesund, und die Toten gewinnen wieder Leben." Die diamantene Lanze bietet die „schrecklichen" Züge des luziferischen Steins, des vajra, Zepter-Blitz-Kraft: sie ist die unerbittliche Lanze, la lance sans merci; glänzend wie Flamme, elle tue et brise tout ce qu'elle touche; aber gerade als solche ist sie Pfand des Sieges. Kaum berührt Peronnik diese Gegenstände, so erbebt die Erde, man hört einen furchtbaren Donnerschlag, der Palast verschwindet, und der Held befindet sich im Forst mit der Lanze und dem Becken, die er zum König der Bretagne bringt:[212] eine Abfolge von Verwandlungen, die offensichtlich den Abenteuern des Grals und des „gefährlichen Platzes" entsprechen.

Zyklische Vision, transzendente Männlichkeit, Befehlsgewalt, Axt-Blitz, Blitz-Zepter, all dies wird also durch die Mythenvergleichung auf jenen geheimnisvollen Stein zurückgeführt, aus dem der Gral entsprungen ist, auf jenen Stein, der das Diadem Luzifers geschmückt hat und den seine Scharen zurückzugewinnen trachteten; der schon im Urzustand, im „irdischen Paradies", im Besitze Adams war, aber auch ihm verlustig ging.

Mit der Überlieferung vom irdischen Paradies als dem Sitze des Grals trifft sich aber auch jene andere Tradition, die schließlich Gral und Paradies gleichsetzt. Wolfram spricht vom Gral als von „einem Gegenstand, der so hehr ist, daß es im Paradies nichts Schöneres gibt"; „Blüte allen Glückes", brachte er auf die Welt eine solche Fülle von Wohltaten, daß seine Tugenden denen gleichkamen, welche man dem Himmelreich zuspricht.[213] In der „Queste du Graal" wird erzählt, daß Galahad, als er im Palais spi rituel den Gral in seiner Vollkommenheit erschaute, von einem wundersamen Schauer ergriffen wurde. Er fleht zu Gott, ihn aus diesem Leben fortzunehmen und ihn ins Paradies eingehen zu lassen, da er jetzt restlos das

Gralsmysterium erfaßt habe.[214] Im „Perceval li Gallois" trägt die Gralsburg ohne weiteres den Namen Eden.[215] In „Diu Crône" führt die Suche Gawein in ein solches Land, „daß man es als das irdische Paradies betrachten könnte.[216] Der Veldenaer im 15. Jahrhundert berichtet, daß nach alten Quellen der „Schwanenritter Lohengrin" vom Gral gekommen sei (dat Gral), der früher das Paradies auf Erden hieß, jedoch nicht das Paradies ist, sondern ein Ort der Sünden, wohin man nach großen Abenteuern kommt und von wo man mit großen Abenteuern und Glück herauszieht.[217] Auf die eine oder andere Weise steht also der Gral mit der Wiedergewinnung des Urzustandes in Verbindung; der hier, gemäß dem hebräisch-christlich bedingten Bilde, als irdisches Paradies vorgestellt wird.[218]

Es wurde bereits die Überlieferung erwähnt, der zufolge Seth den Gral im irdischen Paradies wiedergewonnen hätte. Dies ist ein sehr interessantes Motiv. Seth ist nämlich ein Ausdruck, der sich im Hebräischen im doppelten Sinne deuten läßt, d. h. als „Tumult" bzw. „Untergang", und als „Grundlage".[219] Die erstgenannte Bedeutung führt uns auf das „Luziferische" auf das Wild-Kriegerische zurück, welches dazu bestimmt ist, vermittels der „heroischen" Wiederherstellung seine Natur zu ändern und sich zur „Grundlage" zu verwandeln, daher die zweite Bedeutung von Seth, Seth als „Grundlage" und „Pol", was in einer Wesensbeziehung zum Königsamt steht, allgemein aufgefaßt als Abbild der Funktion des „Urzentrums" auf der Erde. Auf diesem Wege gelangt man aber von selbst auf die Deutung von Wolframs geheimnisvollen lapsit exillis als lapis beryllis, d. h. „zentraler Stein", und als lapis erilis d. h. „Herrenstein".

In einigen syrischen Texten heißt es von einem Edelstein, der „Grundstein" oder „Zentrum" der Welt ist, er ruhe in den „Urtiefen neben dem Tempel Gottes verborgen" Dieser Stein tritt in Beziehung zum Leibe des Urmenschen, des Adam, und – was ebenso wichtig ist – zu einer unzugänglichen Berggegend, deren Zugang den Menschen nicht verraten werden darf, wo „Melchisedek in göttlichem und ewigem Dienst" beim Körper Adams selbst Wache hält.[220] Aber Melchisedek ist wiederum eine der hebräisch-christlichen Tradition eigene Gestaltung des höchsten, königlichen und zugleich priesterlichen Amtes des „Weltkönigs".[221] Hier wird er also eine Art Wächter beim Körper jenes „Urmenschen", Adam, welcher ursprünglich den Gral besaß, ihn aber verlor und der nicht mehr lebt; und dies steht wiederum in Verbindung mit dem Motiv von einem geheimnisvollen Stein und einem unersteiglichen Sitz.

Im übrigen hat, wie wir schon anführten, die Symbolik der „Himmelssteine" eine zentrale" Bedeutung, die immer aufscheint, wo eine bestimmte Rasse in einem bestimmten Kulturzyklus ein „polares" Amt verleiblicht oder zu verleiblichen sucht. Vom irischen Königsstein, von dem wiederholt die Rede war, gelangt man zum römischen lapis niger, zum schwarzen Stein der Kaaba, dem traditionsgeheiligten Zentrum des Islam, zum schwarzen Stein, der nach einer Legende vom „Herrn der Welt" dem Dalai-Lama übertragen wurde,[222] bis zum heiligen Stein, der in den griechischen Hymnen zugleich Altar und Haus des Zeus und darüber hinaus der „Thron in dem Mittelpunkt der Welt" ist,[223] zuletzt zum Omphalos selber, dem heiligen Stein von Delphi, dem traditionellen Zentrum von Hellas, der jedoch auch als die erste postdiluviale Gründung der Urrasse, der Rasse des Deukalion, aufgefaßt wird.[224]

Es entbehrt nicht des Interesses, folgendes hervorzuheben: dieser heilige Mittelpunktsstein, omphalos, wurde anderweitig auch betilus genannt, und der Betilus ist in gewisser Hinsicht, wie der Gral, auch Stein des Sieges. Diese Bedeutung geht schon aus Polinius hervor: Sotacus et alia due genera fecit cerauniae, nigras rubentisque, similis eas securibus, ex his quae nigrae sunt ac rotundae sacros esse, urbes per illas expugnari et classes, baetulos (betillos) vocari, quae vero longae sint cerauniae.[225] Aber der Name ist identisch mit dem hebräischen bethel, d.h. „Haus des Herrn", was die bekannte Geschichte von Jakob, vom „Sieger über die Engel", ins Gedächtnis rufen muß. Von Jakob empfing die Gegend den Namen Bethel, wo ein heiliger Stein den furchtbaren Platz anzeigt, in welchem eine Leiter den Himmel mit der Erde verbindet. „Wie furchtbar ist dieser Platz!" – sagt Jakob.[226] – „Dieser Ort ist nichts anderes als das Haus Gottes und dies ist die Pforte zum Himmel!" Doch in Jakob wird auch das „luziferische" Moment greifbar genug, das jeder Selbstverwirklichung heroischer Prägung eigen ist. Schon sein Name bedeutet „Verdränger". Er ist ein Kämpfer gegen den Engel, den er zwingt, ihn zu segnen. Ihm gelingt es „die Elohim Gesicht an Gesicht zu schauen" und „sein Leben zu retten", indem er gegen das Göttliche kämpft. Der Engel muß ihm sagen: „Ich werde dich nicht mehr Jakob nennen, sondern Israel, denn du hast mit den Elohim und den Menschen gekämpft und du hast gesiegt".[227] In dieser Beziehung wurde bereits eine merkwürdige Übereinstimmung zwischen Jakob und Parsifal hervorgehoben, der Gott zum Trotz zu seinem Ziel kommt und wie Jakob siegend seine Erwählung durchsetzt.[228] Von unserer Seite wollen wir einen noch rätselhafteren Zug hervorheben. Der Heilung erhoffende Gralskönig ist gelähmt oder am Schenkel verwundet. In der Geschichte von Jakob wird dieser ebenfalls vom Engel am Schenkel verwundet und gelähmt. „Als (Elohim) sah, daß er ihn nicht besiegen könne, berührte er ihm das Hüftgelenk, und das Gelenk der Hüfte Jakobs wurde verrenkt, während er mit ihm kämpfte".[229] Weitere Zusammenhänge eröffnen sich hier, doch wir würden zu weit geführt, wenn wir sie entwickeln und ergründen wollten. Stellen wir nur diesen Punkt fest: der Gral-Betilus hat Beziehung zum „Ur-zustand" als „Grundstein" und ist damit wie der Stein Jakobs Ausdruck für ein Prinzip, das unter dem Zeichen eines heroisch-übersinnlichen Sieges und eines „zentralen" Amtes Himmel und Erde verbindet.

Nun ist es klar, daß die Tradition, die aus Seth einen Eroberer des Grals macht, in Beziehung zu der anderen steht, die in die schon erwähnte mittelalterliche Kaisersage eingewoben ist, der zufolge Seth aus dem Paradies einen Keim der Pflanze geholt hatte, woraus als Abbild des Lebensbaumes selbst sich jener Baum entwickelt hätte, den wir schon in der Sage vom Priester Johannes, von Alexander, vom Groß-Khan usw. in mannigfachen Formen, einschließlich der des dürren Reichsbaumes, angetroffen haben. Ein solcher Baum steht im „Grand Saint Graal", in der „Queste du Graal" und in der „Morte Darthur" mit dem sogenannten „salomonischen Schiff" und der „Schwertprobe in Verbindung.[230] Es handelt sich um ein rätselhaftes Schiff, auf dem sich ein Bett, eine goldene Krone und ein Schwert „von seltsamem Wehrgehenke" befinden. Das Wehrgehenke besteht aus drei Spindeln von verschiedener Farbe – weiß die eine, grün die andre und rot die dritte – und ist von Salomon oder seiner Frau aus Ästchen eines Baumes hergestellt worden; dieser Baum stammt aus einem Keim des paradiesischen „Baumes der Mitte", und die Ästchen entsprechen drei Stadien seines Wachstums.[231] Das Schwert gehört David, dem Priesterkönig, der, wie wir sahen, sich häufig mit der Gestalt des Priesters Johannes vermengt.[232] Eine äußerst bedeutsame Einzelheit: die Hülle dieses Schwertes trägt den Namen: *Gedächtnis des Blutes* – memoire de sange. In dem erwähnten Schiff ermahnt eine Inschrift, daß nur ein einziger Ritter dieses Schwert werde schwingen können, und dieser werde alle, die ihm vorangingen und ihm folgen werden, übertreffen. Das Schiff mit all diesen Gegenständen wird ohne Mannschaft unter göttlicher Leitung aufs Meer hinausgelassen. All dies scheint uns dem Motiv der „Fragestellung" genau zu entsprechen, wie wir es später deuten werden: es verbildlicht nämlich symbolhaft das verlassene Erbe der königlichen Urtradition, das auf den vorbestimmten Helden wartet. Im „Grand Saint Graal" soll das in Frage stehende Schiff Nescien von der „isle tornoiant" aufnehmen, der Insel, die sich dauernd dreht, weil sie an den irdischen Magneten gebunden ist und sich jedem Finfluß der Elemente entzieht.[233] In der „Morte Darthur" kommt gleichfalls das Schiff vor aus den „parts of West, that man call the isle of Turnance"[234]. Hiemit gesellen sich zu den Themen der hebräischen Tradition diejenigen der keltisch-hyperboreischen, da die „kreisende Insel" dieselbe „polare" Bedeutung hat wie der Arthurhof mit seiner Tafelrunde, wie das vor Frau Saelde sich bewegende Rad, wie Avallon selbst bzw. „die gläserne Insel" oder „westliche Insel" usw.

Der Gral enthüllt also wiederum seine Bedeutung als „zentraler Stein" und daher auch als Reichsstein – lapis erilis – dank seiner sich damit ergebenden Beziehung zu den verschiedenen, schon von uns klargestellten Motiven aus der Kaisersage. Um diese Vergleichungen abzuschließen, wollen wir in Erinnerung bringen, daß Alexander, wie Seth, dem Urzentrum auf Erden nahe gekommen sein soll, dem „irdischen Paradies", aus dem er einen Stein wegtrug, der dieselben Eigenschaften hat wie der von Seth vom nämlichen Platz hergeholte Gral: er leuchtet wie die Sonne, verleiht ewige Jugend und gibt den Sieg. Er hat die Form eines Auges (Erinnerung an das Civa-Auge?) oder die eines Apfels (Hesperiden?) oder einer Kugel (Reichsapfel?).[235] Aber ebenso wie das Herrschertum Alexanders, so erscheint auch das Reich Roms auf rätselhafte Weise von der Legende mit denselben Sinnbildern gekennzeichnet worden zu sein, wie sie in der Gralssage wiederauftauchen. Als pignus imperii, Pfand für die

Unvergänglichkeit Roms, hatte nämlich Numa vom olympischen Gott einen Schild (ancile) erhalten; dieser Schild soll von einem Meteorstein, also einem „Himmelsstein", gewonnen worden sein, und zugleich habe er einer alten Schale für Ambrosia – die Nahrung der Unsterblichen – entsprochen. Der Schild wurde vom Kollegium der Salier aufbewahrt, die zugleich die Lanze – hasta – besaßen und in der Zwölfzahl waren. Nun haben wir gesehen, daß dieselbe „solare" Zahl im Orden der Tafelrunde und des Grals selbst vorherrscht; und der Himmelsstein, die überirdische Speise spendende Schale, die Lanze, all diese für die nordisch-mittelalterliche Sage bedeutsamen Gegenstände finden sich also schon als schicksalhafte „Wahrzeichen", die auf das Mysterium der Ursprünge Roms als kaiserlich-universalen Mittelpunkt hindeuten. Es ist dies eine fast *magisch* zu nennende Übereinstimmung der Bedeutungsgehalte.

Das Mysterium der Lanze und der Rache

In den traditionsgebundenen Verbildlichungen der „doppelten Gewalt" hat oft das Zepter dieselbe Bedeutung wie die Lanze: die Symbolik der Lanze und des Zepters steht häufig in Zusammenhang mit der der „Weltachse" und dadurch mit den uns bereits bekannten „polaren" und königlichen Motiven. Im Gralszyklus erscheint nun die Lanze zu seiten verschiedener Königsgestalten, und zwar in doppelter Eigenschaft: sie *verwundet und sie heilt*. Diese Doppelfunktion erfordert einige weitere Erläuterungen.

In der Sage erscheint die Gralslanze oft als blutig; entweder ist sie von Blut befleckt, oder es bricht aus ihr ein Blutstrom hervor. Von solchem Blute nährt sich in „Diu Crône" der König. In den späteren Texten nimmt das Blutmotiv einen immer größeren Raum ein, so sehr, daß es das Gefäß in den Hintergrund drängt, das es enthält und das ursprünglich die Hauptsache war. In solchen Texten wird aus dem Gral der *Sangreal* mit dem doppelten Sinn des wirklichen (realis) Blutes Christi und des Königsblutes. In den christianisierten Elementen der Sage wird die Gralslanze als die Waffe gedeutet, von der Jesus durchstochen wurde, und das Blut, das von ihr herabfließt, als das Blut der „Erlösung", Symbol also für eine Kraft der Wiedererneuerung. Diese Auslegung wird jedoch dem Umstand kaum gerecht, daß die Lanze den verletzt, der, wie Nescien, das Gralsmysterium allzusehr aus der Nähe ergründen wollte, weshalb er nicht nur verwundet wird, sondern auch erblindet. Das Augenlicht wird wiederhergestellt und die Wunde geheilt durch das aus dem Eisen der Lanze hervorquellende Blut, sobald es gelungen ist, die Lanzenspitze aus der Wunde zu ziehen. Beim Auftreten einer solchen Erscheinung sagt im „Grand Saint Graal" ein leuchtender Engel, es sei dies der Beginn der wundersamen Abenteuer, die sich in jenem Lande abspielen werden, wohin sich Joseph von Arimathia begeben wird. Durch diese Abenteuer sollen sich „die wahren Ritter von den falschen scheiden, und die irdische Ritterschaft wird himmlische Ritterschaft werden"; dann wiederholt sich das Mysterium des aus der Lanze hervortropfenden Blutes. Auch der letzte König der Dynastie Josephs wird an den beiden Schenkeln von der Lanze verwundet und nicht geheilt werden bis zur Ankunft desjenigen, der das Geheimnis des Grals enträtseln soll, da er dazu die erforderliche Befähigung hat.[236] In solchem Zusammenhang scheint das Blut der Lanze mit den Tugenden des Wiederhersteller-Helden in Verbindung zu stehen. Doch in diesem Text findet sich auch die Anspielung, daß „la lanche aventureuse" – die abenteuerliche Lanze – mit einer Wunde bestraft, die dazu bestimmt ist, an die Verwundung Jesu zu erinnern.[237] In alledem scheint sich das „Opfer"-Thema anzumelden: die Notwendigkeit einer Abtötung", das Vermögen, sich durch teilweise Zerstörung des eigenen Wesens zu behaupten; nur unter dieser Bedingung wird eine tödliche Wirkung des Gralserlebnisses vermieden. In anderen Texten kreuzt sich jedoch ein solches Motiv mit dem der *Rache*: das Blut der Lanze erinnert den Erwählten, daß er eine Rache zu vollziehen hat. Erst dann wird durch die Erfüllung des Mysteriums Friede herrschen und der kritische Zustand des Königreichs ein Ende nehmen. In dieser Fassung der Sage gewinnt die Wiederherstellung den Charakter einer Wiederbehauptung, einer siegreichen Wiederaufnahme desselben Kampfes oder derselben Tradition, die andere auf sich nahmen, aber stürzten oder verwundet wurden. Das christliche „Opfer"-Thema wird in diesem Zusammenhang in männlichem Geiste berichtigt, geht also in eine Form über, die als ursprünglicher zu erachten ist. Bei Vaucher steckt das Eisen der Lanze im Leichnam eines Ritters, und wer es herauszieht, der muß ihn rächen. Und der Rächer ist der Wiederhersteller. Von einem Blut aus den geheimnisvollen Merkmalen – Blut der Erlösung, des Opfers oder der Rache – geht man auf alle Fälle zum Blut als *Königsblut* über, und die Lanze führt am Ende zum „triumphalen Frieden". Die sonnenhafte Grundader der hier betrachteten Tradition taucht durch das Labyrinth der Symbolik immer wieder auf.[238]

Das Thema „la pes sera par ceste lance" (der Friede wird aus dieser Lanze kommen) findet sich schon in der keltischen Sage von Peredur ab Evrawc zusammen mit dem der Rache, und auf diesem Wege hat es wahrscheinlich seinen Einfluß auf die Gralsgeschichten ausgeübt. Wie Parsifal wird der Held Peredur verflucht, weil er „nicht die Frage gestellt hat", das bedeutet hier, weil er sich nicht nach „der großen Schüssel erkundigt, in der ein menschliches Haupt in seinem Blute schwimmt". In einigen Wendungen derselben Sage wird das Schloß, in dem sich diese Gegenstände befinden, zum Ebenbild eines anderen Schlosses, dessen Herr ein schon ergrauter, lahmer König ist. Peredur erklärt: „Bei meiner Treue will ich keinen ruhigen Schlaf finden, bis ich die Geschichte der Lanze weiß", und die Erklärung, mit der die Sage schließt, ist folgende: übernatürliche amazonenhafte Weiber aus Kaerlayw hatten einen König verwundet – dem entspricht der graue lahme Ritter – und seinen Sohn getötet – dem entspricht das abgeschnittene Haupt. Peredur wendet sich bezeichnenderweise an König Arthur und vollbringt gemeinsam mit ihm die Rache, indem er die überirdischen Weiber ausrottet, womit der lahme König seine Gesundheit wiedergewinnt nebst Reich und Frieden.[239] Der scharfsinnige Leser wird leicht verstehen, worauf hier angespielt wird – was die Wunde betrifft, die der König von den Frauen bezogen hat, kann er auf das zurückgreifen, was wir von einer doppelten Perspektive der Auslegung über die Verletzung des Amfortas sagten. Hier ist der Umstand besonders interessant, daß die übernatürlichen Frauen in Peredur den wiedererkennen, „der in ihrer Schule gewesen war, um Ritterschaft zu lernen, aber der sie schicksalhaft erschlagen sollte".[240] Hier tritt der Aspekt in Erscheinung, demzufolge der „heroische" Typus immer der Überwinder der „Frau" ist. Die Amazone ist symbolisch nichts weiter als das weibliche Prinzip, wenn es rechtswidrig die männliche Vorherrschaft für sich in Anspruch nimmt;[241] und wenn der „Held" bei der „Frau" gelernt hat, muß er doch in ihr jene Züge zerstören, die auf die vorangehende Dynastie verderblich gewirkt haben. In zweiter Hinsicht knüpft sich die Eigenschaft, aus der heraus die Rache und die Mission Peredurs im allgemeinen möglich wird, an jene Schwertprobe, auf die wir noch wiederholt zurückkommen werden.

In der Burg des Alten hatte Peredur in der Tat sein Schwert zerspellt, indem er auf einen Eisenpflock einhieb; er erweist sich jedoch dabei fähig, die abgesplitterten Stücke sofort wieder zusammenzufügen. Dies geschieht zweimal. Bei der dritten Probe bleibt aber der Degen zerbrochen, und der alte König sagt zu Peredur: „Du besitzest nur zwei Drittel deiner Kraft; es bleibt dir das letzte Drittel zu gewinnen. Wenn du sie ganz hast, so wird niemand imstande sein, mit dir zu kämpfen."[242] Im Gewebe der Sage scheint dieser Mangel der Grund zu sein, warum Peredur nicht „die Frage stellt" und demzufolge auch nicht die Rachepflicht erfaßt. Es geht um drei Grade einer Erprobung, deren Sinn in dieser Formel ausgedrückt werden könnte: „Geschlagen steht ich wieder auf." Es soll damit die Fähigkeit gemeint sein, eine Energie aufs neue zu bekräftigen, nachdem sie – wenn man will, im Sinne eines „Opfers" (Anschluß an das erwähnte christianisierte Motiv!) –, sei es in einer ersten Phase oder in einer stofflichen Elementarform, zerbrochen wurde. Was nun die Rache betrifft, so bildet sie ein Thema, das wahrscheinlich mit irgendwelcher geschichtlichen Gegebenheit in Beziehung steht, die von der Sage absorbiert wurde; der Verwundung des Königs entspricht immer eine Übertretung seitens der Mächte oder Strömungen, die sich sein Amt angemaßt haben bzw. anzumaßen suchten. Die vollständige Form der Sage folgt dann diesem Schema: das aus der Lanze strömende Blut fordert Rache; das Schwert zusammenzufügen ist die erste Aufgabe; sie führt zum „Stellen der Frage", und daraus ergibt sich schließlich Rache und Wiederherstellung. Dann wird die Lanze zum lichten Friedenssymbol.

Die Grundthemen der altkeltischen Sage von Peredur entsprechen genau denen der Parsifalsage,[243] die damit wieder auf Elemente nichtchristlichen Ursprungs und Geistes zurückweist. Eine letzte diesbezügliche Entsprechung findet sich in der „Destruction of Dà Dargas Hostel" und dem „Musca Ullad“, altirischen Legenden, wo unter anderem gleicherweise eine mächtige, todbringende Lanze vorkommt, zusammen mit einem Gefäß, das Blut, gemischt mit einem giftigen, flammenden Stoff, enthält. Kaum daß die Lanze in diesen Behälter eingetaucht wird, so verlöscht sie die Flammen.[244] Bei Wolfram verdankt Amfortas die Qual seiner Wunde und ihre Unheilbarkeit einem brennenden Gift, von dem das Eisen der Lanze überzogen war – und dabei heißt es: „Gott hat seine wundersame und schreckliche Macht kundgetan.[245]“ Dies entspricht der blutigen, giftigen und brennenden Flüssigkeit, von der in der erwähnten altkeltischen Sage die Rede ist. Der Lanze eignet, in Auswirkung ihrer positiven Kraft (Zepter-Aspekt), das Vermögen, die Flammensubstanz zu löschen und zu „erlösen“. Wir möchten darin denselben Vorgang erblicken, wie Herakles als olympischer Heros zum Befreier des titanischen Heros Prometheus wird, der von einem symbolischen Tier verzehrt wird, welches nur eine Verbildlichung des Feuers ist, dessen er sich bemächtigen wollte. Dann verschwinden die Finsternis und die Tragik; die „Erinnerung des Blutes“, die als Scheide des Schwertes gilt, erwacht wieder, das Mysterium des „Königsblutes“ ist vollbracht.

Der „schmerzhafte Schlag“

Wir kommen jetzt den verschiedenen Formen näher, die das Motiv des gestürzten Königs annimmt, abgesehen von der schon behandelten, sich auf Amfortas beziehenden Variante.

Im „Grand Saint Graal“ und in der „Queste du Graal“ hat der König seine Wunden im Kampfe mit einem den Christen feindlichen König davongetragen, dem König Crudel. Diese Wunde bemerkt er nicht eher als im Augenblick, wo er das Gesicht verliert, weil er sich zu nahe an den Gral herangewagt hat.[246] Wir könnten die Sage in dem Sinne auslegen, daß die verfehlte Verwirklichung des Grals zum Bewußtsein einer Unterlegenheit führt; ohne es zu wissen, wurde man im Augenblick des Kampfes und vielleicht sogar des Sieges gegen die Vertreter von nichtchristlichen Überlieferungen „verwundet“.

In denselben Texten steht jedoch die Verwundung in Beziehung mit der Probe jenes Schwertes, das mit der goldenen Krone in Salomos Schiff aufbewahrt wird. Das Schwert ist manchmal halb entblößt, seine Scheide trägt – wie erwähnt – den Namen „Blutgedächtnis" und nach der „Morte Darthur" ist sie zum Teil aus dem „Baum des Lebens" verfertigt.[247] Wir wissen schon, daß dieses Schwert auf den Vorbestimmten wartet: eine Inschrift warnt, wer dieses Schwert in Gebrauch nehme, werde es im Augenblick der Not unbrauchbar finden. Nescien schwingt es gegen einen Riesen, doch es zersplittert. Das Schwert wird von Mordrein wieder zusammengeschmiedet, aber Nescien verwendet ein anderes glühendes, von unsichtbarer Hand geführtes Schwert zur Strafe, daß er das Schwert „az estranges renges" aus der Scheide gezogen hat.[248] In der „Queste du Graal" und der „Morte Darthur" wird Nescien erklärt, daß der Bruch der Klinge durch seine Sünden verursacht worden sei, und im „Grand St. Graal" wird Nescien von einem Priester geheilt, der trockenen Fußes über das Meer geht, gewissermaßen zur Versinnbildlichung der Befähigung, die Nescien hatte beweisen sollen, um berechtigterweise das Schwert ergreifen zu dürfen.[249] Auch Pelles zieht zur Hälfte das Schwert aus der Scheide, aber sofort wird er am Schenkel von einer Lanze verletzt, und die Wunde heilt nicht eher, als bis Galahad, der Vorausbestimmte, eintrifft.[250]

An diese Erzählung knüpft sich zuweilen das *Motiv des Glaubens*. Als Nescien glaubt, daß das Schiff mit Schwert und Krone eine bloße Vorspiegelung sei, birst das Schiff entzwei und er wird ins Meer geschleudert.[251] Es sei daran erinnert, daß in einem Text der „gefährliche Platz" des Erwählten den Ritter Moses gerade wegen seines mangelhaften Glaubens verschlingt. Die Waffe kann nicht gegen den Riesen geschwungen werden, ohne zu zersplittern, bevor derjenige, der sie packt, sich durch eine Fähigkeit vervollkommnet, die vom Elementaren, Wilden und Titanischen (der Riese) wesensverschieden ist, und bevor sich sein übernatürlicher Glaube unerschütterlich gefestigt hat.

Die Geschichte des Schwertes verbindet sich fast immer mit dem Motiv des „schmerzhaften Schlages" – the dolorous stroke. Hier folgt die Fassung der „Queste du Graal":[252] Dieses Schwert wurde im Reich von Logres (alter Name für Britannien) von Labran ergriffen, um verräterischerweise den König Urban zu morden; von diesem Augenblick wurde das Reich von Logres von einer Seuche verheert und Labran fiel im Augenblick, wo er das Schwert auf dem Schiffe Salomos wieder in die Scheide stecken wollte, tot hin. Es wird berichtet, daß seither das Schwert nicht angefaßt oder aus seiner Scheide gezogen werden kann, ohne daß man dabei verwundet oder getötet wird.

Reichere Entwicklungen dieses Themas finden sich in der „Morte Darthur". Der in Frage stehende Ritter ist hier Sir Balin le Savage, auch „Ritter von den zwei Schwertern" genannt, und er ist es, der den „schmerzhaften Schlag" führte. Das Schwert hat hier Beziehung zu Avallon; es ist ein Ebenbild von König Arthurs Schwert: es wird von einem Mädchen dargereicht, das die große Dame Lile of Avelion geschickt hat, und es kann nur von einem Ritter „without villany or treachery and without treason" gezogen werden. Sir Balin besteht diese Probe, will aber das Schwert nicht der Herrin zurückerstatten, worauf ihm vorausgesagt wird, daß die Waffe Anlaß seines eigenen Untergangs sein wird. Ballin kommt in die Lage, gegen König Pellan zu kämpfen: das Schwert zerspellt, und auf der Suche nach einer anderen Waffe findet Balin auf einem Goldtisch eine wundersame Lanze, womit er Pellan verwundet; Pellan bricht ohnmächtig zusammen und wird nicht eher heilen, „bis Galahad, der hohe Fürst, kommt, ihn durch die Suche nach dem Sangreal zu heilen". Nahe dem Goldtisch liegt der greise Joseph von Arimathia selbst auf einem Ruhebett. Dies ist die Geschichte vom schmerzhaften Schlag, der das Reich von Logres fast zerstört und eine Art immanente Rache auslöst. Balin endet in der Tat im Gefecht mit seinem eigenen Bruder Balan, ohne ihn zu erkennen, und die beiden töten sich gegenseitig.[253] In alldem sind die Züge einer Entfesselung wilder Gewalten (Balin le Savage) erkennbar, die im Rahmen eines verfallenen Königtums (die Anwesenheit des alten Josephs) nicht im Sinne einer Wiederherstellung, sondern eher als Usurpation wirksam sind. Oder es handelt sich dabei – was ungefähr dasselbe ist – um eine usurpierte Kraft, die nur zu einem brudermörderischen Kampf führen kann. Die Tat, die Balin dadurch vollbringt, daß er den Pellan aus der Dynastie Josephs schlägt, also den Vertreter einer Gewalt, die der schwertverliehenen Gewalt gleichkommt, hat denselben Sinn wie der Kampf Balins gegen seinen Bruder

Balan. Nach solchen Ereignissen bleibt kein Ritter außer Galahad, der das „Schwert" aus einem auf den Wassern schwimmenden Felsblock, d.h. aus einer übernatürlichen, unstofflichen Festigkeit, herausziehen könnte.[254]

Bei Gautier gehört das Schwert einem Ritter, der von unbekannter Hand ermordet wurde. Gawein zieht dessen Rüstung an, d.h. er nimmt seine Form an, hebt sein Schwert auf und führt es mit sich zur Gralsburg; der König dieser Burg ergreift das Schwert, sieht, daß es zerbrochen ist und daß die andere Hälfte im Leichnam eines Ritters steckt, der auf einer Bahre liegt. Er fordert Gawein auf, die beiden Stücke zusammenzuschmieden, aber diesem gelingt es nicht, worauf der König ihm sagt, Gawein sei noch nicht der Aufgabe gewachsen, zu deren Erfüllung er hierher gekommen war. Gawein schickt sich an, „die Frage zu stellen", und bekommt einige einleitende Erklärungen; er erfährt, daß die günstigen Wirkungen der Lanze durch den „schmerzhaften Schlag" aufgehoben wurden, der das Reich von Logres ins Elend gestürzt hat; aber kaum beginnt der König von dem Geheimnis des Schwertes zu sprechen, so verfällt Gawein in tiefen Schlaf. Der König hatte übrigens schon angekündigt, daß ihm auch ein solches Geheimnis nicht mitgeteilt werden könnte, weil er das Schwert nicht zusammenzuschweißen vermocht hatte.[255] Hier erweist sich das Thema vom zersplitterten Schwert in seiner bezeichnendsten Ausprägung. Der eine Teil des Schwertes gehört dem erschlagenen Helden, dessen Aufgabe Gawein durch das symbolische Anziehen seiner Rüstung sich zu eigen macht, der andere Teil bezieht sich auf den toten König und damit auf die Aufgabe, das Regnum wiederherzustellen und die unterbrochene Traditionsreihe wieder anzuknüpfen. Die Zusammenfügung beider Teile hat den Sinn einer die Wiedererneuerung bedingenden Synthese, als deren sinnbildliche Darstellung die Wiedererweckung des Urkönigs durch den Helden erscheint. Aber Gawein versagt, wenigstens in einer ersten Phase; er vermag nicht, sein Bewußtsein bis zur Höhe des Schwertmysteriums zu steigern. Er schläft ein.

Der „Schlaf", dessentwegen Gawein seiner Aufgabe nicht genügt, wird in einer anderen Wendung der Sage zum Grund der schicksalhaften Verletzung selber – was wieder interessant ist. Allain läßt auf der Terre Foreine inmitten eines überschäumenden Stromes ein prachtvolles Schloß für den Gral errichten, namens Corbenic, das mit dem Gral selbst gleichgestellt wird, da dem betreffenden Text zufolge Corbenic im Chaldäischen die Bedeutung von „heiligstes Gefäß – seintisme vaisiaus" – haben soll. Corbenic ist die Burg des „ewigen Wachens" und der Probe des Schlafes. Keiner darf dort einschlafen. Als der König Alfasem dort einschlafen will, durchbohrt ihm ein Flammenmann mit einer Lanze beide Schenkel, eine Wunde, die zum Tode führt. Corbenic ist das „palais aventureus – die abenteuerliche Burg" und jeder Ritter, der dort einschlief, wurde am anderen Morgen tot aufgefunden[256]. Ein gleiches Thema kommt in „Diu Crône" vor. Zum Unterschied von seinen Gefährten trinkt Gawein, obwohl aufgefordert, nicht, und diese symbolische Enthaltung bewirkt, daß er nicht wie die anderen einschläft, sondern „die Frage stellen" kann; „ohne dies wäre alles unnütz gewesen, was er getan hatte und was er noch hätte tun können".[257] Wie der „Schlaf" ein wohlbekanntes Symbol ist, so ist es auch der „Erwachte" und der „Schlaflose". Den Schlaf überwinden hat in allen initiatischen Traditionen die Bedeutung der Teilnahme an einem höheren Bewußtsein, das die Spaltung zwischen dem gewöhnlichen Individualbewußtsein und dem Unterbewußtsein überwindet. Und diese Spaltung, die das gewöhnliche Dasein bestimmt, entspricht auch einer der Bedeutungen der Symbolik des gebrochenen Schwertes selbst. Eine Spielart des Themas von der Machtanmaßung in gewisser Verbindung mit dem Amfortasthema findet sich in der sogenannten „Elucidation". Das Reich von Logres ist verwüstet und unfruchtbar, weil König Amagon die „Quelljungfrauen" vergewaltigt und ihnen den goldenen Becher geraubt hat. Seit damals ist der Hof des „Fischerkönigs", das ist der Gralskönig, dem das Land seine Blüte verdankte, verschwunden, und das Reich bleibt für mehr als tausend Jahre wüst: bis zur Zeit König Arthurs die Sache Gawein zu Gehör kommt und er sich auf die Suche nach dem Gralshof und dem Gralskönig macht.[258] Bei Wolfram erscheint Klinschor ebenso als ein Vergewaltiger von Frauen, und diese seine Eigenschaft, in der Allegorie eines Ehebruches vorgestellt, wird zur Ursache seiner Entmannung und davon, daß er sich demzufolge der schwarzen Magie ergibt, d.h. einem „titanischen" Ersatz für die echte übernatürliche Macht.[259] Klinschor haust auf einer Burg, wo er mit derartigen dunklen Künsten „Frauen" anzieht und einkerkert, darunter sogar

Arthurs „Mutter". In dieser Burg vollzieht sich die entscheidende, schon erwähnte Erprobung, derzufolge Gawein schließlich Orgeluse besitzt, das Weib, das den Untergang des Amfortas und des Gralsreiches verursacht hatte. Die Bedeutung von all dem ist auf Grund der schon angezeigten Deutung greifbar genug. Der Leser wird bemerken, wie die entlegensten Motive dieser Erzählungen sich zu einem Gesamtbild zusammenschließen, in dessen Mittelpunkt ein einziger Grundgedanke steht.

Im Text des Manassier ist das Schwert die Waffe, mit welcher der Bruder des Gralskönigs verräterischerweise gemordet wurde und die dabei zerspellte. Der Ermordete ist kein anderer als der auf der Bahre in der Gralsburg liegende Leichnam. Die Splitter des Schwertes wurden aufbewahrt; mit ihnen bringt sich aber der folgende Gralskönig unachtsam eine Verwundung bei, die ihn unfähig macht: der Gebrauch der verletzten, nicht wiederhergestellten Kraft wirkt ihrerseits verhängnisvoll. Im Vordergrund steht hier das Motiv der Rache. Das Schwert soll zusammengeschmiedet werden; wer dazu fähig ist, soll den Gemordeten rächen, indem er gegen Partinial, den Herrn des „roten Turmes", zieht. Nach manchen Abenteuern, die initiatische Prüfungen symbolisieren, erschlägt Parsifal Partinial, dessen Rolle hier dem Riesen entspricht, gegen den die nicht dazu berufenen Helden Davids Schwert zerspellten. Dank dieser Tat erhebt sich der Gralskönig genesen.[260]

Der Verletzung oder Verwundung durch das in Stücke gegangene Schwert entspricht im Text von Gerbert de Mostreuil das Motiv einer Scharte, die im wieder geschweißten Degen zurückbleibt und die Parsifal neue Abenteuer auferlegt, in deren Verlauf das Rachethema wiederkehrt; Parsifal selbst heilt und rächt seinen ersten Lehrer Gurnemant, den er tödlich verwundet aufgefunden hatte. An zweiter Stelle findet sich folgende wichtige Episode: Vor dem Hof König Arthurs, wohin Parsifal zurückkehrt, erscheint ein von einem Schwan gezogener Kahn mit einem Sarge, den niemand öffnen kann. Parsifal öffnet ihn und findet einen toten Ritter, den er rächen soll. Nachdem er sich dazu entschlossen hat, erlebt er unter anderem folgendes Abenteuer. Parsifal öffnet ein Grab, in dem ein lebender Mensch eingeschlossen ist. Der sucht Parsifal in das nämliche Grab hineinzustoßen. Parsifal gelingt es aber, ihn zurückzujagen. Danach erreicht

Parsifal das schicksalhafte Schloß, wo er endgültig und vollständig das Schwert zusammenschweißt.[261]

Dieselbe Episode kommt bei Gautier vor, wo es dem Ritter, der im Grab um Hilfe rief, einen Augenblick gelingt, Parsifal darin einzuschließen und sein Pferd zu rauben.[262] In einem dieser Texte wird der Ritter im Grab als der Böse gedeutet. Sehr bedeutsam ist in dieser Episode die Erscheinung des Schwans, weil der Schwan in engster Weise an die hyperboreische Überlieferung und an Apollo selbst gebunden ist, den hyperboreischen Gott der Urzeit, d. h. des goldenen Zeitalters. Der Gedanke ist naheliegend, daß die vom Schwan gezogene Bahre (ein Schwan wird auch Lohengrin aus dem Gralsland holen) Sinnbild ist für die stumme Aufforderung, ein totes, verfallenes hyperboreisches Erbe wiederauferstehen zu lassen. Es besteht jedoch die Gefahr, daß der Held schließlich selber diesem Tod oder Schlaf verfällt. Dies ist die Bedeutung des dämonischen Versuchs, Parsifal, den Vorbestimmten, in demselben Grab, aus dem ein Lebendiger (das unvergängliche Element jener Tradition) um Hilfe rief, einzuschließen.

Diese Bedeutung wird vervollständigt durch die Erzählungen aus „Diu Crône". Hier ist der Gralskönig alt und anscheinend krank. Als Gawein, der nicht wie seine Gesellen in Schlaf verfällt, „die Frage stellt", schreit der König vor Freuden auf und gibt folgende Erklärung: er war mit den Seinen schon seit langen Zeiten tot, obwohl er lebend schien – „ich bin tôt, sowie ich nicht tôt schîn – iunde das gesinde mîn – daz ist ouch tôt mit mir" – und er war dazu verurteilt, diesen Schein von Leben in äußerster Not zu bewahren, solange die Gralsuche nicht vollbracht war. Die Erfüllung tritt mit Gawein ein, und der alte König übergibt an ihn das Schwert, das ihn stets siegreich machen wird; dann verschwindet er mit all den Seinen und mit dem Gral selbst, womit offenbar zum Ausdruck kommt, daß er der wahrhaft lebenden und wiederhergestellten Herrschaft Platz macht.[263] In anderen Texten ist das Ziel der Frage das gleiche. Sie hat die Macht, den König zu heilen und ihm zugleich die Möglichkeit des Sterbens zu gewähren, das ihm nur auf künstliche Weise vorenthalten wurde: „et quant il sera garis, si via dedanz li iii jorz, de la vie à mort, et baillera à celui chevalier le vesseau et li aprendar les segriotes paroles, que li aprit Joseph".[264] Wenn auch bei Wolfram der „wunde König genest", so gibt er doch den Thron auf, der an Parsifal übergeht. Dies ist der Kern der Sage: eine Übertragung der Herrschaft. Eine alte herabgekommene Dynastie wird von ihrem künstlich verlängerten Leben befreit; sie endet an dem Punkt, an dem eine neue Dynastie, ein neuer Zyklus – der „heroische" Zyklus – sich fähig erweist, das Amt zu übernehmen, indem ihre Vertreter nach dem Schwerte greifen oder es wieder instand setzen, die Rache vollziehen und das wieder aufrichten, was gefallen war. Eine Ablösung, die bei Gewalttätigkeit und mangelhafter Eignung im Sinne einer Usurpation oder eines brudermörderischen Kampfes erfolgt – dies ist der Sinn der Geschichte vom „schmerzhaften Schlag", wie wir sie aus der „Morte Darthur" zusammengefaßt haben und wie sie sich in den verschiedenen anderen, mehr oder weniger verworrenen und verwickelten Fassungen der Sage vorfindet.

Bei Wolfram von Eschenbach lebt dem wunden König zur Seite ein wundersamer, auf einem Bette liegender Greis. Es ist Titurel, dem als erstem das Gralsbanner anvertraut wurde. Der Gral – also wohl das Amt, dessen Vertreter er immer noch ist – hält ihn am Leben, aber er ist „von der Gicht geschlagen wie von einer Paralyse, gegen die es kein Mittel gibt".[265] Die verfallenen Könige der anderen Texte genießen oft ein unnatürlich verlängertes Leben von tausend Jahren, von vierhundert, ein anderer von dreihundert.[266] Sie können nicht sterben, bevor der Vorbestimmte eintrifft. Es soll damit zum Ausdruck kommen, daß sich das Regnum in dieser Zwischenzeit selbst überlebt und ein bloß formales Dasein führt. Der Auftrag, dessen Träger der verwundete oder gelähmte oder erblindete Herrscher ist, bleibt in latentem Zustand bis zum Erscheinen des Wiederherstellers.

Eine weitere interessante Anspielung bei Wolfram: die vergiftete und brennende Wunde des Amfortas wirkt besonders schmerzhaft unter dem Zeichen des *Saturnus*, d. h. des Kronos.[267] Saturnus-Kronos ist in der Tat der auf dem hyperboreischen Sitz schlafende König des Urzeitalters, welcher nach manchen Texten beim Heraufkommen eines neuen Zyklus seiner Mannheit beraubt wurde. Aus dem schon Gesagten geht ohne weiteres hervor, daß gerade unter dem Zeichen des Kronos die Wunde des Amfortas aufbricht und sich verschlimmert, also in Auswirkung des Prinzips, dessen Symbol Kronos ist. Übrigens sagt Wolfram,[268] daß solche Leiden sich auch unter dem Zeichen des Jupiter und des Mars verschärfen,

Gottheiten, die das olympische Königtum und das kriegerische Prinzip verkörpern.

Als Spielart des eben besprochenen Themas möge schließlich noch ein anderes angeführt werden, demzufolge der König noch nicht krank und sein Reich noch nicht verwüstet ist. Aber all dies ereignete sich aus dem Grunde, daß dreimal der Gral zusammen mit der Lanze erschienen war, ohne daß die Frage nach seinem Zweck gestellt worden wäre. Eine solche Gleichgültigkeit, eine solche Verständnislosigkeit haben einst ein „großes Unglück" hervorgerufen, und dies ist der Grund, warum der Arthurhof seinen alten Glanz verloren hat und alle Kriege sich auf Erden entfesseln.[269] Der Rahmen dieser Fassung der Sage hat ein wenig die dramatische Stimmung einer „Götterdämmerung". Als Parsifal hinkommt, ist der „Fischerkönig" bereits gestorben, sein Gegner, der König vom Todesschloß (Chastel Mortel) hat sich des Grals sowie der Lanze und des Schwertes bemächtigt. Parsifal erobert diese Gegenstände zurück und zwingt den feindlichen König, sich zu töten, aber er gründet keine neue Gralsdynastie, sondern zieht sich mit seinen Gefährten zu asketischem Leben zurück. Eine göttliche Stimme kündigt ihm an, der Gral werde sich nicht mehr kundtun außer an einem geheimnisvollen Ort, der mitgeteilt werden wird und zu dem Parsifal und seine Gesellen aufbrechen, um nie wieder zurückzukehren.[270] Wir werden sehen, daß dies auch den Widerschein bestimmter historischer Zusammenhänge bedeuten kann.

Der „Fischerkönig"

Eine ziemlich rätselhafte Symbolik heftet sich an den Titel des „Fischerkönigs" oder des „reichen Fischers", den der Gralskönig, angefangen von Joseph von Arimathia selber, trägt. Derselbe Symbolgehalt spiegelt sich in der Verwandlung des wunden Gralskönigs in eine andere Gestalt, auf die der erwartete Held trifft und die eben die Züge eines Fischers annimmt.

Äußerlich ist eine solche Symbolik wahrscheinlich zwei Quellen entflossen, einer christlichen und einer keltischen. Wohl weiß man vom wunderbaren Fischzug als Thema in den Evangelien. Die Vervielfältigung der Fische ist gleichbedeutend mit der unerschöpflichen Nahrung, die der Gral auf übernatürliche Weise spendet. Diese Auslegung scheint vor allem auf die Sage anwendbar, wie sie sich im „Grand Saint Graal" findet, wo alle Ritter, die nicht vom Gral gespeist werden, von einem Fisch essen, der von Alain gefangen worden ist; Alain empfing deshalb den Namen li riche pescheour (reicher Fischer), ein Titel, der sich auf die Gralsdynastie übertrug.[271] In Robert de Boron wird hinzugefügt, wer das Gefäß mit seinem wahren Namen nenne, werde „der reiche Fischer" heißen, wegen des Fisches, der gefangen wurde, als das Gralsmysterium seinen Ursprung nahm.[272] Hier scheint jedoch eine Unterscheidung zu bestehen: obwohl die Wirkungen des Grals und des Fisches gleichwertig sind, so erscheint der Fisch als eine Art Ergänzung zum Gral, er ergänzt dessen Wirksamkeit bei einer bestimmten Gruppe von Rittern, die dieser nicht „genährt" hat.[273]

Was die keltischen Quellen anbelangt, so kennt die keltische Überlieferung vor allem einen „Fisch der Weisheit" – salmon of wisdom –, der die Hände verbrennt, aber, zum Munde geführt, alles Wissen verleiht:[274] eine ziemlich durchscheinende Symbolik! Zweitens spielt der Fisch eine Rolle bei der legendären Fortpflanzung der Urtradition in Irland. Der „Leadhar na huidhe" berichtet: als die Urrasse des Partholan erlosch, die Irland erobert hatte, war nur ein Mann überlebend, Tuan, der dann der Reihe nach die Form einiger symbolischer Tiere annahm, um die Erinnerung an das erste Geschlecht aufrechtzuerhalten. Zur Zeit der Tuatha dé Danann nahm Tuan die Gestalt eines Adlers oder Falken an. Aus dieser Form ging er zur Zeit der Machtergreifung durch die Milhead-Rasse in die des Fisches über. Von einer Prinzessin gefangen und verzehrt, wird Tuan in menschlicher Gestalt als ihr Sohn und als Prophet wiedergeboren.[275] Die Vorstellung des Gralskönigs als Fischer steht vielleicht in Verbindung zur dunklen Idee einer Wiederaufnahme der dem Stamm Partholans eigentümlichen Tradition, aufgefaßt als ein „Speisungsmysterium", gleich dem des Grals oder das Gralsgeheimnis ergänzend.

Bezüglich der Zusammenhänge mit dem von uns schon eingangs behandelten Gesamtzyklus der Kaisersage wollen wir nur daran erinnern, daß die Gralsdynastie oder ihre Traditon häufig auf Salomon zurückgeführt wird. Arabische Legenden, die im europäischen Mittelalter durch spanische Übertragungen Gemeingut geworden waren, bieten nun das Thema vom Fisch in Zusammenhang mit einer Suche, die im Grunde der Suche nach dem Gral als Königsstein oder Machtstein gleich ist. Es geht dabei um einen Ring mit einem Edelstein, der beschrieben wird als „ein Feuer, das Himmel und Erde erfüllt": Sinnbild der höchsten Gewalt. Salomon, der diesen Ring verloren hat, geht zugrunde. Der Ring wurde ins Meer geworfen, der fischende Salomon findet ihn in einem *Fisch* wieder und gewinnt so die sichtbare und unsichtbare Herrschaft (über Menschen, Tiere und Dämonen)[276] zurück. Dieser salomonische Ring ist seinerseits ein Ebenbild des Steines, den Alexander der Große in einem ungeheuren Fisch gefunden haben soll und der, wie der vom Fischerkönig getragene Gral, in symbolischer Leuchtkraft strahlt und als ein großes Licht in der Nacht wirkt.[277]

Ein weiterer Aspekt der Fischersymbolik ist dem Evangelienvers zu entnehmen: „Ich will euch zu Menschenfischern machen." Aus dieser Symbolik heraus wird Petrus selbst zum Apostelfischer, Petrus, der dann als Gründer der Kirche, also des Mittelpunktes der neuen Religion und der apostolischen Überlieferung, das Symbol des „Grundsteins" verleiblicht. Hier mag übrigens auch an den „Fisherring", der eines der Wahrzeichen des Papstes ist, erinnert werden. Eine Erklärung bei Chréstien de Troyes lautet, daß der Gralskönig wegen seiner Verwundung keine andere Beschäftigung und Freude hat, als zu fischen.[278] In diesem Falle erscheint der Gralskönig im Bewußtsein seiner Ohnmacht als „Menschenfischer" nach dem Erwählten, dem Helden. Als bezeichnende Einzelheit im „Perceval li Gallois" ist der Angelhaken, mit dem er fischt, aus *Gold*[279], und sowohl in diesem Text als auch bei Wolfram ist es der Fischer, der Parsifal den Weg zur Gralsburg zeigt, um dann in der Gestalt des Königs wieder zu erscheinen. Aber „es ist auch gesagt, daß das, was er fischt, nicht für seinen Bedarf ausreicht, wenn ihn die Schmerzen quälen.[280]

Es liegt noch ein tieferer Sinn in diesen Symbolen, wenn wir uns mit übertraditionellen Vergleichungen behelfen wollen. Guénon hat richtig hervorgehoben, daß viele Belege die Annahme nordischer, ja sogar hyperboreischer Herkunft der Fischsymbolik nahelegen: „Ihre Spuren wurden in Skandinavien wie auch in Schottland[281] gefunden und in diesen Gegenden ist man wahrscheinlich näher am Ausgangspunkt dieser Symbolik als in Mittelasien, wohin sie unzweifelhaft von der großen, sich aus der Urüberlieferung herleitenden Strömung gebracht wurde, aus welcher dann die Traditionen Indiens und Persiens entstehen sollten." Es gibt aber noch eine andere Tatsache, die diese Annahmen stützt: wenn wir gerade die indische Tradition prüfen, bemerken wir nämlich, daß „die Erscheinungsform als Fisch – matsya-avatara – als die erste aller Inkarnationen Vishnus betrachtet wird, als diejenige, die, am Anfang des gegenwärtigen Zyklus stehend, mit dem Ausgangspunkt der Urtradition zusammenhängt." Als „Fisch" leitet Vishnu die Arche, welche die Keime der künftigen Welt enthält, über die Gewässer, und nach der Sintflut offenbart er die Veden – die Veden, durch die Wurzel vid = wissen bezeichnen das Wissen in vorzüglichem Sinne. Auf ähnliche Weise erteilt der chaldäische Oannes ebenso in Form eines Fisches den Menschen die Urlehre.[282] Von diesem Gesichtspunkt aus erscheinen die oben behandelten keltischen und christlichen Bestandteile der Fischsymbolik als Bruchstücke einer wohl viel umfassenderen Anschauung, die in besonderer Weise auch das in Frage stehende Thema der Gralslegende beleuchtet. Der Fischerkönig ist der dem Untergang geweihte Herrscher auf der Suche nach der verlorengegangenen Urtradition, dem hyperboreischen Erbgut: eine Suche, die erst mit der Ankunft des Helden abgeschlossen sein wird, der den Gral kennt und aufnimmt. Seiner Sendung deutlich bewußt, wird der Held jene Wirkungen des Grals auslösen, die sich – wie wir gesehen haben – mit den Wirkungen des „Fisches" ergänzen und fast verschmelzen.

Der Sitz des Grals

Es wurde hervorgehoben, daß unter den Orten, an denen sich die Gralsproben abspielen, besonders die „Insel", der „Berg" und die „Burg" genannt werden. Wir haben auch erwähnt, daß die Reise nach diesen Orten wesentlich sub specie interioritatis – unter dem Blick der Innenschau, also symbolisch – zu betrachten ist. Unter diesem Gesichtspunkt entspricht sie der allgemeinen Initiations-Symbolik, wenn auch gewisse Einzelheiten spezifisch auf die Tradition von Avallon und der „weißen Insel" hindeuten. Gerade vom Land der Hyperboreer hatte Pindar gesagt, daß man dahin weder zu Land noch zu Wasser komme, und es nur den Heroen wie Herakles gegeben sei, dorthin den Weg zu finden. Die fernöstliche Tradition läßt die Insel im äußersten Nordland nur durch den Geistesflug erreichbar sein, und in der tibetanischen Überlieferung wird von Sambhala, dem mystischen Nordsitz, den wir schon in Beziehung mit der Geschichte des Kalkiavatara getroffen haben, gesagt, daß „es sich in meinem Geist befindet"[283]. Ein solches Thema kommt auch in der Gralssage vor. Die Gralsburg in der „Queste" wird „palais spirituel" genannt und im „Perceval li Gallois" „Schloß der Seelen"[284]. Mordrain erreicht die Felseninsel, die dort gelegen ist, wo „die wahre Fahrt nach Babylonien, Schottland und Irland" und wo seine Prüfungen den Anfang nehmen, da er vom Heiligen Geist entrückt ist.[285] Berichtet Plutarch, die Vision des Kronos am hyperboreischen Sitze trete im Zustand des Schlafes ein,[286] so geschieht es in einem scheintodartigen Zustand, wenn Lanzelot in der „Morte Darthur" die Gralsvision erlebt.[287] In einem Zustand, von dem er nicht weiß, ob es Schlafen oder Wachen ist, hat er in der „Queste" die Vision des wunden Ritters, der sich zur Linderung seiner Leiden bis zum Gral hinschleppt.[288]

Die Burg wird fast durchwegs als unsichtbar und unerreichbar dargestellt. Nur den Auserwählten ist es gegeben, sie zu finden, entweder durch einen glücklichen Zufall oder auf magische Weise; andernfalls entzieht sie sich den Augen des Suchers. Bei Wolfram ist der Gral selbst unsichtbar für die Nicht-Getauften – aber es genügt schon folgende Beschreibung des Taufwassers: „Das Wasser läßt alle die Wesen gedeihen, die wir Geschöpfe nennen. Dank dieses Wassers können unsere Augen sehen. Das Wasser wäscht die Seelen und macht sie so glänzend, daß die Engel keinen größeren Glanz besitzen",[289] um sich davon zu überzeugen, daß es sich hierbei weniger um die christliche Taufe als um eine wahre und eigentliche Initiation handelt – das Wasser gewinnt ungefähr dieselbe Bedeutung wie das „göttliche Wasser" bzw. „das Wasser der Weisen" der Hermetik. In vielen Fällen verschwindet das Schloß, nachdem es der Held erreicht und besucht hat, auf einen Schlag, und man befindet sich auf einem öden Strand oder inmitten eines Waldes. In anderen Fällen erschöpft sich das

Unternehmen des Helden mit dem Wiederfinden des Schlosses ohne die Notwendigkeit, darüber hinaus noch die Frage nach dem Gral zu stellen.[290] In den Schilderungen der Burg als vom Wasser oder vom Meer („Queste") oder von einem mächtigen Strom („Grand Saint Graal") oder von einem See umgeben, an dem sich der Fischerkönig aufhält (Wolfram), finden sich noch andere Symbole, die sich nicht nur – wie früher dargestellt – auf den „Pol"gedanken beziehen, sondern darüber hinaus die Unzugänglichkeit und Isolierung der „Burg" versinnbildlichen. In der „Queste du Graal" wird das Schloß von zwei Löwen bewacht,[291] also von demselben Tier, das Gawein in jener Probe auf dem „Orgeluse-Schloß" besiegen wird, welche wieder nichts anderes ist als eine Initiatenprüfung. Das Erreichen des Schlosses auf ungewöhnlichem Weg wird von Wolfram in der Form berichtet, daß Parsifal dorthin gelangt, indem er auf seinem sich selbst überlassenen Pferd im Wald eine so lange Strecke reitet, wieviel ein Vogel zurückgelegt haben könnte.[292] Hier erscheint die Burg „fest und mächtig" mit glatten Mauern, so daß sie Sicherheit böte, auch wenn sie von allen Heeren der Welt belagert würde: „swaz erden hât umbslagenz mer, – danc gelag nie hûs – sô wol ze wer – als Munsalvaesche". In der Burg findet man „solche Herrlichkeit, dergleichen es auf Erden nicht gibt". „Aber wer sich auf die Suche danach begibt, findet sie unglücklicherweise nie: trotzdem begeben sich viele auf diese Suche. Aber um die Burg zu erblicken, gilt es, dahin zu kommen, ohne davon zu wissen – ez mouz unwizzende geschehen." Der Ort, wo sie sich befindet, ist öde, wild und todbringend: es ist der *Montsalvatsche* im Lande von Salvatsche.[293] „Der Weg, der zu ihm führt, ist voller Kämpfe – swâ diu stêt – von strîte rûher wec dar gêt." „Es ist nicht Brauch, ganz nahe an den Montsalvatsche heranzureiten, ohne ein gefahrvolles Gefecht zu bestehen oder ohne jener Sühne entgegenzugehen, die die Welt als Tod bezeichnet".[294] Die Gralsritter oder „Templeisen" verwehren allen Männern jeglichen Landes die Annäherung, mit Ausnahme jener, die eine auf dem Gral selbst erscheinende Schrift legitimiert. So weihen sich die Templeisen zu einem Kampf bis zum letzten Blutstropfen gegen jeden Eindringling.[295] Titurel: „Inmitten des Waldes erhebt sich ein Berg, den niemand finden kann, sei er nicht zum mindesten von Engeln dorthin geleitet, der verwehrte Berg, der bewachte Berg Monsalvatsche; auf ihm schwebt der Gral, gehalten von unsichtbaren Wesen."[296] In den späteren Texten geht mit dem Gralsberg Monsalvatsche oft ein Bedeutungswandel vor von mons silvaticus zu mons salvatus, d. h. zum verteidigten, behüteten, jeder Gefahr entzogenen Berg, und durch Lokalisierung bei Salvatierra und San Salvador in Spanien zu mons salvationis – wobei die letzte Fassung mit dem Epilog der Titurelsgeschichte, von dem wir in der Folge berichten werden, in Zusammenhang zu bringen ist.[297]

Allgemein betrachtet sind dies verschiedene Formen, in welchen sich immer wieder der Gedanke der Unantastbarkeit gegen jegliche Entweihung oder Machtanmaßung meldet, während das Symbol der Unsichtbarkeit zusammen mit anderen verwandten Symbolen den Gedanken der Unstofflichkeit des in Frage stehenden Sitzes oder Erbgutes betont. Es handelt sich nämlich um jene Unnahbarkeit, wie sie all dem eigen ist, was vom Bereich der Form und der sinnenbedingten Körperwelt durch eine Grenze abgesondert ist, die für den gewöhnlichen Menschen der Schwelle des Todes oder mindestens des ichlosen Schlafzustandes gleichkommt.[298] Wir haben schon gesehen, daß die Gralsburg, auf die „die Flammen des Heiligen Geistes herabsteigen", auch die Burg ist, wo sich die „Probe des Schlafes" abspielt. Diese Probe glücklich zu bestehen, heißt so viel, wie aktiv über das Wachbewußtsein des physischen Individuums hinüberzuschreiten, also so viel, wie „das Schwert zusammengeschweißt zu haben" Dies geschieht allerdings nicht ohne eine Krise und eine schwierige, gefahrvolle Handlung, worauf – diesem Gesichtspunkt der Deutung zufolge – man die Bedeutung der „gefährlichen Kämpfe" (Wolfram) beziehen kann. Diejenigen, die sich mit diesem Stoff befassen, wissen in der Tat wohl, daß derartige „Abenteuer" auch mit der Krankheit, dem Wahnsinn oder dem Tod enden können.

Was nun die Verteidigung des Grals und seine Bewachung durch die Templeisen betrifft, so kann man darin in diesem Zusammenhang ein Äquivalent dessen erblicken, was im allgemeinen das sogenannte „initiatische Geheimnis" bedeutet. In spezifischer Hinsicht und mit Bezug auf das, was wir später darstellen werden, geht es jedoch hiebei um die Verteidigung eines bestimmten geistigen Zentrums. In dieser Beziehung ist schon jetzt folgende Erwägung von besonderem Belang: der Hort des

Grals erscheint stets als ein Schloß, als eine befestigte Königsburg, *nie als eine Kirche oder ein Tempel.* Erst in den jüngsten Texten beginnt man von einem „Altar" bzw. einer „Kapelle" des Grals zu sprechen im Zusammenhang mit der christianisierten Auffassung desselben, nach der der Gral sich schließlich mit dem Kelch der Eucharistie vermengt. In den älteren Gestaltungen der Sage findet man aber nichts Ähnliches; und die erwähnte enge Beziehung des Grals mit dem Schwert und der Lanze, darüber hinaus mit einer stets königlichen oder königsähnlichen Gestalt genügt, um die Annahme zu berechtigen, daß diese spätere christianisierte Formulierung dem Wesenskern der Sage fremd ist. Das bis „zum letzten Blutstropfen" zu verteidigende Zentrum des Grals kann nicht nur mit dem Christentum der Kirche wenig zu tun haben, die stets diesen Sagenkreis zu ignorieren versuchte, sondern es ist auch nicht mit einem Zentrum religiöser oder mystischer Art zu verwechseln. Es handelt sich vielmehr um ein Zentrum mit initiatischem und königlichem Charakter; als solches kann er sich mit der höchsten Orthodoxie legitimieren, d.h. mit derjenigen, die durch die Urtradition bestimmt ist.

Weitere Initiaten-Abenteuer der Gralsritter

Bei Wolfram heißt es: „Wer immer den Gral gewinnen will, kann sich den Weg zu diesem köstlichen Gegenstand nur mit den Waffen in der Hand öffnen.[299] „In diesem Ausspruch ist der Geist des ganzen Zyklus der Abenteuer zusammengefaßt, wie sie die Ritter der Tafelrunde auf der Gralssuche zu bestehen haben. Wenn diese Abenteuer symbolischen Charakter aufweisen, d.h. geistige Taten und nicht stoffliche Handlungen wesenhaft zum Ausdruck bringen, so geht das nach unserem Dafürhalten nicht so weit, daß man diese besondere, mit kämpferischem Geist so durchsetzte Gestaltung dieser Symbolik als unerheblich und bloß zufällig betrachten dürfte. Das Thema des „den Weg zum Gral sich öffnen mit den Waffen in der Hand" und alle dazugehörigen Duelle, Gefechte und Kämpfe weisen sicherlich auf einen eigentümlichen Weg innerer Verwirklichung hin, demzufolge gerade das „heroische" Moment der „geistigen Männlichkeit" schließlich die Hauptrolle zu spielen berufen ist. In jedem Fall führt jedoch der sich nur durch Kampf eröffnende Weg von der „irdischen Ritterschaft" zur „geistigen Ritterschaft" – gemäß den von uns anderswo[300] angewandten traditionsgebundenen Ausdrücken ist es nicht allein der „kleine (materielle) Krieg", sondern auch der „große heilige Krieg".

Aus dem Ganzen solcher Abenteuer und Prüfungen treten immerhin zwei Hauptthemen und zwei Entwicklungsstufen hervor:

1. Durch diese Abenteuer soll sich eine solche Eignung zu erkennen geben, daß der vorbestimmte Held als unbezwinglich und als bester und stärkster Ritter erscheint, wobei nicht nur Kraft, sondern auch „Weisheit" und eine gewisse geheimnisvolle Berufung bei ihm vorausgesetzt wird. Was das Moment der „Berufung anbelangt, wollen wir nur daran erinnern, daß im „Perceval li Gallois", bei Wolfram und Chrétien de Troyes in Parsifal die Begierde nach ritterlichen Abenteuern erwacht, die ihn dazu führen, Ritter der Tafelrunde zu werden und den Gral zu erlangen, als er, vom *Vogelsang* entrückt, „seiner Natur und seinen tiefsten Wünschen" zu gehorchen beginnt.[301] Hier liegt eine Symbolik vor, auf die wir nur im Vorübergehen hinweisen können. Wenn wir analog die Luft als Symbol für Bewußtseinszustände nehmen, die nicht mehr dem Element „Erde" (d. h. dem irdisch Bedingten) zugehören, so werden die Wesen der Luft, die Vögel, in vielen Traditionen, einschließlich der christlichen, Sinnbild für überirdische Wesen, „Götter" oder „Engel", und die Stimme der Vögel bedeutet dann dementsprechend die „Sprache der Götter", die in einem bestimmten Augenblick inneren Erwachens verstanden wird. Einige Beispiele: In der nordischen Sage versteht Siegfried eine solche Sprache, nachdem er den „Drachen" getötet hat. Bei Della Riviera ist das „Verstehen des verborgenen und mannigfaltigen Gurrens der Vögel" eines der Geschenke, die der „Held" vom Baum des Lebens erhält (die Vögel, die auf dem Baum sitzen, sind nach der Symbolik der Evangelien die „Engel").[302] Von Salomon, den wir wiederholt in Beziehung zu Elementen der Gralstradition gesehen haben, und von anderen Weisen, vorzüglich in den arabischen Überlieferungen, wird gesagt, daß sie die Stimme der Vögel verstanden hätten.[303] Aber es ist vor allem bezeichnend, daß in einigen keltischen Sagen oft die unsichtbar gewordenen Tuatha dé Danann unter der Form von Vögeln

erscheinen, manchmal, um in dieser Form die Erwählten an ihre „unterirdischen" Wohnsitze zu geleiten. Dieses überirdische Element wirkt als eine Art Ruf von oben, dem ein tiefer, geheimnisvoller Instinkt entspricht (man könnte auf ihn auch das Wort zurückführen: „Keiner kennt den Gral, wenn er ihn nicht schon im Himmel gesehen hat"); damit ist die Episode von Parsifal in Beziehung zu setzen, der durch die Stimme der Vögel und nicht der auf dem Boden lebenden Wesen zu ritterlicher Berufung erweckt wird und sich auf diesem Wege von den Banden der Mutter loslöst.[304]

Zu der dem Gralshelden eigenen Vollendung gehört auch der strengste Gehorsam gegenüber den Grundsätzen der Treue, der Ehre und der Wahrheit, der ritterlichen Ethik, ein Ethos, gegen das er auch auf seinem weiteren Weg nicht verstoßen darf. Von Trevrizent wird ausgesagt, er habe Parsifal in eine asketische Lebensführung eingeweiht und so von seinen Sünden befreit, „ohne jedoch gegen die Gesetze der Ritterschaft zu verstoßen".[305] Der Treue fähig sein, frei sein von Falschheit, ist die oberste Eigenschaft in diesem Schrifttum, eine Eigenschaft, die im Wolframschen Prolog eine wesenhafte, fast metaphysische und ontologische Unterscheidung der Menschen bedingt: auf der einen Seite stehen diejenigen, die ein Gefühl für Ehre und Schande haben, auf der anderen diejenigen, denen dieses Gefühl fremd ist, und diese sind wie zwei Rassen aus verschiedenem Stoff, die nichts gemeinsam haben. Ein Motiv, in dem das nordisch-arische Moment des männlichen und kriegerischen Mittelalters deutlich anklingt.

2. Aber die männlichen Eigenschaften verpflichten zu einer ganz bestimmten Aufgabe, und dies ist in dem in Frage stehenden Sagenkreis sogar der springende Punkt. Sie werden verflucht, wenn ihr Vorhandensein oder ihre Werbung nicht unmittelbar zum „Stellen der Frage" oder zu etwas diesem Gleichwertigen führt. Der zur Gralsburg zugelassene Held hat das Regnum zu heilen, es wieder zu festigen oder zu übernehmen. Wenn er gleichgültig bleibt gegenüber der stummen Frage, gegenüber dem wunden, gelähmten, entmannten, herabgesunkenen oder vergreisten Vertreter des Gralskönigtums, so erweist sich die erprobte oder erworbene Kraft gerade deshalb als unvollständig und sinnlos: sie täuscht, sie ist „dämonisch", von Gott verflucht.[306] Mit anderen Worten: auf dem Gralshelden ruht eine überpersönliche Sendung, die das wahre Maß seiner Befähigung bildet.

Den Gral „kennen" und nicht fragen, „wozu er dient", ist in einigen Texten Beweis für die Unzulänglichkeit des Ritters. Dies will sagen, daß es sich um keine Richtung handelt, die nur auf eine weltfremde Transzendenz eingestellt ist.

Was nun die unzähligen Abenteuer der Gralshelden betrifft, so gehen sie auf wenige Grundmotive zurück; hat der Leser der Gralsromane einmal diese Motive erfaßt, so wird er ihre nicht endenwollende Wiederholung in den buntesten Formen feststellen können, was schließlich beinahe ein Gefühl des Überdrusses hervorbringt. Wir beschränken uns also, einige unter den typischsten Abenteuern anzugeben, deren Sinn aus den bisherigen Ausführungen klar hervorgeht.

Wie bereits gesehen, wurde Mordrain vom Heiligen Geist nach der „Turminsel" inmitten des Ozeans entrückt. Diese Insel ist *verlassen*. Mordrain wird ermahnt, fest im Glauben zu verharren. Es stellt sich die Versuchung einer Frau ein, die sich als ein Trugbild Luzifers enthüllt. Danach die Probe eines schrecklichen Sturmes mit Donner und Blitz, die Erscheinung einer Art Phönix (der Wundervogel Serpolion), der sich auf Mordrain stürzt und ihn verletzt, so daß er *sieben* Tage lang bewußtlos bleibt (Initiations-Schlaf!), bis er nach Überwindung einer neuen luziferischen, Versuchung dank der Deutung eines seiner Träume zum Wissen um die Dynastie kommt, die den Gralshelden hervorbringen wird.[307]

Die erste Episode bei derartigen Abenteuern ist gewöhnlich die Ankunft auf der Insel, der „kreisenden Insel" oder „Turminsel", ein Abbild von Avallon bzw. dem Urlande, jedoch als öde oder gefährlich geschildert. Nach dieser ersten Fühlungnahme mit dem Urzentrum und den dazugehörigen Proben erscheint das „Schiff". Dieses Schiff bringt den Auftrag: es enthält Schwert und goldene Krone, nicht ohne Bezug auf den Baum des Lebens und das sakrale Königtum Davids.

Ein gleichwertiges Motiv aus der „Queste du Graal: Von einem windschnellen, teuflischen Reittier wird Parsifal in einen Strom geworfen. Es gelingt ihm, die „Insel zu erreichen, und hier hilft er einem Löwen im Kampfe gegen eine Schlange (Reinigung der solaren Kraft im Sinnbild des Löwen!); dann widersteht er den Versuchungen einer Frau, in welcher ein dämonischer Einfluß wirkt; es erscheint eine priesterliche Gestalt, die ihn an Bord eines Fahrzeugs nimmt. Der Manessier-Text hat folgende Variante: Während Parsifal unter einer Eiche ruht, erscheint ein teuflisches Pferd, von dem er in einen Fluß geworfen wird. Parsifal erhält Beistand von einem Fahrzeug, in dem eine Frau ist, die er mit seiner Herrin Blancheflour verwechselt, die aber statt dessen selbst ein dämonisches Geschöpf ist. Es kommt nun das priesterliche Schiff heran, von dem Parsifal in ein schönes Schloß gefahren wird, und nach kurzem besteht er die Probe des Wieder- zusammenschmiedens des zerspellten Schwertes. In diesem Text geht ein anderes Abenteuer voraus: Parsifal sieht, als er sich einem leuchtenden Baum nähert, wie sich dieser Baum in eine Kapelle verwandelt, wo der Leichnam eines Ritters neben einem Altar liegt. Das Licht wird plötzlich von dunkler Hand gelöscht. Er kehrt zu dieser Kapelle zurück, verbringt dort die Nacht (Entsprechung zur Schlafprobe auf Schloß Corbenic!) und kommt hierauf zu der Erkenntnis, in der Hand habe der Böse gewirkt, der schon eine Reihe mutiger Ritter umgebracht hatte und dann dort innen begraben. Dies teilt ihm ein Einsiedler mit, also die Verleiblichung des asketischen Prinzips, der Parsifal auch ermahnt, Ehre wohl zu erwerben, aber ebenso an das Heil seiner Seele zu denken. Dann wird Parsifal aus dem Sattel seines Pferdes geworfen und kann es nicht mehr einholen; als er unter einer Eiche ruht, findet er das dämonische Pferd, von dem wir schon gesprochen haben. Jetzt folgen die oben geschilderten Abenteuer. Aus beiden Varianten geht klar hervor, daß es sich hier um zwei verschie- dene Ausdrucksformen desselben Motivs handelt. Die Todesgefahr in der Kapelle ist dieselbe, der Parsifal die Stirn bietet, als er bei der Eiche das dämonische Pferd besteigt und sich von ihm davontragen läßt.[308]

Diese Roßgeschichte, im Zusammenhang mit der ungewöhnlich wich- tigen Rolle, die das Pferd in dem in Frage stehenden Schrifttum spielt, bietet uns die Gelegenheit, kurz aufzuzählen, was wir anderswo schon über das Pferd als Symbol ausgeführt haben.[309]

Wenn der Ritter das Geistige und ganz allgemein das Prinzip der Per- sönlichkeit verbildlicht, das sich in verschiedenen Erprobungen zu be- währen hat, so kann das Pferd nur der „Träger" eines solchen Prinzips sein, d.h. die von ihm mehr oder minder beherrschte Lebenskraft. So ist im klassisch platonischen Mythos das Prinzip der Persönlichkeit als Wagenlenker verbildlicht, dessen Geschick davon abhängt, ob er es versteht, symbolische Rosse zu bändigen und zu führen auf Grund seiner Erinnerung aus der Überwelt. Zwei Gottheiten war in der Antike das Pferd geheiligt, dem Poseidon und dem Ares. Poseidon ist auch tellurischer Gott (der Erderschütterer) sowie Gott des Meeres; er ist überhaupt das Symbol einer Elementarmacht, und hier fällt auch auf die Beziehung ein neues Licht, die das dämonische Reittier zum Wasser hat, zum Strom, in den es seinen Ritter stürzt. In seiner Verknüpfung mit Ares ist das Pferd eher Ausdruck einer kriegerischen Gestaltung der vitalen Kraft, entsprechend dem treibenden Element der heldischen Abenteuer, die für das Rittertum im allgemeinen bezeichnend sind. Die esoterische Bedeutung des Sturzes aus dem Sattel geht daraus klar hervor; es ist die Gefahr, daß das „Elementare" und Entfesselte die Oberhand gewinne. Ebenso offenbar wird damit auch der Sinn anderer Episoden: der begrabene Ritter, der Parsifal in seinem Grab einzuschließen versucht, versucht ihm auch das Reittier zu entwenden. In der „Probe des Übermutes", die von Gawein bestanden wird, soll der Held bei der Überschreitung eines Stromes als Bedingung für die Überfahrt einer rätselhaften Gestalt das Reittier eines Ritters überlassen, den er zuerst besiegen mußte.[310] Die Probe, durch die sich der beste Ritter auszeichnet, besteht darin, daß es ihm gelingen soll, sein Reittier an die von Merlin hingesetzte Säule des Mont Orguellous (deren polare Bedeutung sichtbar genug ist) zu binden. Dieser Prüfung folgt das „heilige Mysterium", die sich in die Kapelle verwandelnde Eiche und die „Kapellenprobe"[311] usw. Diese Andeutungen werden überall dort zur Orientierung des Lesers genügen, wo in ähnlichen Abenteuern etwas Merkwürdiges oder Ungewöhnliches im Zusammenhang mit den Pferden der Ritter auf einen verborgenen Sinngehalt hinweist.

Kehren wir zu den oben erwähnten Abenteuern zurück. Die in ihnen vorkommenden Donnerschläge, Gewitter usw. entsprechen offenbar den gleichen Erscheinungen, die bei der Probe vom „gefährlichen Platz" eintreten. Das Thema der vom Gral bewirkten Vervollkommnung der rein „natürlichen" oder nur-kriegerischen Stärke, ein Thema, dem etwa das Symbol von der Einschiffung oder vom Wiederzusammenschweißen des Schwertes nach der *ersten* Erprobung entspricht, nimmt bei Robert de

Boron folgende Form an: Parsifal bleibt fest und unerschütterlich auch dann, als er sich auf den „gefährlichen Platz" setzt und die Erde unter ihm birst und ein Donner erschallt, als ob die Welt auseinanderbrechen wollte; aber da solches Wagnis nicht von dem „Stellen der Frage" begleitet ist (deswegen er von den „Frauen" gescholten wird: „Dein Herr haßt dich und es ist ein Wunder, daß sich die Erde nicht unter deinen Füßen öffnet"), muß Parsifal eine Reihe von Abenteuern bestehen, und erst nachdem er den Gral errungen hat, fügt sich der Stein der Tafelrunde, der sich unter dem Helden gespaltet hatte, wieder völlig zusammen.[312]

Wer mit dem Schrifttum über die Weisheitslehren der Mysterien[313] vertraut ist, erkennt ohne Zögern in solchen Abenteuern die Anspielung auf gleichförmige Erfahrungen initiatischen Charakters und findet hier entsprechende Sinnbilder, in denen die Überlieferungen aus aller Welt übereinstimmen. Stürme und Donnerschläge, ein Überschreiten von Wasserfluten, die verschiedenen Gestaltungen des Themas vom Baum und der Insel, Entrückungen und Scheintod usw. – dies alles sind sozusagen Gemeinplätze in allen Erzählungen initiatischen Inhalts, sei es des Ostens oder des Westens, so daß es banal wäre, hier Vergleichungen anzustellen, die sich ins Unendliche vermehren ließen.[314] Bei Plutarch,[315] bei Kaiser Julian[316] in den verschiedenen erhaltenen Zeugnissen der hellenischen Mysterienwesen, im „De Mysteriis", im tibetanischen[317] und ägyptischen[318] „Totenbuche", im sogenannten „Mithra-Ritual",[319] in den Lehren des Yoga[320] und des esoterischen Taoismus[321] kann auch der Laie sich von der übertraditionalen Entsprechung von Symbol zu Symbol überzeugen. Vorausgesetzt, daß er das Vorurteil aufgibt, das Ganze ließe sich auf poetische Schöpfungen oder phantastische, psychoanalytisch aus dem „Kollektiv-Unbewußten"[322, 323] zu erklärende Projektionen zurückführen, kann der Leser darin entsprechende Stufen ein und derselben inneren Laufbahn ahnen. Übrigens dürfen wir in dieser Hinsicht auf jene unserer Schriften verweisen, die sich besonders mit diesem Stoff beschäftigen,[323] da hier nicht der Ort ist, ex professo von der Phänomenologie und Symbologie zu handeln, die sich auf die Zerstörung des „physischen Ichs" und auf die Teilnahme an übermenschlichen Seinsweisen beziehen. Wir setzen beim Leser diesbezügliche Kenntnisse voraus und beschränken uns darauf, die für sein Verständnis wichtigsten Elemente herauszugreifen.

Eines der bemerkenswertesten Abenteuer ist das vom Wunderschloß – Schastel Marveil. Von ihm heißt es bei Wolfram: „Die Kämpfe, denen Ihr bisher die Stirn geboten habt, waren ein Kinderspiel. Angstvolle Ereignisse sind es, die Euch jetzt dort bevorstehen."[324] Wir haben schon hervorgehoben, daß dieses Abenteuer von der Gralsbotin Cundrie angeraten wird, nachdem sie Parsifal wegen der nicht gestellten Frage mit diesen Worten bezichtigt hatte: „Das hochtrabende Lob, das man Euch zollt, fällt kraftlos in sich zusammen. Euer Ruf hat sich als unrein erwiesen. Die Tafelrunde hat ihren ganzen Ruhm befleckt, da sie Sire Parsifal aufnahm."[325] Das Abenteuer beim Schastel Marveil scheint also gerade deswegen, weil es von der Gralsbotin vorgeschlagen wird, als eine Art Wiedergutmachung, als eine Probe, dazu bestimmt, in Parsifal eine Kraft, ein Bewußtsein und eine Berufung zu wecken, die ihm noch fehlen. In der „Morte Darthur" wird Galahad von einer Himmelsstimme in einer Kapelle auf einem Bergesgipfel aufgefordert, dieses Abenteuer zu unternehmen, das in diesem Text nach dem „Castle of Maidens" benannt wird.[326]

Bei Wolfram ist Gawein der Held des sich in folgenden Zügen abspielenden Abenteuers: Als Gawein in die Burg eingedrungen ist (in der „Morte Darthur": nach dem Durchqueren von „Wassern" und Sieg über sieben Ritter), trifft er auf ein bewegliches Bett, das ausweicht, kaum daß man sich ihm naht, und von dem gesagt wird, daß, „wer sich darauflegt, die eigenen Haare bleichen sehen wird". Gawein, dem es gelingt, heranzukommen, wird „wie in einen Wirbelwind" hineingerissen. Man hört Donner und furchtbare Geräusche, die sofort aufhören, als der Ritter seinen Sinn auf Gott lenkt, doch darauf folgt ein Hagel von Steinen und Pfeilen, wenn sie auch wegen des Schildes, mit dem sich der Ritter auf dem Bett schützt, keine tödliche Wirkung haben; immerhin wird er verwundet. Dann entfesselt sich eine Urmacht im Symbole eines wilden Löwen, den Gawein, trotz seiner Verwundung, töten kann, doch verliert er gleich darauf das Bewußtsein. Bei seinem Erwachen findet er sich in der Pflege der „Frauen" Nachdem er diese Probe überstanden hat, wird Gawein Herr der Burg, während Klingschor alle Macht über sie verliert.[327] Es ist eine Probe, die mit der gefahrvollen, todbringenden „Schlafprobe" verglichen werden kann, von der schon gesprochen wurde. In „Diu Crône"[328] entschlummert Gawein übrigens in einem Bett, das sich zu drehen beginnt; die magischen Entladungen lassen ihn aber unverletzt, und er wird am Morgen in tiefem Schlaf gefunden. Der Schreckprobe, über die der Held siegt, indem er seine Gedanken auf Gott hinwendet, folgt ein „Kontakt", der zur letzten Prüfung führt: den Entladungen einer transzendenten Macht standzuhalten, die eben durch diesen Kontakt im Wesen des Einzuweihenden erwacht, und diese Macht zu bezwingen (Sieg über den wilden Löwen). Durch solche Tat wird der Gralsheld „König" und zerbricht die Macht einer nächtlichen Magie (Klingschor).

Eine weitere Spielart des Abenteuers ist folgende: Vor allem soll Gawein das Schwert erwerben. Er erringt es, da er sich imstande erweist, einen Riesen zu erschlagen. Kraft des erworbenen Schwertes wird er in die Gralsburg eingelassen. In der Gralschau wird er entrückt, und in diesem Zustand hat er die Vision eines Sessels mit einem von einer Lanze durchbohrten König. Die „Frage" wird *nicht* gestellt. Allein gelassen, spielt Gawein Schach gegen einen unsichtbaren Gegner, der für sich die goldenen Figuren hat, während die Gaweins von Silber sind; Gawein wird dreimal hintereinander besiegt, worauf er vor Wut das Schachbrett zerschlägt und in Schlaf sinkt. Anderen Morgens findet er in der Burg niemanden mehr vor.[329] In dieser Episode kehrt sichtbar das Motiv einer unvollständigen Kraft wieder. Der Sieg über den Riesen und die Erwerbung des Schwertes hindern Gawein nicht, sich dem „silbernen" Element zuzugesellen, das dazu bestimmt ist, von dem „goldenen" Element besiegt zu werden. Überlieferungsgemäß ist aber das Silber Symbol für das lunare Prinzip, während das Gold das solare und königliche bedeutet, dem gegenüber Gawein, da er „die Frage nicht gestellt hat", noch nicht zur Genüge befähigt ist. Bei Gautier scheint diese Aufgabe der „Frauenprobe" zu entsprechen, insofern hinzugefügt wird, wer im Schachspiel den Ritter (hier ist es Parsifal und nicht Gawein) besiegt habe, sei niemand anders als die Fee Morghe, d. h. die Fee Morgane, eine Verbildlichung der übernatürlichen Herrin von Avallon.[330] In dieser Fassung erreicht Parsifal nur nach einer Reihe von andern Abenteuern das Ziel, das an die Bedingung gebunden ist–ein neues Zusammenfließen von bekannten Motiven! – das zerspellte Schwert wieder zusammenschweißen zu können.

Andererseits folgt der verlorenen Schachpartie manchmal dieses weitere Abenteuer: Dem Held erscheint ein Mädchen, in das er sich verliebt, doch um sie zu erringen, muß er einen Hirschkopf bringen. Parsifal erhält mit Hilfe eines Jagdhundes diesen Kopf; aber es ereignet sich ein Zwischenfall, der an das Thema vom „Ritter im Grab" anknüpft. Der Gralsheld findet nämlich das Grab mit dem dort lebendig eingeschlossenen Ritter, der nach seiner Befreiung Parsifal darin einschließen will. Während Parsifal sich einem solchen Versuch gegenüber zur Wehr setzt, wird ihm der Hirschkopf wie auch die Bracke von einem Ritter gestohlen, dem Bruder des im Grab Eingeschlossenen, der aber am Ende von Parsifal eingeholt und erschlagen wird. Der Gralsheld wird von der Bracke von neuem zur Schachburg geführt, übergibt den Hirschkopf und erhält die Frau.[331] In der „Morte Darthur" führt die Bracke den Helden (hier ist es Lanzelot) in eine alte Burg, wo er einen toten Ritter und ein Mädchen findet, das von ihm die Heilung ihres verwundeten Bruders fordert, wozu es aber nötig ist, sich durch Bestehen der schon bekannten Probe der chapel perilous eines Schwertes zu bemächtigen.[332]

Die Deutung des Hirschsymbols ist unsicher. Im „Grand Saint Graal" werden Joseph von Arimathia und seine Ritter von einem über einer Gruppe von vier Löwen thronenden weißen Hirsch magisch, ohne unterzugehen, über ein tiefes Gewässer hinübergeleitet.[333] Die in diesem stark christianisierten Text gegebene Erklärung, die vier Löwen seien die Evangelisten und der Hirsch Christus, scheint uns nicht über die allegorische Ebene einer äußerlich religiösen Anpassung hinauszugehen. Auf alle Fälle ist schon die über die Wasser geleitende Macht ein allgemein verbreitetes, von uns schon erklärtes Symbol für eine gegebene Würdenstufe der Einweihung. Hinsichtlich der beiden Episoden: Diebstahl des Hirschkopfes und Versuch, Parsifal im Grabe einzuschließen, bemerken wir, daß die beiden Ritter, die in der einen und der anderen Episode auftreten, als „Brüder" aufgefaßt werden – es ist einer der in dieser Literatur so häufigen Fälle der Verdoppelung eines und desselben Motivs. Die Lage Parsifals, der nahe daran ist, durch Überrumpelung im Grabe eingeschlossen zu werden, hat denselben Sinn wie jene andere, in der Parsifal zeitweise des übernatür-lichen Vorrechtes beraubt wird, wofür der Hirsch das Symbol ist. Indem Parsifal das Geraubte wiedererringt und sich durch den Besitz der „Frau" vollendet, soll er das Abenteuer zu einem endgültigen positiven Abschluß führen und dem Gralskönigtum zur Auferstehung verhelfen.

Die Unzulänglichkeit der bloßen heroischen Kraft, nicht in dem spe-ziellen Sinn, mit dem wir diesen Begriff gebraucht haben, sondern im gewöhnlichen Verstand, findet auch im Motiv des *doppelten Schwertes* ihren Ausdruck. Der erste Degen, den Parsifal zu eigen hat oder den er sich bei seinen vorbereitenden Abenteuern erobert hat, entspricht der rein männlichen und gebührend erprobten Kraft. Den zweiten Degen erhält der Wolframsche Parsifal erst in der Gralsburg als der vorbestimmte Ritter, von dem alle erwarten, daß er „die Frage stellt". Es ist dasselbe Schwert, das der nur scheinbar lebende König vor seinem Verschwinden Gawein überreicht als Sinnbild für die Übergabe seines Amtes, dem Degen entsprechend, von dem im „Grand Saint Graal"[334] Celidoine sagt, daß sie ihn ebenso schätze wie den Gral selbst.

Bei Wolfram gehörte der erste Degen ursprünglich dem Roten Ritter. Das Rote-Ritter-Thema ist im Gewebe der Gralsliteratur wieder etwas unklar. Der Rote Ritter ist im Grunde mit dem Typus desjenigen Ritters eins, der sich mit der Waffe in der Hand den Weg zum Gral öffnen will. Aber nur als Ergebnis einer vorhergehenden, fast möchten wir sagen na-türlichen, Auslese ist ein solcher Typus und eine solche Würde möglich. Daher ist der Rote Ritter manchmal ohne weiteres der Held, der den Gral erlangt, manchmal ist es aber ein anderer Ritter, den der Gralsritter besiegt, dessen rote Rüstung er anlegt und dessen Schwert er sich zu eigen macht.[335] Der Übergang eines Amtes von einer zur anderen Person vermittels der „Waffenprobe" ist ein Motiv, das wir schon in der Einleitung in enger Verbindung mit dem Geist des heroischen Zyklus erklärt haben. Hier darf an ein anderes Abenteuer des keltischen Sagenkreises erinnert werden, weil es in enger Beziehung zu diesem Thema steht, obwohl der Gral in ihm nicht unmittelbar vorkommt.

Unter einem großen Baum befindet sich eine Quelle, und wenn dieser Baum an den „Baum der Mitte" erinnert, so stellt die Quelle im traditionalen Symbolismus die Stelle dar, aus der aus der unsichtbaren und unterirdischen Welt „die Wasser des Lebens" hervorquellen. Wer Wasser von der Quelle ausgießt, hört einen so furchtbaren Donnerschlag, daß Himmel und Erde davon erzittern. Es bricht eine eisige, mit Hagel untermischte Woge los, so daß man sie kaum ertragen kann, ohne daran zu sterben: eine Entsprechung zu den magischen Entladungen in der Schastel-Marveil-Probe.[336] Der Baum zeigt sich dann als dürr und blätterlos. Wundervögel steigen von dem Baum herab, und im Augenblick, in dem man ihre Stimme hört und davon berückt ist, kommt ein schwarzer Ritter hinzu, mit dem man kämpfen muß. Viele Artusritter unterliegen, da niedern Ranges, vor allem aber, weil sie nicht der Woge zu widerstehen vermögen, die sie entfesselt haben. Indessen besteht der Ritter Owein die Probe, verwundet den schwarzen Ritter und erreicht bei dessen Verfolgung ein „großes leuchtendes Schloß"; dort erhält er von einer Dame den Ring der Unverwundbar- und Unsichtbarkeit, Zeichen der von uns schon erklärten Macht und Würde. Die Dame war seine Frau, die „Dame der Quelle", die jetzt zum Weib des Besiegers ihres früheren Mannes wird. Die Könige des „großen schimmernden Schlosses" sind die Wächter und Verteidiger der Quelle; einmal besiegt, geht ihr Amt an den Sieger über.[337] In derselben Weise wird Parsifal, nachdem er den Roten Ritter erschlagen hat, selber zum Roten Ritter, was daraus hervorgeht, daß er dessen rote Rüstung anzieht und sich sein Schwert zu eigen macht.

Was die eben erwähnte Sage betrifft, so ist sie ein Teil der „Mabinogion und zeigt eine Überschneidung des Themas der „Waffenprobe" mit dem einer Probe von sichtlich initiatischem Typus, welche die ideale Ergänzung der ersteren bildet. Das Bestehen einer solchen nicht mehr „naturhaften", sondern Initiationsprobe kann ideell dem Besitze des *zweiten Schwertes* entsprechen. Dies ist also die Waffe, die Parsifal in der Gralsburg erhält. „Wenn du ihre geheimen Kräfte kennst – sagt ihm Sigune – „kannst du ohne Furcht jedem Kampfe die Stirne bieten. Dieses Schwertes hat sich der Gralskönig bedient, bevor er verwundet wurde. Zerspringt der Degen, dann muß man, um ihn wieder zusammenzuschmieden, sich mit dem Wasser der „Quelle" (der Quelle Lac) behelfen.[338] Der Held, der aus eigenen Kräften und dank seiner Kühnheit bis zur unzugänglichen Gralsburg gelangt ist, erhält das Schwert oder wird vor die Aufgabe gestellt, es zusammenzu-schweißen, wenn es zersprungen ist. Das letzte Ziel der Suche, der „hohe Ruhm" und die oberste Würde, sind erreicht, wenn das Ergreifen oder Zusammenfügen des Schwertes dazu führt, daß man „die Frage stellt". „Ihm das Schwert in die Hand geben, hieße, ihn aufzufordern, die Frage zu stellen" – heißt es bei Wolfram.[339] Ist das Schwert errungen oder eine der symbolisch gleichwertigen Aufgaben erfüllt, dann wird der Held *vor die zwingende Forderung gestellt, das Wesen des Grals und das Mysterium der Lanze und des wunden Königs zu ergründen.* Das Schwert zu erlangen oder zusammenzufügen bedeutet, sich prinzipiell als befähigt oder „investiert" zu erweisen, um zur Schau des Grals zugelassen zu werden und sich die Macht des „Lichtsteines" bzw. des „Grundsteines" anzueignen, was zur Wiederauferstehung des Königs und zur Wiederherstellung des verwüs-teten oder verödeten Reiches führt. Eine erste Probe kann mißlingen, der Degen kann zerspringen; dann ist es notwendig, ihn in der Quelle wieder zu härten und einen Kreis neuer Abenteuer zu durchlaufen, deren Sinn vielleicht am deutlichsten in der Symbolik der eben angeführten kelti-schen Sage gegeben ist: der Schlüssel zu dieser Legende liegt gerade in der „Quellenprobe, in ihrer Ähnlichkeit zur Probe des Chastel Marveil, welche von Cundrie denen angeraten wird, die in der Gralsburg waren, ohne das höchste Ziel erreicht zu haben. Der Held, dem schon einmal der Degen anvertraut worden ist, spürt von nun an eine nicht mehr zu unterdrückende Sehnsucht. Parsifal spricht: „Ob nah oder fern die Stunde sei, in der mir vergönnt sein wird, den Gral wiederzusehen, bis dahin werde ich keine Freude mehr kennen. Zum Gral gehen alle meine Gedanken. Nichts wird mich davon ablenken, solange ich lebe."[340] Nach und nach richtet sich der Held wieder auf; von der noch passiven lunaren Wesensart, die durch die silbernen Schachfiguren symbolisiert wird, erhebt er sich zur aktiven, im transzendenten Sinne männlichen Art und gleicht sich ihr an. Es ist ein zunehmendes Sichaufrichten, prometheisch und olympisch zugleich, im selben Bereich, wo ein Herakles und ein Jakob, Herr der Engel, gesiegt ha-ben, ein Prometheus, Luzifer und Adam aber gestürzt sind. Es ist dieselbe Verwandlung gemeint, welche die hermetische „Königliche Kunst – ars regia – mit der Formel bezeichnet: „Unser Werk ist die Wandlung einer

Natur in eine andre Natur, aus der Schwäche in die Stärke, aus dem Dichten ins Feine, aus Körperlichkeit in Geistigkeit."[341] Ist diese Vollendung erreicht, dann bleibt die Königskrone des Grals endgültig gesichert. Der wahre Herr der beiden Schwerter ist wach und lebend. – Hier soll aber an einen grundsätzlichen Punkt erinnert werden: Im theologisch-politischen Schrifttum der Zeit, hauptsächlich in der gibellinischen Literatur während des Investiturstreites, bedeuteten die beiden Schwerter in Erinnerung eines evangelischen Gleichnisses *nichts anderes als die doppelte Gewalt und die doppelte Herrschaft die weltliche und die übernatürliche.*

Der Gral als gibellinisches Mysterium

An diesem Punkt und im Zusammenhang damit ist die entscheidende Frage zu stellen: Was bedeutet im Grunde das Gralskönigtum? Erschöpft es sich im Mythos und in der Bedeutung einer Initiationswürde? Welchen Sinn kann es in der Ordnung der sichtbaren und unsichtbaren Kräfte, die in der geschichtlichen Periode der Gestaltung solchen Sagenkreises wirksam waren, gehabt haben?

Erster Punkt: Welchen Namen sie auch tragen und welche mannigfachen Formen sie auch in den verschiedenen Erzählungen, ja sogar im Verlauf derselben Erzählung bekleiden, ist es doch klar, daß die Gralshelden alle auf einen einzigen Typus zurückweisen. – Zweiter Punkt: Die erste und höchste Bedeutung, die in ihren wichtigsten Abenteuern verborgen ist, trägt – wie gezeigt – initiatischen Charakter.

Ob ein derartiger Typus in der abendländischen Geschichte Wirklichkeit geworden ist, wann und wo und in welchem Maße, dies ist ein Problem, auf dessen Grund zu kommen fast unmöglich ist, wenn man Sicherheit, nicht nur Wahrscheinlichkeit, haben will. Aber hier kommt ein dritter Punkt hinzu: soweit sich das Symbol, bzw. das Ideal, auf der initiatischen Ebene verwirklicht hat, muß ihm jene besondere Tragweite zugeschrieben werden, die aus der schon entwickelten Erwägung hervorgeht.

Die Vorstellung der Unsichtbarkeit oder Unzugänglichkeit symbolischer Orte, Gestalten oder Gegenstände, die nur die Form sind, in welcher die Überlieferungen der verschiedenen Völker die Erinnerung an das Urzentrum bewahrt haben – diese Vorstellung bedeutet, wie gesagt, den Übergang einer Hierarchie vom Offenbaren zum Okkulten – was aber nicht besagen will, daß sie deshalb als minder wirklich zu betrachten wäre. Die Gralsherrschaft als Zentrum, zu dem – wie es bei Wolfram heißt – die „Auserwählten" aus allen Völkern berufen sind, von dem aus Ritter nach fernen Ländern in „geheimen Sendungen" ziehen und das „Pflanzgarten der Könige" ist, d.h. der Sitz, von wo nach verschiedenen Ländern Könige ausgesandt werden, von denen niemand je weiß, „woher" sie wirklich kommen, welches ihre „Rasse" und welches ihr „Name" ist;[342] das unzugängliche und unantastbare Gralsreich bleibt eine Wirklichkeit, auch wenn es an keinen Ort, an keine sichtbare Organisation, an kein weltliches Reich gebunden werden kann. Dieses Reich ist eine Heimat, der man durch eine von der physischen verschiedene Geburt, durch eine von den weltlichen verschiedene Würde angehört, eine Heimat, die in unzerreißbarer Kette Männer vereint, mögen sie auch in der Welt, im Raum, in der Zeit, unter den verschiedenen Völkern als zerstreut erscheinen. In unseren Schriften haben wir oft Gelegenheit gehabt, auf diese Lehre zurückzukommen. In solchem esoterischen Sinne ist das Gralsreich ebenso wie das Artusreich, das Reich des Priesters Johannes, Thule, Avallon usw. *stets vorhanden*. Der Ausdruck „non vivit" aus der sibyllinischen Formel: „vivit non vivit" bezieht sich von diesem Gesichtspunkt aus nicht auf diese Wirklichkeit. In seiner „polaren" Eigenart ist dieses Reich unbeweglich. Es kommt demnach der Strömung der Geschichte nicht jeweils näher oder ferner. Vielmehr sind es die Strömungen der Geschichte, die Menschen und die Reiche der Menschen, die sich ihm mehr oder weniger anzunähern vermögen.

Nun schien zu einer gewissen Zeit das gibellinische Mittelalter in hohem Maße die Voraussetzungen zu einer solchen Annäherung aufzuweisen und sozusagen den geschichtlich-geistigen Stoff zu bieten, vermittels dessen das Gralsreich nicht nur okkult, sondern auch sichtbar und, wie in den Ursprüngen, zu einer innerlichen, zugleich aber auch äußerlichen Wirklichkeit würde. Auf diesem Wege läßt sich die Auffassung vertreten, daß der Gral die Krönung des mittelalterlichen Kaisermythos und das höchste Glaubensbekenntnis des Gibellinentums bildete. Ein solches Bekenntnis lebte eher als diffuse Stimmung, denn an einem bestimmten Punkt – und es kam weniger durch das reflektierende Bewußtsein und durch die einseitig politische Ideologie jener Zeit, als durch die Sage und den Mythos zum Durchbruch. Desgleichen drückt sich oft, was sich am tiefsten und gefährlichsten im einzelnen bewegt, weniger durch die Formbildung des wachen Bewußtseins aus als vielmehr durch die Symbolik des Traumes und der unterbewußten Ursprünglichkeit.

Eine vertiefte Deutung des Mittelalters von diesem Gesichtspunkt aus würde uns zwingen, hier die Grundzüge jener allgemeinen Geschichtsmetaphysik des Abendlandes wiederzugeben, die wir schon anderswo entworfen haben.[343] Wir beschränken uns darauf, auf einige Punkte axiomatisch hinzuweisen.

Das altrömische Reich verkörpert den letzten Versuch, im Okzident das kaiserliche Symbol in seiner höchsten Form der Synthese der beiden Gewalten, der beiden Schwerter, wieder aufzurichten. Nach dem inneren Niedergang und schließlich dem politischen Zusammenbruch Roms beschleunigt das Aufkommen und der Triumph des Christentums wegen des besonderen Geistes seines Dualismus und wegen seiner Eigenart als rein religiöse Tradition den Auflösungsprozeß bis zu dem Augenblick, wo durch den Einbruch der nordischen Rassen die mittelalterliche Kultur Gestalt gewann. Das Heilige Römische Reich war restauratio und continuatio insofern, als es in seiner letzten Bedeutung jenseits aller äußerlichen Umstände, jenseits aller Verunreinigung durch Zufallswirklichkeiten und oft sogar trotz der beschränkten Bewußtheit und Würde der Träger seiner Idee als Personen, den römischen Versuch zu einer „solaren" ökumenischen Synthese wiederaufnahm. Eine solche Wiederaufnahme trug mit logischer Notwendigkeit die Überwindung des Christentums in seinen ursprünglichen Formen in sich und mußte in einen grundsätzlichen Streit mit dem Vorherrschaftsanspruch der römischen Kirche treten. Roms Kirche konnte in der Tat nicht das Kaisertum als ein ihm übergeordnetes Prinzip zulassen; in offenkundigem Widerspruch zu ihren evangelischen Voraussetzungen versuchte sie vielmehr, das Imperium an sich zu reißen, und so kam der theokratisch-guelfische Versuch zustande.

Die mittelalterliche Kultur besteht in ihrer Gesamtheit nach landläufiger Auffassung, die wenigstens als Ausgangspunkt richtig ist, aus drei Komponenten: nordisch-heidnisch die eine, christlich die andere, römisch die dritte. Die erste Komponente spielt eine entscheidende Rolle, was die Gestaltung des Lebens, die Ethik und die soziale Verfassung betrifft. Das Lehenssystem, die ritterliche Ethik und die höfische Kultur, die ursprüngliche Substanz, die das Epos der Kreuzzüge möglich machte, sind ohne Beziehung auf das Heidnisch-Nordische als Blut und Geist undenkbar. Aber wenn die von Norden nach Rom herabgestiegenen Rassen von diesem Gesichtspunkt aus nicht als „barbarisch" zu betrachten sind, sondern eher als Träger höherer Werte erscheinen im Vergleich zu einer in ihren Menschen und Prinzipien bereits der Zersetzung verfallenen Kultur, so läßt sich dabei immerhin vom Gesichtspunkt ihrer eigentlich geistigen Traditionen aus von einer gewissen Barbarei sprechen, die nicht „Primitivität", sondern „Rückbildung" bedeutete. Wir haben von einer nordisch-hyperboreischen Urtradition gesprochen. Von solcher Tradition läßt sich bei den nordischen Völkern der Wanderungszeit nur noch ein bruchstückartiger Widerhall finden, dunkle Erinnerungen, die der Volkssage, dem Mythos und manchmal sogar dem Aberglauben breiten Spielraum lassen. Was in den nordischen Rassen dieser Zeit in den Vordergrund tritt, sind mehr die Formen eines derb-kriegerischen und roh zugehauenen Lebens als alles das, was im eigentlichen Sinne als geistig zu bezeichnen ist. In geistiger Hinsicht sind die nordisch-germanischen Traditionen, wie sie hauptsächlich in der Edda zusammengefaßt sind, die letzten Überreste eines fernen Erbgutes, deren Lebensmöglichkeiten als fast erschöpft erscheinen und bei welchen wohl wenig mehr von dem weiten Atem und der metaphysischen Spannung, die dem großen Zyklus der Urtradition eigen waren, übriggeblieben war. Es darf also von einem Zustand der Verhüllung und Latenz der höchsten nordischen Überlieferung gesprochen werden. Aber kaum stellte sich der Kontakt mit dem Christentum und mit dem Rom-Symbol her, als ganz andere Verhältnisse zutage traten. Eine solche Berührung wirkte galvanisierend. Das Christentum belebte trotz allem das Gefühl für eine Transzendenz und eine übernatürliche Ordnung im allgemeinen. Das römische Symbol bot die Idee eines Universalreiches sowie einer in einem kaiserlichen Zentrum thronenden aeternitas. All das brachte mitnichten eine Entstellung und Entfremdung gegenüber den germanischen Werten hervor, wie in gewissen Dilettantenkreisen vielfach zu glauben beliebt war; statt dessen vervollständigte das Römische die nordische Substanz, setzte ihrer kriegerischen Einstellung höhere Beziehungspunkte und gestaltete sie allmählich im Sinne eines jener Zyklen der Wiederherstellung, die wir „heroisch" genannt haben. So geschah es also, daß aus dem einfach kriegerischen Typus der Rittertypus wurde; so entwickelten sich die altgermanischen Anschauungen über den Krieg als Weg zur Walhalla bis zur übernationalen Epik des „heiligen Krieges", so gestaltete sich aus dem Stammesfürsten der Typus des geheiligten ökumenischen Kaisers.

Diese echte Renaissance, diese grandiose Entwicklung und wunderbare Verwandlung der Kräfte erforderte ein oberstes Kristallisationszentrum, höher gestellt als die Kirche, höher als der äußere politische Reichsgedanke. Dieser oberste Mittelpunkt bot sich gerade im Mythos des initiatischen Gralskönigtums und der Gralsherrschaft im Zusammenhang mit den vielen Gestaltungen der Kaisersage. Das unausgesprochene Problem des gibellinischen Mittelalters nahm im Grundthema jenes Zyklus Gestalt an: die Notwendigkeit, daß der Held der „beiden Schwerter", nachdem er natürliche und übernatürliche Prüfungen bestanden hat, *die Frage stellt*, jene Frage, die rächt und heilt, die dem Königsprinzip seine Macht wiederverleiht, die wiederherstellende Frage.

Das Mittelalter harrte des Gralshelden: dank ihm sollte sich das Heilige Römische Reich zum Bild oder zur Offenbarung des „Weltkönigs" selbst wandeln, sollten alle Kräfte sich neu beleben, der dürre Baum wieder grünen, ein allumfassender Aufschwung anbrechen, eine wahrhaft solare Ordnung zum Durchbruch kommen, der unsichtbare Herrscher zum sichtbaren und das „Zeitalter der Mitte" – das Mittelalter – gleichzeitig auch zum *Zeitalter des Mittelpunktes* gesteigert werden. Alle Machtanmaßung aber, jeder Gegensatz und jede Zerrissenheit würde so ihr Ende finden.

Es gibt wohl niemanden, der den Abenteuern der Gralshelden bis zur berühmten Frage gefolgt wäre, der nicht das klare, eindeutige Gefühl habe, als ob irgend etwas mit einem Schlage *den Verfasser* am Sprechen hindere und eine nichtssagende Erklärung zur Verhüllung der wahren Antwort gegeben würde. Es handelt sich in der Tat nicht darum, zu erfahren, was gewisse symbolische Gegenstände in der Gralsburg nach christianisierten Erzählungen oder altkeltischen Überlieferungen zu bedeuten haben, sondern es geht vielmehr darum, die *Tragik des Verfalles, des wunden oder gelähmten Königs zu empfinden*, und, nachdem man einmal die an die Gralsvision gebundene Vollendung erreicht hat, *die Frage der Wiederherstellung anzuschneiden*. Nur aus diesem Zusammenhang erklärt sich das Ganze und wird die wundertätige Kraft dieser rätselhaften Frage verständlich: der Held, der nicht gleichgültig ist und die Frage stellt, erlöst mit dieser Frage das Reich.

Die Frage stellen heißt, das Problem stellen, das *Problem um das Reich*. Daß der Held, nachdem er alle Bedingungen des irdischen sowie des geistigem Rittertums erfüllt und den Gral erkannt hat, beim Anblick der hyperboreischen Bahre, des machtlosen, erschlagenen oder noch künstlich einen Anschein von Leben bewahrenden Königs die Frage zu stellen versäumt, verrät Gleichgültigkeit gegenüber *diesem* Problem – und diese Gleichgültigkeit bedeutet für den Gralshelden Schuld. Der Hof des Grals, der zu neuem Glanz zu bringen gewesen wäre, ist das mittelalterliche Reich selbst. Der Gralskönig „Beherrscher aller Geschöpfe", Bewahrer der „höchsten Macht", ist der geschichtliche Kaiser „Fredericus", wenn er der Held gewesen wäre, der das Gralsmysterium vollbringt, ja, wir möchten sogar sagen, der selbst zum Gral wird.

Hier mischen sich Bruchstücke arktisch-atlantischer, keltischer und nordischer Überlieferungen mit wirren Bildern der hebräisch-christlichen Religion: Avallon, Seth, Luzifer, der Blitz-Stein, Joseph von Arimathia, die „weiße Insel", der Fisch, der „Herr des Pols" und die Symbolik seines Wohnsitzes, das Mysterium der Rache und der Erlösung, die „Zeichen" der Tuatha dé Danann, die ihrerseits wieder mit dem Himmelsgeschlecht zusammenfließen, das den Gral auf die Erde trug. All dies hauptsächlich außerhalb und jenseits der römischen Kirche. Durch ungefähr ein und ein halbes Jahrhundert lebte das ganze ritterliche Abendland intensiv den Mythos von König Arthurs Hof und seiner Ritter, die sich auf die Gralssuche begeben. Es war wie die fortschreitende Sättigung eines historischen Klimas, der bald ein jäher Riß folgen sollte. Dieser Aufschwung eines dem

Wesen nach dem Christentum fremden Geistes, dieses neue Erwachen einer heroischen Tradition in universeller kaiserlicher Gestaltung mußte schicksalhaft Widermächte entfesseln und schließlich zu einem Zusammenstoß mit dem Katholizismus führen.

Der wahre Grund, der aus der Kirche den hartnäckigen Widerpart des Reiches gemacht hat, war die ihr – sei es auch nur in dunkler Weise – bewußte Ahnung der wirklichen Kraft, die hinter den äußeren Formen des Rittergeistes und Kaisergedankens Boden gewann. Während auf der Gegenseite bei den Vertretern des Gibellinentums zufolge ihrer Kompromisse, Widersprücheche und Unentschlossenheiten, wovon selbst Dante – wie wir sehen konnten – nicht frei war, ein entsprechendes Bewußtsein nur mangelhaft vorhanden scheint, war in dieser Beziehung der Instinkt der Kirche zielsicher. Diese Ursachen bestimmen den Untergang des Gibellinentums, die Tragödie der Templer und des großen Ritterzeitalters.

DIE ERBSCHAFT DES GRALS

Der Gral und die Templer

W as die kaiserliche Spitze der Hierarchie anbelangt, so ist es schwierig zu sagen, welche sichtbaren und historischen Vertreter des Heiligen Römischen Reiches eine wirkliche Berührung mit dem Zentrum des „Weltherrn" hatten. Wir erwähnten bereits Legenden, die den Sinn eines geheimnisvollen, den Hohenstaufen erteilten, von ihnen in manchen Fällen begriffenen, andere Male aber nicht verstandenen und so verlorenen Auftrags andeuten. Es dürfte kein Zufall sein, daß die Volksphantasie sich veranlaßt sah, in den Gestalten jener deutschen Herrscher den Mythos des nicht gestorbenen Kaisers, der am Ende wieder aufwachen und siegen wird, wiederaufleben zu lassen. Die Prophezeiung, der zufolge der „dürre Baum" bei der Begegnung von „Friedrich" mit dem Priester Johannes wieder ausgeschlagen hätte, ist nur eine andere Form der Hoffnung auf den „Kontakt", welcher dem gibellinischen Aufschwung die Macht einer echten Restauration hätte verleihen können. Bis auf Maximilian I., der bezeichnenderweise der „letzte Ritter" genannt, in symbolische Blutsverwandtschaft mit König Arthur gebracht wird und der, wie es scheint, sogar den Wunsch genährt hat, die Papstwürde selbst anzustreben, ist im allgemeinen bei den Vertretern des Heiligen Römischen Reiches ein Abglanz des Symbols der transzendenten Königswürde festzustellen, jener „königlichen Religion nach Melchisedek", auf die sich manchmal bezeichnenderweise selbst die politische Ideologie in ihrer Verteidigung des höheren Rechtes der Herrscher, nicht als „Laien", sondern als „Gesalbte Gottes" aufgefaßt, bezog. Dieser Wendung gegenüber sah sich die Kirche schließlich bewogen, auf ihren wirren, apokalyptischen Vorstellungskreis und die Geschichte vom Kommen des Antichrist zurückzugreifen. Vor allem gegen Ende des Mittelalters wird der Versuch der Kirche sichtbar, auf die Freundin der römischen Kurie, die französische Dynastie, die positiven Züge des künftigen triumphierenden Kaisers zu übertragen, dagegen Züge des Antichrist mit jenen Sagenelementen zu verbinden, die sich auf die deutschen, gibellinischen Fürsten bezogen.[344] Daher fehlte es dann auch nicht an Auslegern, die den Antichrist selbst in der Gestalt des Danteschen Windhundes wiederzufinden glaubten.[345]

Dem Kaisertum als solchem konnte die Kirche jedoch niemals eine wahrhafte, siegreiche Opposition entgegensetzen, und der große Kampf zwischen den beiden Mächten, der in weitem Maße in einen Widerstreit wischen zeitlichen Interessen und Ansprüchen ausartete, mußte schließlich auf beiden Seiten zum Zusammenbruch führen und in der Folge zur lutheranischen Abwegigkeit, die ebenso für das Ansehen der Kirche verhängnisvoll werden sollte wie für die Idee des vollkommenen und geheiligten Kaisertums. Was dagegen die militia des Heiligen Römischen Reiches, d. h. das Rittertum, betrifft, so nahmen hier die Dinge eine andere Wendung, nämlich zu einer wahren und eigentlichen Verdrängung und Zerstörung.

Es steht außer Zweifel, daß unter den verschiedenen Ritterorden des Mittelalters der *Templerorden* mehr als irgendein anderer einen initiatischen Charakter zeigt, so zwar, daß er über jene beiden Begrenzungen hinausschreitet, wie sie einerseits im Kriegerideal der profanen Ritterschaft, auf der anderen Seite im einfachen asketischen Ideal des Christentums und seiner Mönchsorden gegeben waren, womit sich dieser Orden der „geistigen Ritterschaft des Grals" annähert. Aber eben deswegen wurde er besonders aufs Korn genommen und ausgerottet, und zwar durch ein Bündnis der Vertreter jener beiden Prinzipien, die von ihm ideell überwunden worden waren: vom Papste im Bündnis mit einem schon laisierten, verweltlichten, despotischen und dem Adel feindseligen Herrschertypus (Philipp dem Schönen); eine Verbindung, auf die das Dantesche Sinnbild des mit der „Dirne" verkehrenden „Giganten" zur Anwendung gebracht werden könnte. Was die „wirklichen" Beweggründe zur Zerstörung des Templerordens gewesen sein mögen, fällt hier wenig ins Gewicht. In solchen Fällen sind derartige Beweggründe immer „Gelegenheitsgründe" um Kräfte in Bewegung zu setzen, die zur Durchsetzung eines Planes nötig sind, dessen leitende „Intelligenz" auf einer viel tieferen Ebene gelegen ist. Schon wegen der Artung des Templerideals selbst *mußte* der Orden gewaltsam vernichtet werden. Der gegen das Rittertum gerichtete Instinkt der Kirche verfehlte übrigens nicht, sich unter dem Deckmantel verschiedener Vorwände auch gegen andere Ritterorden zu wenden. Im

Jahre 1238 nahm Gregor IX. gegen den Johanniterorden wegen seiner angeblichen Mißbräuche und Verrätereien Stellung, wobei er den Orden jedoch auch „ketzerischer" Umtriebe bezichtigte. 1307 wurden die Deutschritter vom Erzbischof von Riga ebenso der Ketzerei angeklagt, und nur mit großer Mühe gelang es ihrem Oberhaupt, den Orden zu retten. Jedoch der Hauptangriff richtete sich eben gegen die Templer. Die Zerstörung dieses Ordens fällt mit dem Bruch der metaphysischen Spannung des gibellinischen Mittelalters zusammen. Damit sind die „Kontakte" von neuem zerrissen. Der Anfangspunkt des Zusammenbruches, des „Unterganges des Abendlandes", ist gesetzt.

Den Kampf gegen den Templerorden könnte man mit größerer Berechtigung als den gegen die Katharer als „Kreuzzug wider den Gral" bezeichnen. Die Übereinstimmung zwischen Gralsrittern und Templern scheint sich bei Wolfram schon im selben Namen zu verraten: obwohl kein Tempel dabei in Frage kommt, heißen bei Wolfram die Gralshüter Templeisen, das sind Templer.[346] Im „Perlesvax" sind die Gralshüter auf der „Insel" asketische und zugleich kriegerische Gestalten, die wie die Templer ein rotes Kreuz auf weißem Gewande tragen.[347] Und ein Schiff mit diesem selben Templerabzeichen, dem roten Kreuz auf weißem Segel, ist es, das Parsifal zuletzt aufnimmt, um ihn nach dem unbekannten Sitze zu führen, wohin der Gral gebracht worden war, und von dem Parsifal nicht mehr zurückkehren wird.[348] Dieselben Themen finden sich in der Saga „Som de Nansai", da auch hier der Gral am Ende von „kriegerischen Mönchen" bewacht wird, die auf einer Insel wohnen, von der von Zeit zu Zeit diejenigen ausziehen, die in anderen Ländern die Königswürde bekleiden werden.[349]

Nun war die Templerritterschaft ein Orden, dem Kampf und besonders „heilige Kriege" als ein Weg der Askese und Befreiung galten. Äußerlich trug diese Ritterschaft das Christentum zur Schau, aber seinem esoterischen Aspekt nach und durch sein höchstes Mysterium überwand sie es, indem sie die Christolatrie und die daraus folgenden Beschränkungen frömmelnder Artung abwarf. Sie strebte danach, das Prinzip der höchsten geistigen Autorität allmählich nach einem von Rom verschiedenen Mittelpunkt zu verschieben, welchem an Stelle des Ausdruckes „Kirche" die erhabenere und universalere Bezeichnung „Tempel" zukam.

Dieser Sachverhalt ergibt sich mit hinreichender Deutlichkeit aus den Akten und Ergebnissen des Templerprozesses. So sehr nun solche Ergebnisse entweder durch Unverständnis oder bewußte Absicht entstellt und mit „Gotteslästerung" belastet sein mögen, so erblickt dennoch das geübte Auge leicht ihre wahre Tragweite.

Vor allem geht mit großer Übereinstimmung nicht nur aus den auf der Folter abgepreßten Geständnissen, sondern auch aus freiwilligen Erklärungen hervor, daß die Templer einen geheimen Ritus durchaus initiatischer Artung besaßen. Als Bedingung, um zu diesem Ritus zugelassen zu werden, oder als seine einführende Stufe, mußte man der Christolatrie abschwören. Der Ritter, der in die innere Hierarchie des Ordens eintreten wollte, hat das Kruzifix mit den Füßen zu treten und zu schmähen. Es wurde ihm die Lehre erteilt, „nicht an den Gekreuzigten zu glauben, wohl aber an den Herrn im Paradies". Jesus sei ein falscher Prophet gewesen, nicht eine göttliche Gestalt, die starb, um die Menschen von der Sünde zu erlösen, sondern irgendein Mensch, der für seine eigene Schuld gestorben war. Der Anklagetext ist so formuliert: „Et post crux portaretur et ibi diceretur sibi quod Crucifixus non est Christus, sed quidam falsus propheta, deputatus per Judaeos ad mortem propter delicta sua"[350]. Bei all dem soll man allerdings nicht so sehr an eine eigentliche Abschwörung – noch weniger an etwas Gotteslästerisches – denken, vielmehr an eine Art Probe: die Fähigkeit sollte erwiesen werden, von einer exoterischen, rein religiösen Kultusform Abstand zu nehmen. Es scheint, daß der in Frage stehende Ritus vorzüglich am Karfreitag begangen wurde;[351] aber der Karfreitag ist auch der Tag, auf den häufig die Begehung des Gralsmysteriums oder die Ankunft des Helden bei der unzugänglichen Gralsburg angesetzt wird.

Eine weitere Anklage lautet, daß die Templer die Sakramente und vor allem Beichte und Buße verachteten,[352] also das Sakrament, das mehr als die anderen das semitische und unheldische Pathos der „Sünde" und der „Sühne" spüren läßt. Die Templer hätten die Oberhoheit des Papstes und der Kirche geleugnet, und was sie gemäß den Gesetzen der Kirche ausgeführt hätten, sei nur zum Schein geschehen.[353] Dies alles ist nur die Ergänzung zu dem anti-christgläubigen Ritus: die Überwindung der äußeren und zufälligen Formen des Christentums und der frevlerischen Anmaßung einer nur dogmatisch-religiösen Gemeinschaft – welche kaum der pragmatischen Begründung der eigenen Beschränkungen sowie der in ihren Lehren und Symbolen latent vorhandenen traditionsgebundenen Elemente bewußt war[354] – die höchste Form der Geistigkeit darzustellen.

Außerdem klagte man die Templer geheimen Einverständnisses mit den Muselmanen an und behauptete, sie hätten mehr vom Islam als vom Christentum.[355] Diese letzte Erwähnung ist wahrscheinlich in Verbindung mit der Tatsache zu verstehen, daß auch für den Islam die Anti-Christolatrie wesentlich ist. Was das „geheime Einverständnis" anbelangt, so dürfen wir darunter das Bekenntnis zu einem weniger sektiererischen und mehr universalen Gesichtspunkt verstehen, als der der ecclesia militans war. Die Kreuzzüge, an denen die Templer und im allgemeinen die gibellinische Ritterschaft einen grundlegenden Anteil hatten, schufen trotz allem eine übertraditionelle Brücke zwischen Orient und Okzident, von deren wahrer Tragweite sich bisher nur wenige Rechenschaft gegeben haben. Die Kreuzfahrer fanden sich schließlich einer Art Ebenbild ihrer selbst gegenüber: Kriegern, die demselben Ethos, denselben ritterlichen Gebräuchen, demselben Ideal eines „heiligen Krieges" ergeben waren und schließlich sogar entsprechende esoterische Bünde besaßen. Den Templern z.B. entsprach im Islam der arabische Ritterorden der Ismaeliten, der ein ähnliches Ende fand wie der Templerorden, aus ähnlichen Gründen: wegen Bekenntnis zu einer Geheimlehre, die den Buchstaben der heiligen Texte verachtete.[356] Unter solchen Umständen konnte es nicht anders sein, als daß sich nach und nach ein Erkennen „inter pares" herstellte, jenseits allen Parteigeistes und aller Zufälligkeit, ein sozusagen übertraditionelles Einverständnis, wie es im Sinnbild des „Tempels" zum Ausdruck kommt. Da aber Ausschließlichkeit und Sektentum weitere Charakterzüge des Exoterismus – das ist der äußerlichsten und profansten Art der Auffassung einer Tradition – bilden, so bestätigt sich in diesem Zusammenhang von neuem die den Templern eigene „überwindende" Haltung. Aus der Geschichte der Kreuzzüge ergibt sich übrigens, daß jenes „geheime Einverständnis " nichts mit einem militärischen Verrat zu tun hatte, da die Templer bei diesen Unternehmungen zu den kühnsten, treuesten und kampfeslustigsten Scharen gehörten. Eher konnte es sich dabei um die Loslösung des „heiligen Krieges" von jenen materialistischen und äußerlichen Aspekten handeln, die ihn zu einem Kampf gegen die „Ungläubigen" und zum Tod für den „wahren" Glauben machte, also um die Wiederherstellung seiner reineren und metaphysischen Bedeutung, bei der keinerlei materielle Zielsetzung mehr in Frage kommt, ebensowenig ein besonderes Glaubensbekenntnis, sondern einfach die Fähigkeit, den Krieg zu einer asketischen Vorbereitung für die Verwirklichung der wahren Unsterblichkeit zu gestalten.[357] Eben dies war der tiefere Sinn des Kampfes auch für die Gralsritter; ihnen galt es gleich, ob der Gegner ein Christ oder ein Sarazene war, ebenso wie es ihnen gleich galt, ob der Kampf mit einem Sieg oder einer Niederlage endete,[358] da der Kampf an sich für sie reine Askese, reine Katharsis bedeutete.

Auch der Gralszyklus zeigt uns ähnliche Zusammenhänge wie jene „Einverständnisse" der Templer in dem aufgezeigten Sinne einer übertraditionellen Verständigung: arabische, heidnische und christliche Elemente sind darin zu einem Ganzen verwoben. Wolfram schreibt, wie wir gesehen haben, der von Kyot aufgefundenen Gralserzählung eine „heidnische" Quelle zu. Ebenso hat es sich gezeigt, daß Parsifals Vater ein Christ ist, der nichts dagegen einzuwenden hat, unter sarazenischen Fürsten zu kämpfen; von Joseph von Arimathia selbst heißt es, er habe den Gral erlebt, bevor er die Taufe empfangen hätte. Der Kampf um den Gral wird nicht nur als Sache der christlichen Ritter aufgefaßt, sondern ebenso der „heidnischen"; der Heide Feirefiz ist sogar im Begriffe, in der Waffenprobe seinen christlichen Bruder zu übertreffen, jedenfalls wird er schon vor seiner Taufe in die Ritterschaft des Königs Arthur aufgenommen. Andererseits wird Baruch als Kalif bezeichnet, also wieder als „Heide". In der Dynastie des Priesters Johannes, mit der, wie wir wissen, die des Grals in Zusammenhang gebracht wird, gibt es sowohl Vertreter des Heidentums wie des Christentums, ja, nach einigen Quellen sogar mehr Heiden als Christen.[359] Abgesehen von einigen späteren, radikal und gewaltsam verchristlichten Texten ist in der Gralsliteratur also weitgehend der gleiche übertraditionelle Geist spürbar wie in dem „geheimen Einverständnis", dessen man die Templer beschuldigte. Dieses Einverständnis dürfte wohl lediglich auf die Fähigkeit beschränkt gewesen sein, die *eine* Tradition auch in anderen Formen als bloß in der religiös christlichen, zu verstehen und zu achten.

Was den Hauptrius der Templer-Einweihung betrifft, so war er in strengstes Geheimnis gehüllt. Aus einem der Prozeßakten geht hervor, daß ein Ritter, der diesem Ritus die Stirne bieten wollte, bleich wie ein Toter und mit allen Anzeichen tiefster Verwirrung wiederkam und sagte, es werde ihm nunmehr sein Lebtag unmöglich sein, in tiefstem Herzen froh zu sein; ja er verfiel in einen Zustand unbeschreiblicher Bedrückung und verstarb nach einiger Zeit.[360] Eine solche Wirkung erinnert in kaum veränderter Form an die bei einigen Gralsproben festgestellte, wobei die „Haare weiß werden", und in dem, der in der Prüfung versagt, ein tiefer Abscheu vor allen irdischen Dingen und ein tiefes und unheilbares Gefühl des Unglückes erweckt werden. Die Ursache eines solchen „Entsetzens", so daß man nicht mehr weiß, wo man sich befindet und nur noch an die Flucht denken kann, ist nach einer anderen Zeugenaussage der Templer[361] die Schau eines Idols. Dieses Templeridol – Baphomet – wird in sehr verschiedener Weise geschildert. Für die einen ist es ein alter bärtiger Mann mit goldener Krone, für andere ist es eine mächtige goldene Gestalt oder die Erscheinung einer Jungfrau; für wieder andere ist es eine zweigesichtige Gottheit oder eine androgyne Gestalt oder eine tierköpfige Erscheinung usw. Es sind dies wahrscheinlich Dramatisierungen eines Initiatenerlebnisses, in welchem das Moment der individuellen Einbildungskraft eine wichtige Rolle gespielt haben dürfte. Eine Orientierung wird jedenfalls durch das Zeugnis gegeben, das Idol sei ein „Dämon", der (allegorisch) „Weisheit und Reichtum" verleihe.[362] Eigenschaften, die wir schon dem Gral selbst innewohnen sahen; außerdem dient uns als Behelf der dem geheimnisvollen Idol am häufigsten gegebene Name Baphomet. Baphomet läßt sich höchstwahrscheinlich auf die griechischen Worte βαφὴ γήνους d. h. „Taufe der Weisheit", Gnosis im höheren Sinne,[363] zurückführen. Damit dürfte der Name eines Ritus gemeint sein, der wahrscheinlich auf das Idol selbst übertragen wurde. Die Vision Baphomets – im Sinne eines übergeordneten Mysteriums – scheint in einem bestimmten Moment der Messe stattgefunden zu haben,[364] was uns an die Zeremonien erinnert, welche die christianisierten Gralstexte als eine Art Messe beschreiben. die den Gral zum Hauptbeziehungspunkt hat und dadurch zu einem gefährlichen Mysterium wird, indem man dabei von einem Degen durchbohrt werden oder das Augenlicht verlieren kann. „Weisheit" heißt immerhin das, was der Wolframsche Parsifal, die „stählerne Seele", am Ende erreicht; nach anderen ist die „Weisheit", Philosophine, eine Ur-Trägerin des Grals, die „Mutter" Parsifals selbst.[365] Die „Weisheit" findet sich in den gnostischen Schriften oft durch eine Jungfrau oder Frau versinnbildlicht – z.B. durch die Jungfrau Sophia. Bringt uns dies jene Deutung nahe, der gemäß Baphomet – der Mittelpunkt der templerischen Weisheitstaufe – „eine Jungfrau" sein soll, so erinnert es andrerseits wieder an jene Symbolik der Frau, die wir schon in den Rittererzählungen eine so große Rolle spielen sahen. Übrigens darf darauf verwiesen werden, daß Bernhard von Clairvaux, der als eine Art geistigen Vaters der Templer betrachtet wurde, auch den Namen „Ritter der Jungfrau" führte. In einem anderen Zeugnis – es ist bemerkenswert, daß es nordisch-englischen Ursprungs ist – scheint das Templergeheimnis ebenso wie das des Grals in Beziehung zu einem geheiligten Steine zu stehen: die Templer sollen sich in den schwierigsten Lagen an einen Stein gewendet haben, der in ihrem Altar eingeschlossen war.[366] Eine Bezeichnung für den „Stein" war in der mittelalterlichen Hermetik der *Rebis*, d.h. das doppelte Ding. Dies könnte auch die Verbindung mit dem Baphomet-Symbol in seiner „androgynen Form ermöglichen. Wer sich mit der „Frau vereint und sie im Werke der initiatischen Vollendung in sich aufgesaugt hat, wurde oft – auch im Morgenland – als Herrscher der beiden Naturen, als Androgyn, aufgefaßt.

Bezeichnend ist die Fälschung oder das Unverständnis, auf dem die Anklage beruhte, die Templer pflegten vor ihren Götzen die von ihnen in Sünde gezeugten kleinen Kinder zu verbrennen.[367] Worum es sich hierbei in der Tat handelte, dürfte bloß die der heldisch-solaren Einweihung entsprechende „Taufe durchs Feuer" gewesen sein, wie sie den Neophyten erteilt wurde: Jeder, der die Initiation erhält, erscheint nach einer allen Überlieferungen gemeinsamen Terminologie als „Sohn" der Meister, als „Neugeborener" nach seiner zweiten Geburt. Auch in der chiffrierten Sprache der griechischen Mythologie finden wir übrigens das Symbol einer Göttin – Demeter –, die ihr Kind ins Feuer legt, damit es unsterblich wird.[368] Diese Wiedergeburt hatte wahrscheinlich ihr Sinnbild in dem Gürtel, den jeder Ritter empfing, um ihn dauernd zu tragen und der in Berührung mit dem Idol gebracht werden mußte, auf daß er sich mit einem besonderen „Einfluß" sättige.[369]

Der Gürtel bzw. die Schnur als γανία war schon in den klassischen Mysterien das Zeichen der Initiation, ebenso wie er im arischen Orient das Zeichen der höheren Kasten der „Zweimalgeborenen", vor allem der „solaren" Kaste, der Brahmana, war. Zugleich ist die Schnur auch Symbol der unstofflichen Kette, des Bandes, das unsichtbar und „dem Wesen nach" über jede materielle Organisation hinaus alle jene verbindet, die durch die gleiche Initiation Träger derselben übersinnlichen Kraft geworden sind.

Das „doppelte Feuer" ist ein in gewissem Maße jenem des „doppelten Schwertes" (vgl. S. 161) entsprechendes Sinnbild. Im Morgenlande bezog sich darauf die Lehre von der Doppelgeburt Agnis, des arischen Feuers, in der klassischen Welt die Vorstellung des doppelten Feuers, des tellurischen und des uranischen. Nun bezieht sich eines der Hauptsymbole der Templer, die „Doppelfackel", wahrscheinlich auf denselben Bedeutungsgehalt und steht mit einem Kelch in Verbindung, der hier, wie ein Verfasser bemerkt,[370] die Rolle „einer Art von Gral" spielt. Die beiden Fackeln gehören übrigens schon der Mithrassymbolik an, sie standen also in Verbindung mit einer hauptsächlich für die alten Kriegerkasten bestimmten Initiation.

Wir haben bereits erwähnt, daß Innozenz III. die Templer beschuldigte, die „Lehre der Dämonen", worunter einfach die traditionsgebundenen, übernatürlichen Wissenschaften zu verstehen sind, zu pflegen. Über die Templer waren Gerüchte im Umlauf, die sie zu Zauberern und Totenbeschwörern stempeln wollten. Nach einigen sollen sie die Alchemie geübt haben. War dies auch sehr wahrscheinlich nicht der Fall, so steht doch fest, daß viele Darstellungen auf den Denkmälern und Grabsteinen der Templer astrologisch-alchimistische Sinnbilder tragen, z. B. das Pentagramm zusammen mit verschiedenen Planeten und Zeichen der Metalle.[371] Im Gralszyklus haben wir schon ähnliche Elemente vorgefunden: astrologische Hinweise finden sich überaus reichlich bei Wolfram von Eschenbach. Kyot mußte, um die Texte zu entziffern, welche die „in den Sternen gelesenen" Geheimnisse des Grals enthalten, die magischen Schriftzeichen erlernen. Die „Fischerkönige" werden manchmal als Zauberer beschrieben, die nach ihrem Belieben viele Gestalten annehmen können. Der Magier Merlin ist eine Art Doppelgänger Arthurs selbst. In der „Morte Darthur" kommt die Überzeugung zum Ausdruck, die Hilfe einer magischen Kraft habe Sir Balin instand gesetzt, die Schwertprobe zu bestehen. Schließlich ist an die Überlieferung zu erinnern, der gemäß der Gral von den „gefallenen Engeln" auf die Erde gebracht und behütet wird, ein Gegenstück zu jenen „Dämonen", auf die Innozenz III. die Lehre der Templer zurückführen wollte, oder zu den Dämonen, denen die verchristlichten keltischen Texte die Tuatha dé Danann – die Rasse von oben bzw. aus dem Avallon, Trägerin göttlicher Wissenschaften – entsprechen lassen. Das Pentagramm, ein traditionsgeheiligtes Zeichen der übernatürlichen Herrscher, kommt in einem Templergrab vor;[372] in einem englischen Gralstext – „Sir Gawein and the green knight" – empfängt es der Gralsheld als Abzeichen, und nach anderen Texten desselben Zyklus soll das Pentagramm das Gralsschwert weihen, auf daß es nicht zersplittere und seine Kraft ungeschmälert bleibe.[373]

Schließlich ist hervorzuheben, daß die Gegner der Templer einerseits tendenziös immer wieder deren Frauenfeindlichkeit betonten, andererseits aber die Initiaten anklagten, das Keuschheitsgelübde des Ordens zu brechen und sich naturwidrigen Begattungen hinzugeben.[374] Reinheit, Enthaltsamkeit, zuweilen auch Jungfräulichkeit werden auch im Gralszyklus von den vorbestimmten Helden gefordert. Wir haben aber bereits die Möglichkeit aufgezeigt, derartigen Begriffen einen höheren Sinn als den bloß sexuellen und moralistischen zuzusprechen. Der Verzicht auf die irdische Frau bezieht sich, wie festgestellt, hauptsächlich auf die Überwindung der „Begierde". Nicht sein Liebesbund mit der Frau vom Gral, sondern sein Hörigkeitsverhältnis zu Orgeluse bringt Amfortas zu Fall. Wie den Gralskönigen bei Wolfram eine Frau zugebilligt war – der kûner sol eine – ze rehte ein konen reine –, während die einfachen Ritter darauf verzichten müssen, so darf man auch annehmen, daß die einfachen Templer die materielle Enthaltsamkeit pflegten, die Adepten des Ordens aber eine transzendente Keuschheit übten, die jene des Fleisches gleichgültig und nebensächlich machte. Sollte man berechtigt sein, hinsichtlich des initiatischen Templertums die Ansichten der Sexualmagie anzuwenden, wie wir sie anläßlich der Amfortas-Episode erwähnt haben, dann wäre es schließlich nicht schwierig, das zu verstehen, worum es sich wahrscheinlich bei den vermeintlichen „naturwidrigen Begattungen" der Templer wirklich handelte.[375]

Aus der Eigenart eines sowohl asketischen als auch kriegerischen Ordens und angesichts der eben hervorgehobenen Elemente ergibt sich eine ideelle Entsprechung zwischen der geschichtlichen Realität des Templerordens und dem Ideal der Gralsritterschaft. Andererseits läßt der erwähnte Umstand, daß die Initiationsquelle der Gralsromane am Vorabend der tragischen Vernichtung der Templer und der Entfesselung der Inquisition auf geheimnisvolle Art versiegt, eine Art okkulter Übereinstimmung auch auf der Ebene der Wirklichkeit ahnen. Mit der Zerstörung des Templerordens und dem Zusammenbruch der Spannung, die das gibellinische Reich schon zur Zeit eines Otto des Ersten und eines Friedrich Barbarossa zur Größe erhoben hatte, sanken bereits nach Erscheinung strebende Kräfte neuerdings ins Unsichtbare hinab, entfernte sich die Geschichte wieder von dem, was höher gelegen ist als Geschichte. Überlebend blieb nur der Mythos vom Kaiser, der wohl nicht gestorben ist, dessen Leben aber erstarrt und dessen Sitz ein unzugänglicher Berg ist. Wir haben hier eine pessimistische Rückkehr des alten Motivs von der *Erwartung*. Der Gralszyklus, der diese übertraditionelle Kaisersage vorwiegend in positivem Sinne übernommen hatte, indem er den wiederherstellenden und rächenden Helden eingreifen ließ, zeigt zuletzt die Spuren eines solchen Pessimismus. Die Legendenfassung des „Diu Crône" zeugt noch von dem der Periode der Hochspannung eigenen heldischen Geist, denn das Verschwinden des alten Königs und der Seinen zusammen mit dem Gral bezeichnet die erfüllte Aufgabe, das Erscheinen des Helden, dessen Sendung geglückt ist und der als Besitzer des unbesiegbaren Schwertes die Königsgewalt ergreift. Andere Texte zeugen jedoch von einer ganz anderen Stimmung, jener Stimmung, die sich später in den Gestaltungen der Kaisersage findet, wo der Ausgang der letzten Schlacht für den aus seinem Schlafe erwachten König verhängnisvoll ist. Er kann den entfesselten Kräften nicht standhalten, und wenn er den Schild an den dürren Baum hängt, hat dies nicht mehr wie in der schon erwähnten Erzählung den Sinn eines Teilnehmens an den unwiderstehlichen Mächten der Weltherrschaft, sondern vielmehr den einer Aufgabe des Regnums und eines Dahingangs in den Himmel.[376] So finden wir in dem Epilog des Textes

Manassiers einen Parsifal, der die Rache zwar vollendet, dann aber auf die Königswürde verzichtet, den Gral, das Schwert und die Lanze mit sich nimmt und sich in ein rein asketisches Leben zurückzieht,[377] eben in *das* Leben, dem sich der Wolframsche Trevrizent, der Bruder des verwundeten Gralskönigs, unter Verzicht auf das Schwert geweiht hat, um Amfortas' Verfall auf einem anderen Weg als durch Heldentum aufzuhalten, bis das Reich in seiner Herrlichkeit wiedererschteht. Bei Manassier wird Parsifal ebenfalls Asket und Priester. Er stirbt, und nach seinem Tode weiß niemand mehr von den drei Gegenständen.[378] In „Perceval li Gallois" ziehen sich Parsifal und sein Gefolge ebenso zu einer asketischen Lebensführung in ein Land zurück, in dem sich der Gral jedoch nicht mehr offenbart. Um Parsifal dorthin zu führen, erscheint das *Schiff der Templer*, das Schiff mit dem roten Kreuz auf dem weißen Segel, und von da an hörte man nichts mehr weder von ihm, noch vom Gral.[379] Das gleiche Thema kehrt wieder in der „Queste du Graal": eine himmlische Hand ergreift den Gral und die Lanze, die nie wieder gesehen werden, Parsifal aber zieht sich in die Einsamkeit zurück und stirbt.[380] Im „Titurel" wandert der Gral nach „Indien", in das symbolische Reich des Priesters Johannes. Die Völker rings um Salvaterre und Montsalvatsche haben sich einem sündhaften Leben ergeben, und die Ritter von Montsalvatsche können dem trotz aller Bemühungen nicht gegensteuern. So vermag der Gral nicht zu verweilen und muß dorthin gebracht werden, wo das Sonnenlicht aufgeht; ein Schiff bringt ihn nach einer phantastischen, sinnbildhaften Reise nach Indien ins Reich des Priesters Johannes, das beim „irdischen Paradies" liegt; sind einmal die Templer mit dem Gral hier angelangt, so wird auch die Burg Montsalvatsche wundertätig dorthin versetzt, da „nichts davon unter den sündigen Völkern verbleiben darf", und Parsifal übernimmt selber das Amt des „Priesters Johannes", der kein anderer ist als ein Bild des unsichtbaren „Welt-Königs".[381] Schließlich treffen wir in der „Morte Darthur" als Umgestaltung des Motivs von Arthur, der sich todwund nach Avallon zurückzieht, einen Galahad, der im Zustand der Haft vom Gral genährt wird; nachdem er die volle Gralsschau erlangt, tritt er die Herrschaft nicht an, sondern fordert, die Erde verlassen zu dürfen, und so kommen Engel, seine Seele in den Himmel zu entrücken. Eine himmlische Hand bemächtigt sich des Gefäßes und der Lanze, und „von nun an kann niemand so vermessen sein, zu behaupten, er habe den Sancgreal gesehen".[382]

Jenseits des Höhepunktes des Mittelalters sinkt die Tradition also wieder in unterirdische Bereiche hinab. Ein gleichzeitig historischer und metaphysischer Zyklus kommt zu seinem Abschluß, das Gralskönigtum wird zum bloßen Initiationstitel, das Gralsreich nur ein unsichtbares Reich. Vom Strom des Werdens getragen, treten Menschen und Völker immer weiter abseits, fort von den „unbeweglichen Ländern", von der „Insel", hemmungslos in die kritische Phase des Zyklus, der überlieferungsgemäß den Namen „dunkles Zeitalter", kaliyuga, trägt.[383]

Der Gral, die Katharer, die „Getreuen der Liebe"

Die Gralslegende zeigt geschichtliche Beziehungen zu dem, was man gemeinhin die Troubadourliteratur zu nennen pflegt, insbesondere zu den *„Höfen der Liebe"* und den *„Getreuen der Liebe"*, so zwar, daß die Gralssage von manchen Autoren als ein Teil dieses Schrifttums aufgefaßt wird, eines Schrifttums, das dem literarischen Vorurteil gemäß nichts weiter gewesen sein soll als Dichtung und mittelalterliche Romantik. Tatsache ist vielmehr, daß auch die Troubadourliteratur in hohem Maße einen esoterischen Hintergrund und okkulte Bestrebungen aufweist, eine Ansicht, die übrigens heute in Italien und Frankreich nach der genialen Wiederaufnahme der Thesen Rossettis und Aroux' durch Luigi Valli[384] von mehreren bereits vertreten wird. Es handelt sich nun darum, die Tragweite dieser Esoterik zu prüfen und zu sehen, in welcher Hinsicht die Troubadourbewegung ähnliche geheime Einflüsse widerspiegelt wie jene, die den Gralszyklus gestalteten.

Vor allem steht fest, daß die Strömung der „Getreuen der Liebe" sehr oft eine ausgesprochen gibellinische, antikatholische, ja sogar ketzerische Gesinnung verriet. Schon Aroux hatte hervorgehoben, daß sich die „frohe Wissenschaft" hauptsächlich in Städten und Schlössern der Provence entwickelte, die auch Zentren der Ketzerei waren, vor allem der Katharerketzerei. Aufgrund dieser Voraussetzung zielten seine Forschungen nach einem geheimen und sektiererischen Inhalt der Troubadourpoesie.[385] Rahn neigt sogar dazu, in der Geschichte Wolframs von Eschenbach die Umdichtung einer provenzalischen Erzählung zu erblicken, die in enger Verbindung mit den Geschichten der Katharer stand, vor allem mit denen ihres Schlosses Montségur.[386] Unsererseits halten wir es für angebracht, zwischen den „Getreuen der Liebe" und den Katharern zu unterscheiden, und glauben, daß insbesondere der Geist des Katharismus nur wenige Berührungspunkte mit dem des Grals aufwies.

Auch die Katharer erhoben Anspruch darauf, Träger eines höheren Wissens und einer reineren Geistigkeit als der katholischen zu sein. Sie bestritten die Oberhoheit der Kirche und betrachteten die Anbetung des Kreuzes als eine Schmähung der göttlichen Natur Christi, ja sie trieben ihre Abneigung so weit, daß sie sagen konnten: „Möge ich nie in diesem Zeichen erlöst werden können!"[387] Sie kannten Mysterien, die in den Riten der manisola und des consolamentum spiritus sancti ihren Höhepunkt hatten, durch welche bestimmte Mitglieder ihrer Gemeinschaft zum Grad der sogenannten „Vollendeten" erhoben wurden.[388] Allerdings erweist sich im allgemeinen ihre Strömung als eine ziemlich verdächtige Mischung von Urchristentum, Manichäismus und schlecht verstandenem Buddhismus. Das Katharertum führt die ursprüngliche Richtung der christlichen Weltflucht bis zur höchsten Übersteigerung: der den Katharern eigene Pazifismus und Pessimismus, ihre Betonung des Pathos der Liebe und der Entsagung, ihr Drang nach gestaltloser Befreiung, ihr zwischen dem „Lunaren" und dem Exaltierten schwebendes Asketentum (so nahmen manche Katharer den freiwilligen Hungertod auf sich, weil sie glaubten, sich so von der Welt loslösen zu können, einer Welt, die sie als eine üble Schöpfung des Gegengottes und als Stätte der Verbannung auffaßten) zeigt uns diese Bewegung als bedeutend entfernt von aller „heroischen" Geistigkeit und im Grunde auch von wirklicher, strenger Initiation. Das verhindert jedoch nicht, daß der Katharismus den Gibellinismus gefördert hat, sei es auch auf indirektem Wege, aus Zweckmäßigkeitsgründen und nicht aus echter Verwandtschaft mit der geheimen Seele des Kaisermythos. Die Provence, die Heimat des Katharismus, kann als eines der Zentren betrachtet werden, in denen sich infolge der Kreuzzüge die Übertragung von verschiedenen traditionsgebundenen Lehren und Symbolen des arabisch-persischen Ostens in den nordisch-christlichen Okzident vollzog.

Während jedoch durch den Gralszyklus die positiv-männliche Seite des alten, vorchristlichen, nordisch-keltischen Erbgutes von neuem zum Durchbruch kommt, scheint im Katharismus vielmehr der negative, gynäkokratisch-feminine Aspekt eines anderen, vorchristlichen Erbes wiederzuerwachen, das wir an anderer Stelle als atlantisch-südlich gekennzeichnet haben,[389] und das als eine Entstellung der Urtradition im Sinne eines „Mutterzyklus" zu betrachten ist.[390] Haben die Katharer vom Manichäismus und vom Buddhismus das Symbol des „Mani" übernommen, des leuchtenden, die Welt erhellenden Steins, der die Menschen jedes irdische Verlangen vergessen läßt,[391] so besteht nur äußerlich eine Entsprechung zum Gral, denn das Steinsymbol hat in diesem Zusammenhang bloß die lunaren und religiösen Züge des „Kleinods des Mitleids" und der „göttlichen Liebe".

Die Abneigung der Katharer gegen die Kirche gründet sich auf die Tatsache, daß sie in der römischen Kirche eine Art Fortsetzung des Mosaismus erblickten (der mosaische Gott ist für die Katharer sowie für gewisse Gnostiker und für Marcion der Gott der Erde und dem der „Liebe" feindselig). Alles in allem war die Kirche allzusehr „römisch", als daß die Katharer in ihr die von ihnen ersehnte Kirche der „Liebe" hätten erblicken können. Daher hatte der Kreuzzug gegen die Katharer einen zutiefst anderen Sinn als der gegen die Templer.[392] Peyrat sieht in diesem Kreuzzug eine Auseinandersetzung zwischen der autoritären römischen Theokratie im Verein mit dem feudal-monarchischen, gallischen Frankreich des Nordens auf der einen Seite, auf der anderen Seite dem iberischen, demokratisch-föderativen, munizipalen Aquitanien, der Wiege eines Rittertums, dessen Bestreben die Emanzipation von Rom und dem nordischen Frankreich zum Ziele hatte.[393] Wir halten diese Auffassung Peyrats für richtig, freilich ohne mit dem entsprechenden, persönlichen Werturteil des Verfassers einig zu sein. Das hindert aber nicht, daß der von der Kirche, die sich mit dem „Riesen" gegen die Katharer verbündet hatte, geführte Schlag zum Unterschied vom Kampf gegen die Templer letzten Endes gegen ein Element gerichtet war, das unzertrennlich vom ursprünglichen Pathos des wahren Christentums ist, kurz gegen etwas, das vielleicht mehr als der Katholizismus als echt christlich bezeichnet werden könnte.

Wir hoben bereits hervor, daß das Troubadourwesen und die Strömung der „Getreuen der Liebe" nicht in eindeutige Verbindung zum Katharertum zu bringen sind. Oft zeigen jene in höherem Maße traditionsgebundene, initiatische und gibellinische Züge, wenn auch nicht so weit, daß sie dem Geiste des Gralszyklus gegenüber nicht doch als eine schon aufgespaltene Form erscheinen, die einerseits nur kontemplativer, andererseits lediglich militanter Art ist. Wie schon ausgeführt und wie wir abermals sehen werden, zeigt sich dies in sehr bezeichnender Weise auch bei Dante Alighieri.

Der Tradition nach wurden die „Leys d'amors" der Troubadoure ursprünglich von einem bretonischen Ritter auf dem *goldenen* Zweig einer *Eiche* aufgefunden, auf den sich der Falke des Königs Arthur niedergelassen hatte.[394] Eine Symbolik, die uns schon bekannt ist, wie die des goldenen Ringes, den der Troubadour von seiner „Dame" empfing, wenn er ihr ewige Treue gelobte. Zur Weihe dieses Ritus wurde in der Provence die heilige Jungfrau und in Deutschland „Frau Saelde" angerufen,[395] die – wie schon ausgeführt – auch als Schützerin des Reiches Arthurs auftritt und als jene Herrin, die die Eroberung des Grals fördert und unterstützt.

„Frau" und „Liebe" haben in dieser Literatur einen noch deutlicher symbolischen Charakter als bei den verschiedenen weiblichen Gestalten der Gralstexte und der eigentlichen Ritterliteratur und werden zum Mittelpunkt jedes Geschehens. Die Liebe der „Getreuen der Liebe" hat nichts mit menschlicher Leidenschaft und auch nichts mit „platonischer" Liebe zu tun, wenn diese als Sublimation der ersteren aufgefaßt wird. Aber ebensowenig – und das ist noch wichtiger – hat sie mit der Liebe als Caritas und mystisch-humanitärem Pathos etwas zu schaffen. Die wahre Deutung, die zum größten Teil auch auf den Minnedienst und auf die „Liebe" der verschiedenen Gralsritter anwendbar ist, vermittelt ein provenzalischer Troubadour, Jakob von Baisieux, wenn er die Liebe *mit der Vernichtung des Todes* gleichsetzt, mit den Worten: „A senefie en sa partie ,sans', et mor senefie ,mort'; or l'asemblons, s'aurons ,sans mort'." Die „Liebenden" bedeuten also für ihn diejenigen, „die nicht sterben" und „in einem anderen Zeitalter der Freude und des Ruhmes leben werden"[396]. Daß auf dieser Grundlage die „Liebesliteratur" oft einen geheimen Sinngehalt hatte, ist klar und geht zudem aus mehr als einer Erklärung hervor, die von den Autoren selbst stammt. Franz von Barberino sagt zum Beispiel, „er fürchte das grobe Volk" und schreibt: „Ich sage und erkläre, daß ich alle von mir geschriebenen Werke, in denen die Liebe behandelt wird, in geistigem Sinne auffasse, aber nicht alles kann für alle erläutert werden."[397] Seine „Documenti d'Amore" tragen als Siegel die beredsame Gestalt eines Kriegers mit dem Schwert in der Hand, aus dessen Mund die mehr als bezeichnende Inschrift hervorgeht: „Io son vigor e guardo sel venisse – alchun chel livro aprisse – e se non fosse cotal chente a detto – dregli di questa spada per lo petto" („Ich bin die Kraft und schaue, ob jemand kommt – der das Buch öffnen will; – ist es nicht der Gemeinte – dann werde ich ihm mit diesem Schwert die Brust durchbohren").[398] Eine Warnung also für den Profanen: bewaffneter Schutz einer geheimen Lehre, der uns an den ebenso bewaffneten Schutz des Grals denken lassen soll. Um diese Lehre dem Profanen unzugänglich zu machen, wird sie unter einer „erotischen" Symbolik verborgen, ähnlich wie im Gralszyklus sie dagegen durch eine „heroische" Symbolik zur Darstellung gebracht wurde.

Besonders Valli haben wir die Klarstellung zu verdanken, daß die „Frauen" der „Getreuen der Liebe", welchen Namen sie auch tragen mögen–„Rose", Beatrix, Johanna, Selvaggia usw.–, die Frauen Dantes, Cavalcantis, Dino Compagnis und der Dichter des sizilianischen Hofes einschließlich Friedrichs II. bis Boccaccio und Petrarca, alle eine einzige symbolische Frau verkörpern, und diese Frau ist das Sinnbild der geheimen Lehre, nach deren Besitz gewisse Kreise strebten, die trotz ihrer äußerlichen Zerstreuung unsichtbar geeinigt und unter dem Zeichen einer betont kirchenfeindlichen, militanten Gesinnung verbunden waren. Wir wollen nur einige Beispiele anführen: die Liebe Dantes enthüllt sich an einer bestimmten Stelle als Liebe für die „Heilige Weisheit". Seine „Frau" Beatrix verleiht ihm die initiatische „Freiheit"–Dantes Seele wird durch sie nicht nur „vom Leibe losgelöst", sondern im Paradies verdunkelt ihre „Sonne" die „Sonne Christi". Dino Compagni schreibt: „Die liebreiche Madonna Intelligentia – die in der Seele ihren Wohnsitz hat – die mit ihrer Schönheit meine Liebe erweckte, und dann: „Oh ihr, die ihr ein feines Verstehen habt – *liebet die souveräne Intelligentia* –, die die Seele aus dem Zwiespalt heraushebt, – die im Angesicht Gottes weilt… – Sie ist eine herrliche Frau von großer Tugend, – die die Seele nährt und das Herz weidet –, und wer ihr Diener ist, irrt nie." Cavalcanti sagt von ihr: „Eine so schöne Frau, daß der Verstand sie nicht zu fassen vermag", und ruft im Zusammenhang damit aus: „Dein Heil ist erschienen!" Die Liebe des Guido Guinizelli gilt einer Frau, die „das Wahre geben muß – wie *die Intelligentia des Himmels*". Im „Jugement d'Amour", wo eben jene Blancheflor vorkommt, die wir als eine der „Frauen" um Parsifal kennengelernt haben, wird von den „Geheimnissen der Liebe" gesprochen, die „den Feigen, den Fürwitzigen und gewöhnlichen Personen mitzuteilen verboten ist, und die „den Geistlichen und den Rittern vorbehalten bleiben sollen". Schließlich erklärt Arnold Daniello, den Petrarca „*Großmeister der Liebe*" nennt, „wenn er die Frau erränge, würde er sie tausendmal mehr lieben, als der Einsiedler oder Mönch Gott liebt. Aus all dem tritt klar das Thema hervor, das insgeheim diese gesamte Literatur durchzieht, und auf das man auch dort zurückgreifen muß, wo es weniger sichtbar und mehr von dichterischen und gefühlsmäßigen Wendungen überwuchert ist.[399] Es ist vielmehr nicht ausgeschlossen, daß in gewisser Hinsicht der Begriff der „Liebe" in einigen Kreisen sich nicht nur auf ein Symbol beschränkte, sondern auf einen besonderen Weg anspielte, wobei das erotische Moment, oder besser gesagt das der „Leidenschaft", des „Feuers", eine wichtigere Rolle als das intellektuelle oder asketische spielt und die Triebkraft zur initiatischen Vollendung darstellt. Die indische Tantrik, in welcher die Frauensymbolik eine grundlegende Rolle spielt, betrachtet z. B. in ihren esoterischen Aspekten gewisse Verwandlungsmethoden, bei denen die in geeigneter Weise erweckten und geleiteten Kräfte des Eros zum inneren „Erwachen" eingesetzt werden. Auch bezüglich der in Frage stehenden mittelalterlichen Kreise soll jedoch offenbleiben, wie weit der „Weg der Liebe" so gesteigert wurde, daß er zur Ebene der eigentlichen Sexualmagie führen konnte.

Nicht nur das Thema der Frau kommt in diesem Schrifttum zum Ausdruck, sondern, wie im Gralszyklus, auch das der Witwe. Barberino spricht von einer geheimnisvollen Witwe – „ich sage dir deutlich, daß es eine gewisse Witwe gab und gibt, die keine Witwe ist" –, von einer Witwe, die er gekannt hat, und in welcher er schließlich seine „Festigkeit wieder-findet.[400] Das ist die „Veve Dame", die auch Parsifals Mutter ist; in einer Fassung der Sage ist sie die Gralsträgerin, die – wie ihr Name Philosophi-ne deutlich zeigt – ein Äquivalent der „Madonna Intelligentia" darstellt. Sie entspricht auch der Witwe oder einsamen Königin, die wir so oft von den Gralsrittern befreit und geheiratet sahen.[401] Kurz, auch der „Getreue der Liebe" sucht jenes Wissen oder jene Überlieferung, *die keinen Mann hat oder keinen Mann mehr hat* (die Witwe) und die allein „Stärke" bzw. „Festigkeit" verleiht.[402]

In dieser Literatur kennt man eine Hierarchie der Liebe. Nicolaus de Rossi verteilt „die Stufen und die Kraft der wahren Liebe" nach einer Stu-fenfolge, die von der liquefatio zum languor geht, zum zelus und schließ-lich zur ekstasis, „quae dicitur excessus mentis", also zur überrationalen, überindividuellen Verwirklichung.[403] Bei Barberino findet sich eine Ver-bildlichung der Liebe mit Rosen, Pfeilen und einem Schimmel neben zwölf schlafenden Gestalten, Darstellungen der zwölf Tugenden oder Stufen einer Rangordnung, die in den Hof der Liebe – introducit in Amoris curiam (vorletzte Stufe) – und schließlich in die *Ewigkeit* einführt.[404] Hier kehrt also die Symbolik des Pferdes in Beziehung zu dem Prinzip wieder, das Nicht-Tod, amor, ist. Was nun Pfeile und Rosen anbelangt, so entsprechen sie offenbar der Doppelmacht, tödlich zu treffen und neu zum Leben zu erwecken (erblühen zu lassen – die Rose), die wir schon als dem Gral eigen feststellen konnten. Überdies symbolisiert Dante als „ewige Rose" offenkundig die Vision der Überwelt und lehrt uns damit, was ungefähr unter jenen Frauen zu verstehen ist, die so oft den Namen „Rose" führen und in ausgesprochen gibellinischen Kreisen so hoch gefeiert wurden wie zum Beispiel am Hofe Friedrichs II., angefangen beim Kaiser selbst.[405]

Was nun jenen anderen Aspekt des Prinzips „Liebe" betrifft, dem ge-mäß es sich in seiner Transzendenz zerstörerisch offenbaren kann, so ist es bedeutsam, daß bei den „Getreuen der Liebe", wie im Gralszyklus, das Motiv einer Verwundung wiederkehrt, und zwar nicht durch einen Pfeil, wie man erwarten könnte, sondern durch eine Lanze. Bei Jakob von Baisieux liest man: „Die Liebe, die nicht lange braucht, ihre Getreuen zu erkennen, fliegt dem entgegen, nach dem die Dame sich quält, verwundet ihn mit ihrer *Lanze* und versetzt ihm einen solchen Stoß, daß es ihm das Herz aus der Brust reißt und es zu seiner Dame trägt."[406] Nach demselben Autor, der nicht zögert, zu erklären, daß die ersten und vornehmsten Getreuen der Liebe *die Ritter König Arthurs und des Grals waren*, verlangt die Liebe – Amor –, daß ihre Getreuen „bewaffnet zum Kampf seien, denn sie will den Übermut der Stolzen beugen und diejenigen niederschlagen, die ihr feindselig sind".[407] Solche Übermütigen werden von ihr mit der *Lanze* durchbohrt, so wie Amfortas es wurde, weil er sich der Stolzen – Orgeluse – hingab. Von der Liebe im allgemeinen heißt es bei Cavalcanti, sie „wecke den Geist, der schlief" – d.h. sie ruft das initiatische Erwachen hervor –, aber auch, daß sie das Herz töte und die Seele schaudern mache. Ähnlich erklärt Dante angesichts der Vision der „Frau": „Ich bezwang mich, um nicht zu stürzen", und „das Herz erstarb, das lebend war",[408] lauter Ausdrücke, die uns mit vielen anderen, sich oft auf einen rätselhaften „Gruß" der Frau beziehenden Wendungen[409] die Wirkung transzendenter Erfahrungen, ähnlich denen der angeführten Templer-Zeugenaussage, in Erinnerung rufen und keineswegs als rhetorische Umgestaltungen eines erotischen Pathos zu betrachten sind.

Was den Vorgang der Initiation und gleichzeitig die gesamte Rangordnung der Getreuen der Liebe betrifft, so ist die wichtigste Urkunde hierfür eine Abbildung im Werke Barberinos. Hier sieht man dreizehn Gestalten, die in Anbetracht dessen, daß die mittlere eine androgyne Doppelgestalt ist, nach der Beobachtung Vallis als zu der Mittelfigur symmetrisch aufzufassen sind, so daß sich sieben Paare ergeben, die offenbar den Stufen einer Hierarchie oder der „himmlischen Reise" entsprechen, die überlieferungsmäßig immer in symbolische Beziehung zu den sieben Planetenhimmeln gebracht wurde.[410] Die niederen Grade bis zu dem Mann und der Frau, die dem vierten Paare entsprechen, erscheinen als Gestalten, die mehr oder weniger schwer von den Pfeilen der „Liebe" verwundet sind. Dem fünften Paar, das wohl auch verwundet ist, aber nur von einem einzigen Pfeil, entspricht die Inschrift: „Aus diesem Tod wird das Leben folgen". Das sechste Paar ist jenes, bei dem die „Witwe" dem „verdienten Ritter" zugesellt ist – eine deutliche Anspielung auf eine Fühlungnahme mit der „sich selbst überlassenen" (erwitweten) Macht oder Tradition, ein Vorspiel zum wirklichen Besitz, den der darauffolgende Grad veranschaulicht; nach dem sechsten Paar, das nicht mehr verwundet ist, sondern schon die Rose der Wiederauferstehung trägt, kommt in der Tat die letzte Gestalt, jene mittlere, doppelgeschlechtliche, mit der Inschrift „Gatte und Gattin". Über dieser Figur schwingt sich auf geflügeltem Rosse der Gott Amor, Zerstörer des Todes, in die Lüfte.

Nun ist es höchst bezeichnend, daß in einem der ersten und verbreitetsten Texte dieses Schrifttums, in dem „liber de arte amandi" von Andreas Cappellanus, der Sitz des personifizierten Amor ganz genau die Züge des „polaren Sitzes", des „Landes der Mitte" bzw. des „Mittelpunktes der Welt" und Thules zeigt: das palatium Amoris ist „in medio mundi constructum",[411] es hat also dieselbe Wesensart eines Mittelpunktes, wie sie auch dem Schloß oder der Insel des Grals eigen ist. Überdies: bei Dante zeigt der als „Signor della Nobilitate" aufgefaßte Amor wieder die Eigenschaft des Mittelpunktes: „Ego tamquam centrum circuli, cui simili modo se habent circumferentiae partes" –, und er sagt dem, der „unglücklich liebt": „Tu autem non sic" („Vita Nova", XII). Andererseits wird bei Joachim von Baisieux Armor als bärtiger König mit goldener Krone dargestellt – also ganz anders als die antike Darstellung Amors und in einer Weise, die vielmehr an eine der erwähnten Bilder des templarischen Baphomets denken läßt. Dabei ist von einer „Belehnung durch Amor" die Rede, welche an die vom „Weltkönig" erteilten Aufträge, wie auch an die Erteilung der Königswürde in diesem oder jenem Lande durch den Gral erinnert. Auch der „Berg" tritt in der Symbolik der Getreuen der Liebe auf und mit ihm der „Stein" selbst, im Zusammenhang mit der Vorstellung eines geheimnisvollen Todes und einer erhofften Auferstehung. In einem Sonett schildert sich Cino da Pistoia „auf dem hohen und seligen Berg", und er weint dort auf einem Stein, der seine Dame einschließt.[412] Auch in einem Dante zugeschriebenen Sonett wird von dem „schmerzlichen Stein" gesprochen, der „meine Herrin tot umschließt", diese selbst trägt den Namen Petra bzw. Stein, und wir lesen „Öffne dich, Stein (pietra), so daß ich Petra sehe – wie sie mitten in dir Grausamem liegt, – sie, von der mein Herz mir sagt – sie lebe noch."[413] In der Abhandlung „Reggimento e costumi delle donne" tritt der Stein sodann als Edelstein auf und ist, so wie die Dame, die ihn trägt, ein offenbares

Symbol für die souveräne Intelligenz.[414] Dürfen wir annehmen, daß die von dem Stein fest gehaltene, aber lebende Frau Petra ein ähnliches Sinnbild ist wie das Symbol des als Stein aufgefaßten Grals, dessen Kraft „lebt und nicht lebt", des Grals, der im Besitz eines gelähmten oder nur scheinbar lebenden Königs ist? Wenn eine solche Annahme vielleicht einer gewissen Berechtigung nicht entbehrt, so darf man die Tatsache doch nicht außer acht lassen, daß bei Dante alle Gesänge, in denen der Stein vorkommt, Gesänge des Hasses sind,[415] und daß es sich hier eher um ein Thema der Trauer und des Schmerzes handelt als um einen der positiven Aspekte des „Lichtsteins". Hier scheint wirklich die andere Seite in Erscheinung zu treten, der zufolge die Strömung der „Getreuen der Liebe" nicht rein initiatischen, sondern auch militant-gibellinischen Charakter hat. Bei diesem Aspekt wollen wir uns kurz aufhalten.

Dante und die „Getreuen der Liebe" als gibellinische Miliz

So wie der Schlachtruf der Templer lautete: „Es lebe Gott, die heilige Liebe!", so wird bei Jakob von Baisieux der Fürst des „Lebens der Liebe" Heilige Liebe (Liebe = Amor, männlich!) genannt und der Gottheit selbst gleichgesetzt; das Lehen der Liebe wird zu einem „himmlischen Lehen" und den weltlichen Lehen entgegengestellt, die zufällig und widerruflich sind. Gleichzeitig nehmen die Getreuen der Liebe die Züge einer kämpfenden Miliz an, mit ihr eigenen Waffen und geheimen Verständigungen. Nachdem es geheißen hat, daß sie „die Geheimnisse der Liebe nicht verraten dürfen, sondern sie, so gut es nur geht, verschleiern müssen, so daß kein Wort davon verlaute", wird hinzugefügt, daß „die Getreuen untereinander übereinstimmen müssen in Willen, Worten und Taten".[416] Bei Barberino wird der „Hof der Liebe" als ein himmlischer Hof für die „Erwählten" geschildert, rangmäßig gegliedert, mit Engeln, die einem jeden Grade entsprechen. Nach dem, was wir über den Vogel als Symbol gesagt haben, hat diese Darstellung, die an das Schloß des Grals als „geistigen Palast" und „Schloß der Seelen" erinnert, denselben Sinn wie die andere, der gemäß der Liebeshof gänzlich aus Vögeln besteht, die wechselweise sprechen.[417] Barberino war aber gleichzeitig ein Soldat, ein glühender Anhänger des Gibellinentums, der sich dem Befehl Heinrichs VII. unterstellt hatte; die hervorragendsten Dichter der Liebe in Italien sind Gibellinen, ja Ultragibellinen; einige werden der Ketzerei verdächtigt, andere sind tatsächlich „Ketzer", und sie preisen zwar die Frau und sprechen von Liebe, „sind aber alle Männer der Tat, des Kampfes, des Krieges, der Partei"[418]. Troubadoure wie Wilhelm Figueira und Wilhelm Anelier, die dem Kreuzzug gegen die Katharer entgangen sind, ergriffen tatsächlich die Partei des Kaisers, indem sie heftig gegen die Kirche Stellung nahmen. Die Abhandlung des Andreas Cappellano – jene Abhandlung, in der das Bild des „polaren Zentrums" wiederkehrt, und in der Grundsätze wie „Wer nicht verbergen kann, kann nicht lieben" oder: „Die Liebe dauert selten an, wenn sie öffentlich wird" aufschlußreich genug sind, – wurde im Jahre 1277 vom feierlichen Kirchenbann getroffen,[419] wobei die hierbei vorgebrachten moralistischen Gründe offensichtlich unzulänglich waren. Tatsache ist, daß sich Dante – der in seiner „Comedia" als Hauptsymbol jenes des Siegels des Großmeisters der Templer, Adler und Kreuz, benutzte – gerade in dem Augenblick nach Paris begab, in dem die große Tragödie der Templer sich abspielte, ohne daß er je jemanden verraten hätte und ohne daß jemand genau wüßte, was er eigentlich dort zu tun hatte.[420] Aus diesen Elementen und aus vielen anderen ähnlichen läßt sich schließen, daß die Getreuen der Liebe nicht nur eine Initiatenkette, sondern auch den Geheimbund bildeten, der sich wesentlich auf den Kaiser stützte und der kirchenfeindlich gesinnt war. Sie waren nicht nur Träger einer Geheimlehre, die sich nicht auf die äußerliche katholische Lehre zurückführen ließ, sondern auch Kämpfer gegen die weltliche Macht und die Vorherrschaftsansprüche der Kirche.

So lautet die schon von Rossetti und Aroux aufgeworfene These, die später von Valli und bis zu einem gewissen Grade von Ricolfi weiter entwickelt wurde. Auf dieser Grundlage würde sich der schon angedeuteten Symbolik noch ein weiterer Sinn hinzufügen. Die „Frau" bezeichnet in diesem Zusammenhang nicht nur die Lehre oder die Kraft, sondern auch den Geheimbund, der diese Lehre bzw. Kraft bewahrt. Grundsätze der Liebe, wie zum Beispiel die, daß „die Frau, die von dem vollendeten Liebhaber die Geschenke der Bruderschaft, das heißt die Handschuhe und den mystischen Gürtel, empfangen und angenommen hat, angehalten sei, sich ihm hinzugeben, um nicht als Dirne zu gelten",[421] würden sich dann als Losungsworte der bündischen Treue und der kämpferischen Zusammengehörigkeit offenbaren usw.[422] Die Frau, die bei Dante die Stelle Beatrix' usurpiert und sie zwingt, ins Exil zu gehen, wäre die katholische Kirche, die mißbräuchlich die Funktion und Würde einer echten, traditionsgebundenen Organisation eingenommen hat. Nichts anderes würde der Stein bedeuten, der die lebende Frau Petra begräbt und einschließt.[423] In dieser Hinsicht sind jedoch die Abbildungen da Barberinos noch viel bedeutsamer: In jener mit den vierzehn Figuren, die paarweise sieben hierarchische Grade darstellen, sehen wir, daß die niederen Grade von einem Geistlichen, dem eine „Tote" entspricht, und von einer Geistlichen, der ein „Toter" entspricht, gebildet sind, was uns auf die Dantesche Vorstellung des Steins als Synonym für den Tod zurückführen könnte. Die Vertreter der Kirche treten also in der Hierarchie der Getreuen der Liebe beinahe als Profane auf und sind weit entfernt vom Besitz der wahren Frau, der „Witwe, die in dieser Abbildung den höheren Graden vorbehalten ist, dem „verdienstvollen Ritter", dem die Rose und das „Leben" eigentümlich sind, während jene anderen nur den „Tod kennen.[424] Wir können annehmen, daß diese höheren Grade der „Liebe" eben dem überreligiösen Geheimnis, zu dem die Templer nur zugelassen wurden, nachdem sie dem Kreuze abgeschworen hatten, sowie dem Gral selbst entsprechen, der im Zyklus der Tafelrunde als ein über- und außer-eucharistisches Mysterium auftritt. Es ist aber auch interessant, festzustellen, daß nach dem niedersten Grade des Geistlichen und des Todes und vor dem Grade der Witwe noch Zwischenstufen eingeschaltet sind, die dem von der Liebe verwundeten „Mädchen" bzw. der „vollendeten Frau" entsprechen, Gestalten, die aber noch keine Rosen tragen. Diese beiden Erscheinungsformen der „Frau", die nicht mehr den Tod (Tod ist im Italienischen weiblich: la morte), also die Lehre der Kirche, aber noch nicht die „Witwe" bedeuten, das heißt, die auf ihren mannhaften Träger wartende Initiaten-Kraft und- Tradition, können auf die Symbolik Dantes zurückgeführt werden: Dante nennt nämlich in seinen Gesängen die Philosophie „junges Mädchen" und faßt sie als eine Frau auf, die ihn verführt und von der Heiligen Weisheit entfernt hat. Kurz, die Frau entspricht in diesem Zusammenhang einem überkirchlichen Wissen, das aber trotzdem immer noch profan ist, noch nicht verklärend wirkt; auf der Ebene der Tat entspricht dieses Wissen der männlichen Kraft, mit der Parsifal seine heldischen Abenteuer besteht (diesen Kämpfen kann man den Übergang vom „Mädchen" zum „vollendeten Weib" entsprechen lassen), eine Kraft, die aber noch nicht ausreicht, um die transzendente Aufgabe zu vollbringen, die man in der Gralsburg von ihm erwartet.

Aber für den militanten Aspekt der in Frage stehenden Bewegung ist noch bezeichnender ein Dokument, das durch eine andere Abbildung da Barberinos gegeben wird, in welchem nämlich der tragische Sieg des Todes über die Liebe dargestellt ist. Der Tod hat einen Pfeil auf eine Frau geschleudert, die offenbar verwundet ist und eben niederstürzt. Die „Liebe" in ihrer Nähe ist in zwei Teile gespalten, der eine ganz, der andere zerstückelt. Hier kann nach unserer Meinung wohl ohne weiteres die Erklärung Vallis herangezogen werden, wonach der Tod die Kirche wäre, die verwundete Frau aber der Geheimbund der Getreuen der Liebe.[425] Was die in zwei Teile gespaltene Gestalt der Liebe betrifft, wäre sie in ihrem verstümmelten Teil gleichbedeutend mit der verwundeten Frau, das heißt mit der äußeren, getroffenen Seite der Organisation, während die linke Seite ihren unsichtbaren Aspekt darstellt, der trotz allem weiterbesteht. In der traditionsgebundenen Symbolik hat die linke Seite tatsächlich immer eine Beziehung zu dem, was okkult und nicht offenbar ist.

Dem schon Gesagten gemäß wollen wir von diesem Symbol aus dazu übergehen, die letzte und allgemeine Bedeutung der „Getreuen der Liebe" zu ergründen, und zwar im Hinblick auf den Geist des Gralszyklus und des „heroischen" Zyklus überhaupt.

Die „Frau" der Getreuen der Liebe ist vom geistigen Standpunkt aus, wie wir gesehen haben, der transzendente Intellekt, die heilige Weisheit. Valli stützt sich auf eine Canzone, in der Guido Cavalcanti erklärt, die Liebe entstehe aus einer Form, die „Ort und Sitz im möglichen Verstand hat"[426] und beruft sich auf den Aristotelismus des Averroes, der ebenfalls die „aktive Intelligenz" in Gestalt einer Frau darzustellen pflegte.[427] Dies ist die einzige transzendente und universale Intelligenz, welche zum

„Akt" erweckt, was in der menschlichen Denkfähigkeit nur als „Potenz" schläft. Valli beruft sich auch mit Recht auf die Gnostik, in der die Weisheit, die Gnosis, oft als Frau verbildlicht wurde. Aber wenn uns dies alles über die bloße religiöse Gedankenwelt jener hinausführt, die einfach „glauben", so führt es uns doch nicht über eine Tradition einfach asketischer und kontemplativer Prägung hinaus. Treten wir damit nämlich auch unzweifelhaft in die Ebene einer platonisierenden Initiation ein, so ist doch zu bezweifeln, ob dabei von einer königlichen und solaren Initiation die Rede sein darf, einer Initiation also, die eine Synthese der beiden Mächte als Krönung hat und in dem Sinnbild der Auferstehung des Imperators und der Thronbesteigung des Herrn der beiden Schwerter zum Ausdruck kommt.

Wir müssen uns daher fragen, ob die kirchenfeindliche Haltung der in Frage stehenden Bünde schließlich nicht etwas Zufälliges war und durchaus nicht gleichbedeutend mit einer positiven Überwindung des Katholizismus. Im Rahmen des rechtgläubigen Katholizismus gab es genügend Raum für eine mehr oder weniger platonisch-„kontemplative" Verwirklichung, und viele Glaubenssätze und Symbole, die der apostolischen Tradition angehören, hätten wohl durch diese lebendig gemacht und auf ein höheres Niveau gehoben werden können.[428] Es ergibt sich also der Verdacht, daß die Getreuen der Liebe nichts anstrebten, das prinzipiell mit einem geläuterten und würdig gestalteten Christentum unvereinbar gewesen wäre. Dann wäre der Stein Dantes nicht der Gral, sondern einfach die Kirche, deren Grundstein Petrus ist, und die Vorstellung, daß der Stein einstmals weiß war und jetzt in seiner Farbe ganz entstellt ist, würde lediglich auf die Verderbnis der Kirche anspielen, durch die sie eine Art Grabmal der lebenden Lehre Christi wurde, deren lautere Trägerin sie zu sein hätte. Die Getreuen der Liebe hätten folglich die Kirche nicht deshalb bekämpft, weil sie etwa Trägerin einer *wesenhaft* verschiedenen Tradition gewesen wären, sondern vielmehr, weil für sie die Kirche nicht oder nicht mehr auf der Höhe der Lehre reiner Schauung stand.[429] Ist diese Annahme richtig, dann dürfen Dante und die Getreuen der Liebe nicht in die gleiche Reihe mit den Gralsrittern gestellt werden. Die „Witwe", von der sie sprechen, ist nicht die solare Reichsüberlieferung, sondern eine bereits entstellte und geschwächte „lunare" Tradition, als solche nicht ganz unvereinbar mit den Voraussetzungen eines geläuterten Katholizismus.

Einen Beweis dafür erhält man, wenn auch indirekt, in der Auffassung Dantes von den Beziehungen zwischen Kirche und Reich. Wie bereits ausgeführt, fußt diese Auffassung auf einem lähmenden Dualismus, auf der Polarität zwischen dem Kontemplativen und dem Aktiven. Wenn sich Dante, von diesem Dualismus ausgehend, heftig gegen die Kirche in allen jenen Fällen wendet, in denen sie sich nicht auf das rein kontemplative Leben beschränkt, sondern nach Gütern und irdischer Macht giert, das höchste Recht des Reiches im Rahmen des aktiven Lebens bestreitet und dessen Befugnisse zu usurpieren versucht, so hätte Dante, streng genommen, auf Grund derselben Voraussetzung eine gleiche Abneigung auch gegen die gegenteilige Einstellung zeigen müssen, das heißt gegen jeden gelegentlichen Versuch seitens des Reiches, sich zu einer wahrhaft metaphysischen und transzendenten Wirklichkeit zu vergeistigen und zu steigern, gegen jeden Versuch, das eigene zeugende Prinzip in demselben übernatürlichen Raum zur Geltung zu bringen, in dem die Kirche ihr ausschließliches Recht behauptete; ein Recht, das doch Dante ihr zuerkennt. Dante hätte sich daher ebenso wie gegen das Welfentum auch gegen ein radikales Gibellinentum, gegen die transzendente Auffassung des Imperiums, wenden müssen, und dies einer dualistischen Lehre zufolge, die man als „ketzerisch" bezeichnen könnte – nicht so sehr vom Standpunkt eines geläuterten Katholizismus aus, sondern vielmehr von dem der „königlichen" Urgeistigkeit. Gegen die Neigung mancher, die „Esoterik" Dantes zu überschätzen, und trotz des tatsächlichen Vorhandenseins dieser Esoterik in vielen Danteschen Auffassungen, tritt folglich Dante im Hinblick auf die hier in Frage stehende Gedankenwelt viel eher als Dichter und Kämpfer in den Vordergrund denn als Träger wirklich fester und klarer Prinzipien. Er zeigt zuviel Leidenschaftlichkeit und zuviel Parteigeist, wenn er Kämpfer ist, ist aber viel zu sehr Christ und kontemplativ, sobald er das geistige Gebiet betritt. Daher manche Verwirrungen und Widersprüche, zum Beispiel ein in die Hölle verbannter Friedrich II., und andererseits eine Verteidigung der Templer gegen Philipp den Schönen. Alles scheint uns darauf hinzuweisen, daß Dante trotz allem als Ausgangspunkt an der katholischen Tradition festhielt, aus der heraus er sich bemühte, eine in ihren Ansätzen initiatische („überreligiöse") Lehre auszuarbeiten, statt direkt mit Trägern von Überlieferungen in Verbindung zu stehen, die ursprünglicher und höherstehender als das Christentum oder der Katholizismus sind, wie dies unserer Ansicht nach für die hauptsächlichen Inspirationsquellen des Gralszyklus und der Hermetik der Fall ist.

Alles in allem erscheinen also die „Getreuen der Liebe" als eine bereits gemilderte Spielart des Gibellinentums: wirksam bleibt bei ihnen noch immer das Bestreben, ein höheres Wissen, als es die Kirche vermittelt, zu erlangen; sie stehen jedoch im Banne einer bereits geschwächten und kompromißhaften Auffassung des Kaisergedankens. Die stärkste Seite dieser Bewegung ist also die „intellektuelle", dergemäß der Hof der Liebe die Züge eines immateriellen Reiches oder Lehens annimmt, und die Getreuen erscheinen als einzelne Persönlichkeiten, die sich dem Überrational-Kontemplativen hingeben und vor allem in diesem Zeichen eine Einheit bilden. Dies entspricht ideell dem pessimistischen Schluß der Gralssage, demzufolge der Gral sich von neuem unsichtbar macht und Parsifal vom König zum Asketen wird. Ungefähr in dieser Form hat sich die Tradition vor allem in der folgenden Zeitspanne erhalten: sie hat sich immer mehr von militanten Zielstrebigkeiten freigemacht und in einigen Fällen tiefere und ursprünglichere Adern wiedererweckt.

Was die Bewegung der Getreuen der Liebe als solche anbelangt, so scheint sie sich in Italien bis zu Boccaccio und Petrarca fortgesetzt zu haben, nahm jedoch immer mehr humanistische Züge an, bis das ästhetische Moment das esoterische endgültig zurückdrängte. Die Symbole verwandelten sich dann in bloße Allegorien, deren Bedeutung wohl nicht einmal deren Urheber selbst verstanden. Zu Anbruch des siebzehnten Jahrhunderts scheint das Lebensprinzip dieser Tradition schon gänzlich erschöpft, nicht nur im großen Ganzen, sondern auch bei den einzelnen Trägern.

Der Gral und die hermetische Tradition

Der hermetischen Tradition haben wir bereits ein eigenes Werk gewidmet, das die Absicht hat, den hauptsächlich symbolischen Charakter alles dessen aufzuzeigen, was in einer recht verworrenen Literatur die Form der Alchimie und des alchimistischen Verfahrens zur Herstellung des „Steines der Weisen" oder von Gold annahm.[430] Wir verweisen daher den Leser, der Näheres über den wahren Sinn der Hermetik jenseits solcher Umhüllungen zu erfahren wünscht, auf diese Arbeit. Hier wollen wir uns darauf beschränken, einige Sonderpunkte zu berühren, die sich als besonders mit der Symbolik des Gralsgeheimnisses und des Initiantenkönigtums verbunden erweisen.

Was das Geschichtliche betrifft, so tritt die hermetisch-alchemistische Tradition zwar schon im Zeitalter der Kreuzzüge im Abendlande auf, hat ihre Blüte zwischen dem 13. und 15. Jahrhundert und erstreckt sich bis zum Ende des 18. Jahrhunderts, wobei sie sich in ihrer letzten Entwicklung immer mehr mit dem Rosenkreuzertum vermengt; doch gehen ihre Wurzeln weit in die Urzeit zurück. Zwischen dem 8. und 12. Jahrhundert hatte sie schon einen bemerkenswerten Ausdruck bei den Arabern gefunden, die auch in dieser Hinsicht höchstwahrscheinlich als Vermittler dienten, wodurch das mittelalterliche Abendland zu seinem älteren, vorchristlichen Weisheitserbe zurückfand. Die arabischen und syrischen hermetisch-alchimistischen Texte gehen auf Schriften der alexandrinischen und byzantinischen Zeit zwischen dem 3. und dem 5. Jahrhundert zurück; sind diese vom „positiven" Standpunkt der Wissenschaftsgeschichte aus als die ältesten Belege anzusprechen, so haben sie doch oft weit ältere, früher wohl nur in mündlicher, streng initiatischer Form behütete Traditionen in sich aufgenommen und weitergeleitet.

Die hellenistischen Texte erwähnen bereits allerlei wirkliche oder imaginäre Autoren des vorchristlichen Altertums, natürlich mit recht geringen positiven Grundlagen, aber mit dem Gefühl, einer dunkel empfundenen Wahrheit Ausdruck zu verleihen. In dieser Hinsicht genügt es für unsere Zwecke, hier die folgenden Punkte hervorzuheben:

1. Die hermetische Überlieferung erhebt den Anspruch, Trägerin eines geheimen Wissens zu sein, eines priesterlichen und königlichen Geheimnisses, das nach Pebechius und Olympiodor[431] den Adepten und den höchsten Kasten zugehörigen Personen, den Königen, Weisen und Priestern, vorbehalten ist. Die vorherrschende bedeutsame Bezeichnung ist *Ars Regia*, d.h. *königliche Kunst*.

2. Vermittels imaginärer, zuweilen recht absonderlicher Hinweise wird die Überlieferung der königlichen Kunst vor allem auf die altägyptische Tradition (unter klassisch-heidnischer Hülle auf Hermes als den Stammherrn bzw. den Meister der ägyptischen Herrscher)[432] und auf die iranische Tradition zurückgeführt. Nach Sinesius und den Demokritischen Texten[433] stimmt sie genau mit dem bereits von den ägyptischen Königen und persischen Sehern besessenen Wissen überein. Nicht nur Zarathustra, sondern auch Mithra und mit ihm Osiris werden angerufen, um gewisse Momente des „göttlichen Werkes", θεῖον ἔργον, zu kennzeichnen.[434] Gerade in Ägypten und im Iran gewann aber die Urtradition des „solaren Königtums" ihre bezeichnendsten Ausdrucksformen.

3. Die hellenistischen Texte beziehen sich auf ein unstoffliches, selbständiges, königloses Geschlecht: und ἀβασίλευτος γὰρ αὐτῶν ἡ γενεὰ κεὶ αὐτόνομος.[435] Ein mittelalterlicher Text behauptet sogar, daß die „Alchimie" schon in der vordiluvialen Zeit bekannt gewesen sei. Ein anderer alter Text führt sie auf den „ersten der Engel" zurück, der sich mit Isis vereinte. Isis gelangte auf diesem Weg zum Besitz des Wissens, wie sie Horus erklärt.[436] So verbinden sich hier mit dem Thema der „göttlichen Frau" und dem Typ des Wiederherstellers (Horus als Rächer von Osiris und Erneuerer) wirr, aber doch bedeutsam biblische Erinnerungen an die zur Erde herabgestiegenen Engel und deren Geschlecht, das nach der Überlieferung in der Zeit vor der Sintflut ein Stamm „glorreicher" oder „berühmter" Menschen war. Bruchstücke der Urtradition, getragen von dem solaren ägyptischen oder iranischen Königtum und später im mittelmeerischen Mysterienwesen fortlebend, scheinen in der Tat in Vermengung mit allerlei Vorstellungen und einer aus der klassischen Mythologie und Astrologie bezogenen Symbolik das Wesen der hermetisch-alchimistischen Tradition der königlichen Kunst auszumachen.

Noch zwei Erwägungen:

a) Die verschiedenen Autoren stimmen in der Behauptung überein, ihre Lehre habe universalen Charakter. Sie erklären, daß jedem Anschein zum Trotz alle dasselbe sagen, und beanspruchen für ihre Lehre das katholische „quod ubique, quod ab omnibus et quod semper – was überall, von allen und immer anerkannt wird"[437].

b) Diese Lehre gilt als älter als das Christentum und hat sich dank des ganz unzugänglichen Charakters ihrer metallurigschen Verkleidung in Geschichtsperioden erhalten können, die vom Islam und vom Katholizismus beherrscht wurden, ohne daß sie genötigt worden wäre, zu ihrer Formulierung von diesen Religionen Deckungselemente zu entlehnen und damit in religiösem Sinne entstellt zu werden. Die Beziehungen zum Christentum in den mittelalterlichen abendländischen Texten erscheinen auch bei der oberflächlichsten Prüfung als rein äußerlich, noch weit mehr als jene, die im Gralszyklus vorkommen. Das klassisch-heidnische Element steht auch äußerlich stärker im Vordergrund. Erst in der spätesten Zeit führte die Vermengung mit dem Rosenkreuzertum zu einer Mischung hermetischer Symbole mit denen einer Art christlicher Esoterik, die mehr als einen Zug mit den Überlieferungen der „Getreuen der Liebe" gemeinsam hatte.

Aus diesen Erwägungen ergibt sich, daß die hermetische Überlieferung in ihren positiven abendländischen Erscheinungsformen chronologisch eine viel weiter gespannte Entwicklung aufweist als der von uns schon betrachtete initiatenhaft-ritterliche Zyklus, und daß sie auch an und für sich, auf zeitloser Ebene, betrachtet werden kann: der Hermetiker des 18. Jahrhunderts spricht in Ausdrücken, die nicht wesentlich verschieden sind von denen des Hermetikers des 4. Jahrhunderts. Es interessiert uns hier jedoch, die hermetische Überlieferung in jener Phase ihrer Wirksamkeit zu betrachten, in der sie historisch zu einer unterirdischen Strömung wird, die zur selben Zeit wie die Zyklen vom Gral und von den Getreuen der Liebe im Abendlande auftauchte und diese Zyklen überlebte, womit sich eine Kontinuierlichkeit ergab, die aus der Übereinstimmung einzelner grundlegender, hier kurz zu prüfender Symbole ersichtlich ist.

1. Das Geheimnis der königlichen Kunst steht in engster Beziehung zu dem der „heroischen" Wiederherstellung. Deutlich ergibt sich dies zum

Beispiel aus einem Text Della Rivieras, dessen Hauptmotiv die Gleichsetzung der „Helden" mit jenen ist, die danach streben, den „zweiten Baum des Lebens zu erobern und ein zweites „irdisches Paradies wiederherzustellen, das heißt ein Ebenbild des Urzentrums, das ebenso wie das „polare" Gralsschloß „den niederen und unlauteren Seelen sich nicht zeigt, sondern in den Höhen des unzugänglichen Lichtes der himmlischen Sonne verborgen bleibt. Es zeigt sich nur dem „glücklichen"[438] magischen Helden und wird von ihm glorreich in Besitz genommen, wobei er sich des heilbringenden Holzes des Lebens, das im *Mittelpunkt* dieser Welt steht, freut und es genießt.[439] Bei Basilius Valentinus stößt man auf dasselbe Motiv: die Suche nach dem *Mittelpunkt* des Baumes, der sich in der Mitte des „irdischen Paradieses" erhebt, eine Suche, die mit jener nach der „Materie" des alchimistischen Werkes beginnt und einen „*grausamen Kampf*" voraussetzt. Wir haben gesehen, daß man den Zugang zur Gralsburg, wo im „Titurel" auch ein goldener Baum vorkommt, mit den Waffen in der Hand erkämpfen muß. Die in der hermetischen Überlieferung gesuchte „Materie" wird vorwiegend mit dem „Stein" gleichgesetzt (bei Wolfram und anderen ist der Gral der „Stein"), und das zweite von Basilius Valentinus beschriebene Verfahren hat zum Ziel, in dieser Materie außer der Asche des *Adlers* das Blut des *Löwen* zu finden, zwei Symbole, deren Bedeutung nach dem Ausgeführten ohne weiteres klar sein dürfte.[440]

2. In den mittelalterlichen und nachmittelalterlichen Hermetiker-Texten spielt die *Königssymbolik*, in enger Beziehung zur Symbolik des *Goldes*, eine Hauptrolle. Dieser Zusammenhang weist auf die altägyptische Überlieferung zurück. Einer der alten pharaonischen Königstitel ist „Horus aus Gold gemacht"; erschien der König als Horus, als eine Verleiblichung des wiederherstellenden Sonnengottes, so drückte sein „Aus-Gold-gemacht-Sein" die ihm eigene Unsterblichkeit und Unzerstörbarkeit aus und weist gleichzeitig auf den Urzustand, auf das Zeitalter zurück, das bei allen Völkern durch das Gold gekennzeichnet ist.[441] Nun erscheinen auch in der Hermetik Gold, Sonne und König als Synonyme und werden fortwährend füreinander gebraucht. Die Phasen des „hermetischen Werkes" werden oft in Form eines kranken, zu heilenden Königs dargestellt, eines auf einer Bahre ausgestreckten oder in einem Grab eingeschlossenen

Königs bzw. Ritters, der wiederaufersteht, eines hinfälligen Greises, der Kraft und Jugend wiedergewinnt, eines Herrschers oder einer sakralen Gestalt, die verwundet, geopfert oder getötet wird, um später ein höheres Leben und eine größere Macht als je zuvor zu erlangen. Die Ähnlichkeit dieser Leitmotive mit jener des Gralsmysteriums ist ersichtlich.

3. Die mittelalterlichen hermetischen Texte sind reich an Erwähnungen des *Saturn*, des Königs des goldenen Zeitalters, das heißt der Tradition sowie des hyperboreischen Sitzes. Recht bedeutsam ist schon der Titel eines alchimistischen Werkchens: „Das Reich Saturns, verwandelt in das goldene Zeitalter". Das Motiv eines wiederzuerweckenden Urzustandes zeigt sich in der Form der Erzeugung von Gold bzw. „Sonne" mittels der Umgestaltung des dunklen Saturn (des Bleies), in dem das Gold verborgen ist. So erklärt Isaac der Holländer: „In seinem Innersten ist er (Saturn) beste Sonne, worüber alle (hermetischen) Philosophen einig sind…In Wahrheit ist Saturn der Stein, den die Philosophen nicht haben nennen wollen… Man muß ihn reinigen und dann sein Inneres herausziehen, das heißt sein Rotes, und dann wird er zu bester Sonne werden." Im Zusammenhang mit einem anderen in dieser Tradition immer wiederkehrenden Symbol, dem gemäß verschiedene Krankheiten die Stadien der unvollkommenen Metalle bezeichnen, d.h. der Substanzen, die „rektifiziert" das Gold erzeugen, wird Saturn in einem italienischen Alchimistencodex „aussätziges Gold" genannt. Die Weisen finden das Element, das sie brauchen, indem sie in der „Rasse des Saturn" suchen und den *Schwefel* hinzufügen, der darin fehlte.[442] Zur Orientierung muß man sich den Doppelsinn vor Augen halten, demzufolge das griechische Wort Θεῖον sowohl den Schwefel als auch das Göttliche bedeutet. Der fehlende Schwefel ist das aktive und belebende Prinzip der Hermetiker, er ist sozusagen die Männlichkeit, die von dem urzeitlichen „Saturn" verloren wurde und nun wiedergewonnen werden muß. In den hellenistischen Texten wird dieselbe Auffassung durch das Motiv des *schwarzen heiligen Steins* ἱερατική λίθος μέλαινα ausgedrückt, dessen Macht stärker ist als die jedes Zaubers, der aber, um wirklich „unser Gold", das heißt „Mithra", zu werden und das „große Mithrasgeheimnis zu vollbringen", die richtige Kraft bzw. das richtig wirkende Heilmittel besitzen muß: φάρμεκον τὸ τὴν δύναμις ἔργον.[443] So ergibt sich eine neue

Übereinstimmung mit den Themen des Grals: Symbole eines Urkönigtums und einer Materie, die auf eine göttliche und männliche Kraft (den Schwefel, Θεῖον) wartet, um sich als Gold zu offenbaren und den „Stein der Weisen" hervorzubringen. Dieser Stein zerstört jede Krankheit und ihm wohnt – wie dem Gral – die erneuernde Kraft des Phönix inne.

4. Auf dieser Grundlage ist es also, wenn auch nicht philologisch, so doch analogisch möglich, den rätselhaften Ausdruck lapsit exillis, den Wolfram für den Gral anwendet, als lapis elixier zu deuten und eine Entsprechung zwischen dem Gral und dem „göttlichen Stein" bzw. „himmlischen Stein" der Hermetiker herzustellen, der die Bedeutung eines Elixiers hatte, eines Prinzips, das Erneuerung, ewige Jugend, Gesundheit und Sieg verleiht. Diese These wurde von Palgen[444] aufgestellt, jedoch in wesentlichen Punkten von ihm nicht weiterentwickelt. Wenn wir in einem hermetischen, uns durch Kitâb-el-Foçul überlieferten Text lesen: „Dieser Stein ruft euch, und ihr hört ihn nicht. Oh Wunder! Er ruft euch, und ihr antwortet nicht. Welche Taubheit verschließt eure Ohren! Welche Verrückung erstickt eure Herzen!",[445] so liegt der Gedanke an die „versäumte Frage" nahe, die der Gral dem Helden in den Mund legt, der sie zuerst nicht versteht, dann aber doch stellt und damit seine Aufgabe erfüllt. Die hermetischen Texte suchen ihren „Stein" genau so, wie die Ritter des Grals den himmlischen Stein suchen. Wenn ein alter Autor schreibt: „Unser Körper, der unser verborgener Stein ist, kann ohne Inspiration weder erkannt noch erblickt werden... und ohne diesen Körper ist unsere Wissenschaft eitel",[446] so gibt er damit wieder dem Motiv der Unsichtbarkeit und Unauffindbarkeit des Grals Ausdruck, dessen Schau jenen vorbehalten ist, die „berufen" sind und durch einen glücklichen Zufall oder durch Eingebung zu ihm geleitet werden. Das Motiv, daß „der Stein nicht ein Stein ist – λίθον τὸν οὐ λίθον", und daß diese Erkenntnis „in einem mystischen und nicht physischen Sinn" zu verstehen ist, taucht in allen hermetischen Texten immer wieder auf und weist auf die unstoffliche Wesensart des Grals hin, der nach einem bereits angeführten Text weder aus Gold, noch aus Horn, noch aus Stein, noch aus einem anderen Stoff besteht. In einem arabischen hermetischen Text verbindet sich in bedeutsamer Weise die Suche nach dem Stein mit den Motiven vom Berg (siehe Montsalvatsche), von der Frau und von der

Männlichkeit. „Der Stein, der kein Stein ist, noch auch von der Art eines Steins", soll auf dem Gipfel des höchsten Berges (der polare Berg) zu finden sein; von ihm erlangt man Arsenik, das heißt die Männlichkeit (zufolge eines Doppelsinnes des griechischen Wortes ἀρσενικόν ist das Arsenik in die hermetische Tradition als Symbol des männlichen Prinzips übergegangen,[447] gleichbedeutend mit jenem aktiven Schwefel, der zu Saturn hinzukommen muß, wovon bei Philalethes die Rede ist). Das Arsenik des Steins dient zur Läuterung, zur beginnenden Verklärung, der das Symbol der albedo, der weißen Farbe bzw. des „Weißwerdens", entspricht, „die das Licht ist", und unter dem Arsenik findet sich seine „Gattin" bzw. der Mercurius, mit dem es sich vereinigt.[448] Wir werden diese Symbolik gleich des näheren aufklären. Hier wollen wir zusammenfassend feststellen, daß zufolge eines immer wiederkehrenden Motives die königliche Kunst als Mittelpunkt und materia einen „Stein" hat, der auch „Saturn" ist und den Phönix, das Elixier, das Gold, die „Sonne" bzw. „unseren König" in latentem Zustand enthält; das „seltsame und schreckliche Geheimnis", das den „Jüngern des König Hermes" und den „Heroen" überliefert wird, die sich „durch furchtbaren Kampf" einen Weg zum „irdischen Paradies" bzw. zum Urzentrum bahnen wollen, besteht darin, diesen Zustand der Latenz, der oft als „Tod", „Krankheit", „Unreinheit" oder „Unvollkommenheit" bezeichnet wird, durch Vorgänge initiatenhaften Charakters zu beheben.

5. Dies geschieht bereits nach der Lehre der hellenistischen Texte wesentlich durch die Vereinigung des „Männlichen" mit dem „Weiblichen" – δι ἄρρενος καί θήλεως σί μπλερούμενον τὸ ἔργον.[449] Der „Mann" ist Sonne, Schwefel, Feuer, Arsenik. Von ihm ausgehend, besteht das Hauptverfahren der königlichen Kunst darin, ihn aus einem „passiven" zu einem „lebenden und aktiven Prinzip" zu machen.[450] Zu diesem Zweck muß sich das Männliche mit dem Weiblichen, mit der „Frau der hermetischen Weisen" verbinden, die auch „Quelle", „göttliches Wasser" und im metallurgischen Symbolismus „Mercurius" genannt wird. Nur sie vermag das Männliche instand zu setzen, jene Passivität zu überwinden, die nichts anderes bedeutet als „Körperlichkeit"; sie allein vermag es zu „erschließen", zu „lösen" und, sei es auch durch die Krise von „Tod und Auferstehung", dahin zu führen, daß es das Werk verwirklicht.

Dieses weibliche Prinzip hat seine Entsprechung in den „Frauen" der „Getreuen der Liebe" und den königlichen Frauen, nach denen auch die Helden der Gralsritterschaft streben und für deren Besitz sie alle möglichen Abenteuer bestehen. Es ist, wie Della Riviera sagt,[451] „unsere Hebe", mit dem „zweiten Lebensbaum" verbunden, die „den Helden die natürliche Glückseligkeit der Seele (die olympische) und die Unsterblichkeit des Körpers" verschafft. Im mittelalterlichen hermetischen Schrifttum gilt die „Frau" ständig als der als „Wasser des Lebens" aufgefaßte „Mercurius", jenes Lebenswasser, von dem es zum Beispiel ähnlich wie bei Wolfram von Eschenbach heißt: „Dieses Wasser wurde göttlich genannt, weil es die Naturen aus ihren Naturen herauszieht und die Toten wieder lebend macht… Es ist das Wasser des Lebens; wer davon trinkt, kann nicht mehr sterben."[452] Aber auch die Hermetik weiß von der gefährlichen Seite dieses Prinzips, das zerstörend wirken kann wie der Gral, wie die Lanze oder das zweite Schwert für den, der damit in Berührung kommt, ohne fähig zu sein, sein „Gold" oder „Feuer" – das Prinzip der Persönlichkeit und der eigenen „heroischen" Kraft – die Grenzen des Stofflichen überwinden zu lassen, es zu „brechen", um es zu neuer Wesenheit wiederauferstehen zu lassen. So wird gesagt, die „Quelle inmitten des Steins", bestimmt, „auf solche Art den König dieses Landes wieder jung zu machen, daß niemand mehr ihn besiegen könnte", sei „von furchtbarer Kraft und Natur", so daß man, wenn man sie sich entgehen läßt, verloren ist.[453] Die Vermählung, das heißt die Vereinigung mit der Frau, bringt Schaden, wenn ihr nicht eine völlige „Läuterung" vorausgegangen ist.[454] Ist der Mercurius bzw. die „Frau der Weisen" das Wasser des Lebens, so hat es aber auch die Wesensart eines „Blitzes", eines „feurigen Giftes, das alles auflöst", „alles verbrennt und tötet". Auf das „Feuer der Weisen", das von diesem Wasser zum Leben erweckt wird, findet folglich die bereits vom Gral her bekannte Symbolik ihre Anwendung: das Schwert, die Lanze, die Axt, alles das, was spaltet und verwundet.[455]

Um den Mercurius zu „fixieren", d. h. zu beherrschen, und damit die Probe zu bestehen, braucht man *Saturn*, das Urgold – ein Hinweis auf eine geheimnisvolle Kraft transzendenter Männlichkeit.[456] Dann nimmt jener Vorgang den normalen Verlauf, den die königliche Kunst vorschreibt: das

„Männliche", das in der ersten Phase von der „Frau" überwältigt wurde, bezwingt sie jetzt seinerseits, die Sonne erhebt sich über den Mond; der albedo, der weißen Farbe der Erleuchtung oder der Vision oder der Heiligen Weisheit, die auch durch das Funkeln eines gezückten Schwertes dargestellt wird, folgt die rubedo, die königliche rote Farbe, die Würde des „tyrischen kaiserlichen Purpurs", das vollkommene Gold bzw. der Gold-Mensch, der „Stein mit der richtigen Kraft". Hier tritt auch ein Symbol auf, dem wir schon bei den Getreuen der Liebe und bei den Templern (Baphomet) begegneten: der Androgyn oder Herr der beiden Naturen, der gekrönte Rebis.[457] Im „Viatorum Spagiricum" wird er über dem Monde – also jenseits des lunaren Zustandes – dargestellt. In seiner Nähe befindet sich ein Baum mit sechs Fruchtpaaren, dessen Spitze eine letzte, einzige Frucht bildet, und dies ist die Sonne selbst, die solare Verwirklichung. Das Ganze spielt offenbar auf die sieben traditionsgeheiligten Grade der Initiation an, die wir auch bei den Getreuen der Liebe in Verbindung mit der androgynen Gestalt angetroffen haben.[458]

Die Auferstehung des Königs und der Königin, die in einem Turm von *sieben* Stockwerken vor sich geht, bildet das Hauptmotiv eines hermetisch-rosenkreuzerischen Werkes von Andreae, aus dem zwei Punkte hervorzuheben sind; vor allem aber die siebenfache Probe, von der es heißt: „Besser ist, zu fliehen, als etwas zu unternehmen, was die eigenen Kräfte übersteigt." Sie wird nur von den Kriegern bestanden und von solchen, die nichts zu vermögen glauben und sich daher von jedem Übermut frei wissen. An zweiter Stelle ist von einer Quelle die Rede, die ein Löwe bewacht, der plötzlich ein entblößtes Schwert ergreift, es *zerbricht* und sich nicht beruhigt, ehe eine Taube ihm einen Zweig bringt, den er verschlingt.[459] Man weiß, daß Löwe, Schwert und Taube auch der Gralssymbolik angehören. Das Schwert, das die nur-kriegerische Kraft verbildlicht, wird zerbrochen von der entfesselten, mit der „Quelle" in Verbindung stehenden Macht. Die Krise wird nur durch die Taube überwunden, die andererseits ein zum Gral gehöriges Tier ist; in der Antike ein der Diana geweihter Vogel (Diana ist auch eine der hermetischen Bezeichnungen für Mercurius bzw die „Frau der Weisen"), im Christentum eine Darstellung des Heiligen Geistes, und die in den Gralsromanen manchmal verbunden ist mit dem Geheimnis der

Erneuerung der Kräfte des Grals: abermals eine Anspielung auf ein transzendentes Leben jenseits der Männlichkeit und der „Krise der Berührung".

„Vögel" halten die Krone über dem Baum der Sonne und des Mondes in einer Abbildung der „Gloria Mundi", und eine solche Krone wird wieder als der höchste Grad dargestellt, als der siebente Grad in der Gesamtheit der sieben Symbole, welche hier die Phasen des hermetischen Werkes verkörpern.[460] Dieser Baum der Sonne und des Mondes, der in vielen anderen hermetischen Texten auftaucht, zum Beispiel im „Clef de la Grande Science"[461], muß uns an den Baum der Kaisersage Alexanders und an die Kaisersage überhaupt erinnern, denn im allgemeinen entspricht er in der hermetischen Literatur nicht nur dem Baum des Urzentrums, sondern auch der höchsten Macht. Diese Macht wird ihrerseits auch durch den kaiserlichen Purpur verbildlicht, der „funkelt, loht, unfähig ist des Wechsels und des Verfalles" und dem Menschen „etwas Übernatürliches mitteilt, das ihn taumeln, zittern und beben läßt, während er ihn schaut und erkennt".[462]

In diesem Zusammenhang zeigt sich uns der Androgyne bzw. der Rebis als Sinnbild der Synthese der beiden Mächte, und das Wesen des hermetischen Mysteriums erklärt sich als eine „heroische" Wiederherstellung der Urtradition, womit es sich eindeutig von den einseitigen asketischen und kontemplativen Formen, den „lunaren" Aspekten der Weisheit, unterscheidet, wie sie sich hier und da in Strömungen wie z. B. der der Katharer, des Joachinismus und der Getreuen der Liebe, zeigen. Das gesamte hermetische Werk wird bezeichnenderweise vom Philaletes *Zugang zum verschlossenen Königspalast* genannt, was an den Zugang ins Schloß von Montsalvatsche denken läßt, ebenso wie die Herstellung des Elixiers, eines Allheilmittels, dem Geheimnis entspricht, das den wunden und verstümmelten König heilt; ebenso wie das Werk des Steins, das durch sieben Hauptverfahren vollendet wird, der siebenfachen Suche nach dem Gral entspricht (und zugleich den sieben Stufen der Hierarchie bei den Getreuen der Liebe); wie schließlich das im Zeichen der Sonne und des Goldes stehende Endstadium des Steins der Thronbesteigung des Helden im Gralsreich entspricht. Herren des Geistes, Gebieter des Tempels – also Templer, φυλαξ πνεῦμάτον, οἰκοδεσπότης – werden schon in den hellenistischen Texten jene genannt, die das Werk der königlichen Kunst zur Vollendung führen.

Dies vorausgeschickt, kann die Frage erhoben werden, auf welcher Ebene diese Symbolik der hermetischen Tradition hauptsächlich zu verstehen ist: ob dies alles außer dem metaphysischen auch jenen geschichtlichen Sinn haben kann, den wir beim Gralsmysterium feststellen konnten; ob die königliche Kunst nur danach trachtete, die Fortdauer eines kostbaren, geheimen Erbgutes zu bewahren oder auch eine kämpferische Organisation ins Leben rief, wie die gibellinische Ritterschaft, die Templer oder auch die Getreuen der Liebe. Die Hermetik hat gewiß das Erbe der Riten und Initiatenhandlungen angetreten, die ursprünglich in engster Beziehung zur wirklichen Königswürde standen und das Vorrecht gewisser Herrenkasten geblieben waren (in Ägypten, im Iran und in gewissem Maße auch in Griechenland). In ihrer abendländischen Entwicklung in Form der „Alchimie"[463] scheint uns jedoch, daß sie zu keinem klaren Versuch geführt hat, unmittelbar in das Spiel der geschichtlichen Kräfte einzugreifen, um einen Kontakt zwischen einer gegebenen geschichtlichen Staatsgewalt und dem unsichtbaren „Zentrum" herzustellen. Die königliche Überlieferung im immateriellen Sinne des Wortes fand in der Ars Regia als einer speziellen Initiatenvollendung einiger Kreise über den Zusammenbruch der mittelalterlichen Kultur und des Sacrum Imperium hinweg eine Fortsetzung, jenseits der humanistischen Zersetzung der von den Getreuen der Liebe gehegten Tradition, jenseits der Entstellungen des Naturalismus, des Humanismus und des Laizismus, die den nun heraufkommenden Zeiten eigentümlich waren. Auf dieser Grundlage sind „unser König", „unser Gold" und der Tote, der wiedererweckt werden soll, der Stein, der sonnenhafte Herr mit der doppelten Gewalt, in der Hermetik wesentlich Sinnbilder des inneren Werkes, und der Imperator ist eine unsichtbare initiatische Würde, ebenso wie das neue „Zentrum", das „zweite Paradies", zu dem sich die „Heroen" Della Rivieras den Weg bahnen, unsichtbare Wirklichkeiten sind.

Nach der Renaissance und der Reformation erscheinen die sichtbaren Herrscher immer mehr als bloß weltliche Oberhäupter, die jede Fähigkeit, den metaphysischen Imperator zu verkörpern oder zu vertreten, verloren haben. Nicht nur die Monarchien verfallen und nicht nur gibt es kein geistiges Rittertum mehr, sondern im allgemeinen nicht einmal mehr eine irdische Ritterschaft, da die Ritter sich in Soldaten und Offiziere im Dienste der Nation und deren weltlichen Aspirationen verwandeln. Zu einem solchen Zeitpunkt schien für die Weitergabe der Überlieferung eben die „hermetische" Form in der landläufigen Bedeutung dieses Wortes besonders geeignet zu sein, die alles andeutet, was undurchdringlich, sibyllinisch und unzugänglich ist. Diese „hermetische" Form wurde, wie erwähnt, wesentlich mittels der metallurgischen und chemischen Geheimsprache mit ihren höchst sonderbaren und verblüffenden Kombinationen von Worten, Zeichen, Vorgängen und mythologischen Anspielungen gewahrt.[464] Kraft dessen blieb der „Schutz" vollkommen, und da andererseits die Hermetik ihre Quellen aus der vorchristlichen, klassisch-heidnischen Überlieferung bezog und offiziell nur als eine „naturhafte Wissenschaft" auftrat, brauchte sie aus diesen beiden Gründen sich nicht antikatholisch einzustellen, obwohl sie viel weniger mit der katholischen Religion gemeinsam hatte als vielleicht die Esoterik eines Dante oder der Getreuen der Liebe.

Nur in den späteren Formen einer vorwiegend rosenkreuzerischen Hermetik zeigen sich uns die Dinge in gewissem Maße anders. Da vollzieht sich eine Art augenblicklichen Wiederheraufkommens der geheimen Überlieferung im Geschichtsverlauf – ein Wiederauftauchen, dem jedoch ein endgültiges Verschwinden folgen sollte.

Der Gral und das Rosenkreuzertum

Es ist schwer, das Rosenkreuzertum von der Hermetik zu trennen, wenigstens in dem Sinne, daß zwar die Hermetik in vielfacher Hinsicht als unabhängig vom Rosenkreuz betrachtet werden kann, daß aber das Gegenteil nicht zutrifft; denn alles, was man vom Rosenkreuzertum in Erfahrung bringen kann, erweist sich deutlich als stark beeinflußt von den Lehren und Symbolen der Hermetik.

Als geschichtliche Erscheinung ist das Rosenkreuzertum immerhin unter jene Geheimbünde zu zählen, die der Zerstörung des Templerordens folgten, von denen einige aber im Keim schon vor jenem Ereignis vorhanden waren, sich jedoch hauptsächlich nachher als unterirdische Fortsetzung derselben Bestrebung herausbildeten und organisierten. Dies bildet einen

Unterschied gegenüber der Hermetik, die in unveränderter Form nach wie vor dem Drang des mittelalterlichen Menschen nach traditionsgebundener Wiederherstellung weiterbestehen blieb.

Ein zweites Unterscheidungsmerkmal liegt darin, daß das Rosenkreuzertum, sei es auch nur als Rohstoff für eine esoterische Verarbeitung, viele Motive des Christentums, aber auch der „Getreuen der Liebe" und der romanischen Troubadourtraditionen übernahm, in denen die Rose ein Symbol von besonderer Wichtigkeit war. Der Ausdruck, der die Bewegung bezeichnet: Rose + Kreuz, weist allein schon auf diese Zusammenhänge hin, so daß die Bewegung schließlich weniger ursprüngliche Züge zeigt als der Gralszyklus, dessen Hauptader aus einem vorchristlich-nordischen Kern besteht, und auch als die Hermetik, deren Hauptader von einem mittelmeerisch-heidnischen Kern gebildet ist.

Vom initiatischen Standpunkt aus bedeutet „Rosenkreuz" – ähnlich wie „Buddha", „Priester Johannes" oder „Ritter der beiden Schwerter" – hauptsächlich einen Titel, der einen bestimmten Grad der inneren Verwirklichung kennzeichnet. Der Ausdruck läßt sich aufgrund einer Symbolik eher universaler denn spezifisch christlicher Prägung erklären. Dieser Symbolik gemäß bedeutet das Kreuz das Zusammentreffen der Richtung von oben, die durch die Vertikale versinnbildlicht ist, mit dem durch die Horizontale dargestellten menschlichen Zustand. Dieses Zusammentreffen geschieht gewöhnlich im Zeichen eines „Abfalles" und einer Lähmung (die „Kreuzigung des transzendenten Menschen in der Materie", wie es bei den Gnostikern hieß). Im Initiaten geht es dagegen in den vollen Besitz der Möglichkeiten der menschlichen Natur über, die dadurch verwandelt und aufgehoben wird. Gerade diese als ein Erblühen gedachte Wandlung wird durch die Rose versinnbildlicht, die sich im Rosenkreuzsymbol im Mittelpunkt des Kreuzes, d.h. im Überschneidungspunkt der senkrechten und der waagrechten Richtung, erschließt.[465] Als wahre Rosenkreuzer sind also gewisse Persönlichkeiten zu betrachten, die miteinander durch die Gleichheit einer derartigen Verwirklichung verbunden sind. Demgegenüber ist die von ihnen geschaffene Organisation nur als sekundäre und nebensächliche Erscheinung zu betrachten.

Die Tätigkeit des Rosenkreuzes hat scheinbar in der zweiten Hälfte des 14. Jahrhunderts ihren Ausgang genommen, und die Geburt des sagenhaften Stifters oder Erneuerers des Ordens, Christian Rosenkreuz, im Jahre 1378 dürfte nur ein Symbol für die erste Organisation der Bewegung sein. Denselben symbolischen Charakter scheinen verschiedene Züge aus Rosenkreuz' Lebensgeschichte zu tragen: er habe *zwölf* Jahre in einem Kloster verbracht und dann eine Reise ins Morgenland angetreten, wo er in die wahre Weisheit eingeweiht worden sei. Wir haben schon Friedrich II. von einer geheimnisvollen morgenländischen Herkunft seiner „Rose" reden hören. Im einen wie im anderen Falle könnte es sich um eine Vervollständigung der christlichen Lehre (Rosenkreuz im Kloster) mittels einer höheren Lehre handeln, die vielleicht von einigen morgenländischen (arabisch-persischen) Geheimbünden in einer noch reinen Form bewahrt geblieben war. Christian Rosenkreuz wird nach seiner Rückkehr ins Abendland aus dem erzkatholischen Spanien unter Verdacht der Ketzerei verbannt und kehrt in seine deutsche Heimat zurück. In dieser Hinsicht ist die Anspielung interessant, daß die Heimat Rosenkreuz' in Deutschland liege, „*sich aber doch nicht auf den Landkarten finde*". Er teilt sein Wissen nur einem kleinen Kreis mit. Er zieht sich in eine Höhle zurück, die er später in seine Gruft verwandelt, und bestimmt, sie solle niemandem bekannt sein, bis die Stunde komme, das heißt erst nach einhundertzwanzig Jahren. Da Rosenkreuz 1484 gestorben sein soll, wäre demnach die Grufthöhle erst 1604 entdeckt worden, und dies ist auch ungefähr die Periode, in der die Rosenkreuzerbewegung von sich reden macht und in einem gewissen Sinn in der Geschichte auftaucht, als ob sie „tatsächlich aus der Erde hervorgekommen wäre".[466] Wir können also die dazwischenliegende Zeit vielleicht als eine Phase unterirdischer Umorganisation betrachten, und in der Zeit von 1604 bis 1648, da die Rosenkreuzer nach der Überlieferung endgültig Europa verließen, jenen Moment erblicken, in welchem sich der Versuch offenbarte, einen gewissen Einfluß auf das geschichtliche Klima des Abendlandes auszuüben, indem man die Ahnung gewisser „Anwesenheiten" jenseits der sinnenbedingten Welt weckte und das Symbol eines unsichtbaren Reiches wiederaufrichtete. Die Zahl der in jener Periode über das Rosenkreuz erschienenen Schriften ist wirklich erstaunlich; dank einer

Art Kollektivsuggestion, obwohl man kaum Näheres von ihnen wußte, wurden die Rosenkreuzer zu einem Mythos und gaben zu einer höchst mannigfaltigen Literatur für und wider sie Anlaß, bis in einem gewissen Augenblick das bisher so lebhafte Interesse mit der gleichen unheimlichen Plötzlichkeit verschwand, mit der es erwacht war. Ähnliches war gegen das Ende des 12. und den Anfang des 13. Jahrhunderts mit dem Gral geschehen.

Die wichtigsten Quellen für die Ideologie der Rosenkreuzer sind die schon erwähnte „Allgemeine Reformation" mit ihrer Ergänzung „Confessio fraternitatis Rosae Crucis, ad eruditos Europae" (Cassel, 1615) sowie die sogenannten Rosenkreuzermanifeste, von denen eines in Frankfurt und zwei in Paris in der Zeit von 1613 bis 1623 erschienen.[467] Die Hauptgedanken dieses Schrifttums lassen sich ungefähr wie folgt zusammenfassen:

1. Es gibt eine „Brüderschaft" von Wesen, die in den Städten der Menschen „sichtbar und unsichtbar" weilen. „Gott hat sie mit einer Wolke bedeckt, um sie vor der Niederträchtigkeit ihrer Feinde zu schützen." Alumbrados, das heißt „die Unsichtbaren", wurden sie folglich in Spanien, ähnlich nachher auch in Frankreich, genannt. Diese Vorstellungen sind auf das transzendente Element solcher rätselhafter Persönlichkeiten zurückzuführen, demgemäß sie eigentlich „Rosenkreuzer" sind. Niemand kann sich aus bloßer Neugier mit ihnen in Verbindung setzen. Die Beziehung stellt sich aber automatisch her, und man wird „wirklich in das Verzeichnis unserer Brüderschaft eingetragen", durch „die richtige Absicht und den richtigen Willen des Lesers"; dies ist nach den Verfassern der Manifeste das einzige Mittel, „uns dem Leser und den Leser uns bekannt zu machen". Wie es im Gralsorden geschieht, so werden auch bei den Rosenkreuzern durch Offenbarung jene erkannt, die würdig sind, in den Bund aufgenommen zu werden, und die übrigens Glieder der Brüderschaft sein können, ohne überhaupt etwas davon zu wissen.

2. Wie gesagt, bezeichnet „Rosenkreuz" hauptsächlich einen Initiationsgrad und ein überindividuelles Amt, nicht eine bestimmte Person als solche. Daher wird betont, daß der „Rosenkreuzer" keinem der Zufälle der Sterblichen und keinem Bedürfnis, weder Krankheiten noch dem Alter, unterworfen ist; er lebt zu jeder Zeit, so wie er im Anfang der Welt gelebt hat und wie er bis ans Ende der Jahrhunderte leben wird. Faktisch

erwählt der Rosenkreuzer, sobald er es für gut hält, zu sterben – d. h. aus der menschlichen Erscheinungsform herauszutreten –, eine Person, die fähig ist, seine Funktion weiter zu verkörpern: eine Funktion, die folglich identisch und unwandelbar weiterbesteht: die erwählte Person erhält denselben Namen wie die Vorgänger. Der Orden hat schon vor seinen historischen Gründern oder Organisatoren bestanden. Er hat einen geheimnisvollen „Imperator" zum Oberhaupt, dessen Name und Wohnsitz unbekannt bleiben soll. Eine im Jahre 1618 erschienene Schrift – „Clypeum Veritatis" – gibt die Reihenfolge der rosenkreuzerischen Imperatoren wieder: es kommen dabei unter anderen die Namen von Seth – dessen symbolische Rolle im Gralsmythos uns schon bekannt ist – von Enoch und Helias vor, also der Propheten, „die nie gestorben sind".

3. Die Rosenkreuzer haben die „Tracht" der Länder anzunehmen, in denen sie reisen – das heißt: sie sollen eine äußerliche Erscheinungsform wählen, angepaßt dem Land und Milieu, in dem sie zu handeln trachten. Sie können ohne Bücher und Zeichen die Sprachen aller Länder, in denen sie weilen wollen, sprechen und lehren, um die Menschen aus Irrtum und Tod zu befreien. Unter allegorischer Form wird dabei höchstwahrscheinlich die sogenannte „Gabe der Sprachen" gemeint, das Vermögen, in jenen Ausdrucksformen, wie sie den verschiedenen geschichtlichen Traditionen eigentümlich sind, die einzige metaphysische Urlehre „auszusprechen" und zu übersetzen. Das den Rosenkreuzern eigene Wissen wird tatsächlich als keine neue Philosophie angesprochen: es ist die Urlehre, „das Licht, das Adam vor dem Fall erhielt". Folglich kann dieses Wissen der menschlichen Meinung weder entgegengestellt, noch mit ihr verglichen werden („Confessio Fraternitatis"). Die Rosenkreuzer helfen ununterbrochen der Welt, doch in anonymer und unerfaßbarer Weise (Menapius).

4. Die Wiederauferstehung des Königs, dieses grundlegende Thema der Gralslegende und der Hermetik, ist auch Hauptmotiv des Textes „Chymische Hochzeit Christiani Rosenkreuz anno 1459" (Straßburg 1616), in dem verschiedene, auf *sieben* Tage verteilte Abenteuer die sieben traditionsgebundenen Grade oder Zustände der Initiation allegorisieren. Am letzten Tage werden die Erwählten zu *Rittern des goldenen Steines* – eques aurei lapidis – geweiht. In diesem Buch wird unter anderem eine Reise über Was-

ser zum Schloß des Königs geschildert; darauf sollte das Mysterium der Auferstehung des Herrschers folgen, ein Mysterium, das sich bedeutsam in die Feststellung verwandelt, daß der König schon lebe und wache: „Viele finden es seltsam, daß es ihnen gebührt, ihn ins Leben zu rufen" – eine klare Anspielung auf die Idee, daß das königliche Prinzip in seiner metaphysischen Wirklichkeit immer vorhanden und nicht mit einer menschlichen Konstruktion und mit der Handlung desjenigen zu vermengen ist, der seine neue Manifestation ermöglichen kann. Dem neu erstandenen König zur Seite trägt Christian Rosenkreuz, der in ihm „seinen Vater" anerkennen muß, das *Abzeichen der Templer* und des Parsifalschiffes: weiße Fahne mit einem roten Kreuz. Auch das Gralstier, die Taube, fehlt nicht. Die „Ritter des goldenen Steines" schwören dem wiedererstandenen – das ist: sich neu geoffenbarten – König Treue.[468] Die in einem anderen Text gegebene Formel, womit die Teilnahme am Rosenkreuzergeheimnis gefordert wird, entspricht genau dem Wahlspruch der Templer: „Nicht uns, sondern Deinem Namen, Dir allein, o Gott, Du Höchster, geben wir von Ewigkeit zu Ewigkeit den Ruhm."[469]

5. Die Vorstellungen vom Sitze der Rosenkreuzer oder ihres Kaisers sind noch einmal eine Wiederholung jener Gleichnisse vom „höchsten Zentrum" und vom „polaren Mittelpunkt"; wir finden so die „Sonnenburg", den „Berg in der Mitte der Welt", der „fern ist und nah", den „Palast des Heiligen Geistes, am Ende der Welt, auf der Spitze eines hohen, von Wolken umgebenen Berges": also ein Abbild des Montsalvatsche. Zwei sich darauf beziehende Auszüge aus Rosenkreuzertexten seien hier wiedergegeben: die Entsprechung der Symbole beider Traditionen ergibt sich dabei ganz eindeutig, so wie es eindeutig ist, daß die Suche nach jenem geheimnisvollen Zentrum sich wie bei der Gralslegende mit Proben und initiatischen Verwandlungen verbindet; Proben, die „heroische" Züge aufweisen.

Laut der „Lettre de F. G. Menapius, 15. Juli 1617"[470] wohnen die Rosenkreuzer in einem auf Felsen fußenden, von Wolken und unten von Gewässern umgebenen Schloß, in dessen Mitte sich ein goldenes Zepter und eine Quelle befinden, aus der Lebenswasser fließt. Um dieses Schloß zu erreichen, muß man durch einen Turm, „unsicherer Turm" genannt, und einen zweiten, den „gefährlichen", muß man über Felsen erklettern und das Zepter berühren. Eine Jungfrau wird darauf erscheinen, um den Ritter hinaufzuführen. Die Wolken verschwinden, das Schloß wird sichtbar, und der Auserwählte wird in die „himmlische und irdische Herrlichkeit" eingesetzt.

Der zweite Text ist der „Gründliche Bericht von dem Vorhaben, Gelegenheit und Inhalt der löbl. Bruderschaft des R.C." (Frankfurt, 1617), wo zu lesen steht: „In der Mitte der Welt" erhebt sich ein Berg, „fern und nahe, mit den reichsten Schätzen und der Arglist des Teufels". Der Weg zu ihm „*kann nur durch die eigene Arbeit gefunden werden.* Betet und fraget um den Weg, folget dem Führer, der kein menschliches Wesen und in euch ist, obwohl ihr ihn nicht kennt. Er wird euch um Mitternacht zum Ziel führen (vgl. die ‚Mitternachtssonne' des klassischen Mysterienwesens). Euch wird Heldenmut nottun … Beim Schauen des Berges wird ein großer Wind die Felsen erschüttern. Tiger und Drachen werden euch angreifen. Ein Erdbeben wird all das, was der Wind geschont hat, niederreißen und ein gewaltiges Feuer schließlich jeden irdischen Stoff verzehren (vgl. die Prüfungen in Orgeluses Schloß). Um die Morgenröte wird sich alles beruhigen, und ihr werdet den Schatz erblicken." Dieser Schatz ist dasselbe wie der „Stein" der Hermetiker, eine Substanz, der das Vermögen innewohnt, die Verwandlung in „Gold" zu bewerkstelligen, d.h. den ursprünglichen „solaren" Zustand im menschlichen Wesen wiederzuerwecken. Er schenkt die „Gesundheit" wieder. „Niemand in der Welt hat aber von seinem Besitz zu wissen." Nach Entdeckung des Schatzes „sollet ihr umdrehen, und ihr werdet jemanden finden, der euch in die Brüderschaft einverleiben und euch dauernd in jeder Angelegenheit führen wird".

6. Die Rosenkreuzer scheuten nicht davor zurück, die „Frevler des Orients und des Okzidents" anzuklagen, wobei die Annahme naheliegt, sie meinten damit die Moslems und die Katholiken; sie fügten sogar hinzu, daß sie danach strebten, „das dreifache Diadem des Papstes zu Staub zu machen"; sie erhoben auf eine höhere „Rechtgläubigkeit" und geistige Autorität Anspruch. Diese Anspielung ist sehr bezeichnend, denn die dreifache Krone gehört zu den Symbolen, die eigentlich mit dem „Herren der Welt" und seinem Amt in Verbindung stehen;[471] ein Amt, das das Oberhaupt der katholischen Kirche, nach Meinung der Rosenkreuzer, usurpiert hatte,

und dessen wahrer Vertreter ihr Imperator wäre. Diese rätselhaften Persönlichkeiten verkündeten, Europa sei schwanger und müsse ein „mächtiges Kind" gebären; sie sprachen ferner von einem „römischen" Kaiser, „Herrn des Vierten Reiches", dem sie ihre ganzen, unerschöpflichen Schätze zur Verfügung stellen wollten. Dabei war auch von einer geheimen und symbolischen Germania die Rede („es ist nicht das geographisch unter diesem Namen bekannte Land" – sagt Michael Mayer im dritten Kapitel seiner „Themis Aurea"), die als Hauptquartier des ganzen Rosenkreuzerordens betrachtet wird. Der Grundgedanke des schon erwähnten Rosenkreuzertextes „Allgemeine Reformation der ganzen weiten Welt" wie auch der „Confessio Fraternitatis" ist der, daß die Rosenkreuzer die Sendung haben, eine allgemeine Wiederaufrichtung der Welt durchzuführen, ehe das Ende der Welt kommt, und zwar eben im Zeichen des Imperators des „Vierten Reiches".

Knapp nach dem Erscheinen der beiden letzten Manifeste, also am Vorabend des Dreißigjährigen Krieges, sollen dagegen die letzten echten Rosenkreuzer Europa verlassen und sich nach einem „Indien" zurückgezogen haben,[472] das höchstwahrscheinlich nichts anderes ist als jenes symbolische Indien, wohin auch die Monsalvatritter mit dem Gral fuhren, und das mit dem Reich des Priesterkönigs Johannes gleichgesetzt wurde. Was das „Ende der Welt" anbelangt, von dem die Rosenkreuzer sprechen, so wurde damit wahrscheinlich nur das Ende *einer* Welt, d.h. eines Kulturkreises, gemeint, ebenso wie die Apokalypse der Entfesselung von Gog und Magog in der Kaisersage nichts anderes bedeutet als jene Dämonie des Kollektivums, die in den modernen Zeiten, nach der Französischen Revolution und dem Sturz der größten dynastischen Traditionen Europas, immer beängstigendere Ausmaße annehmen sollte. Die Mission der wahren Rosenkreuzer des 17. Jahrhunderts dürfte sich unseres Erachtens darauf beschränkt haben, in der damaligen Welt eine gewisse, mit keiner militanten Absicht verbundene Suggestion zu verbreiten, um damit die geistigen Möglichkeiten der Zeit zu prüfen. Alles legt den Gedanken nahe, daß die echten Rosenkreuzer sich davor hüteten, eine materielle Organisation oder einen politischen Geheimbund zu stiften: sie hielten sich tatsächlich unsichtbar jenseits des Mythos, der sich über sie herausbildete – eine der Bezeichnungen ihrer Gruppe war übrigens „der Rat der Unsichtbaren".

Das Experiment der Rosenkreuzer dürfte aber ein negatives Ergebnis gehabt haben, was sie bewog, „fortzuziehen". Es ist nicht ausgeschlossen, daß zu diesem Entschluß auch die von ihnen empfundene Verkehrung beigetragen hat, die gewisse Ideen zufolge der Umgebung unmittelbar erleiden mußten, so zwar, daß sie nur die entgegengesetzten Wirkungen hervorbringen konnten. In dem Wirrwarr mancher den Rosenkreuzern zugeschriebener Texte zeigt sich unter anderem die Tendenz, die Abneigung der Rosenkreuzer gegen die katholische Kirche im *protestantischen* Sinne auszunutzen, was zu schweren Mißverständnissen und gefährlichen Abwegigkeiten geführt hätte. Wir meinen damit die Abwegigkeit, derzufolge die deutschen Fürsten, als sie sich im lutheranischen Geiste von Rom emanzipierten, auch der sakralen Idee des Reiches untreu wurden, – jene Rückbildung, der zufolge die unvollkommene, „lunare", von der Kirche vertretene Geistigkeit nicht durch eine höhere, mannhaftere, dem transzendenten Gralskönigtum näherstehende überwunden wurde. Der Kampf gegen die Kirche und für die Befreiung des abendländischen Menschen von ihrer Herrschaft sollte sich dagegen derart vollziehen, daß das Erbe des Gibellinentums zur Front des aufklärerischen Rationalismus, des Liberalismus und der säkularisierten Kultur hinüberwechselte: was eine dämonische Verkehrung des Gibellinentums bedeutet. In der neueren Zeit begegnet man tatsächlich nicht selten Fällen eines verkehrten Gebrauchs des Mysteriums. War dieses immer an seinem eigenen Ort und in der vorhergegangenen Zeit ein aristokratisches Privilegium und die Grundlage einer absoluten, legitimen Autorität von oben her, so verwandelt es sich nun in eine Waffe der Ketzer, von heruntergekommenen Kräften, die sich gegen die Kirche und die Vertreter der traditionsgebundenen politischen Organisationen erheben. Mit dieser Wendung werden wir uns aber näher im Schlußkapitel befassen.

In jüngster Zeit haben die Hermetik und das Rosenkreuzertum verschiedene Sekten „inspiriert", die im Zusammenhang mit der Theosophie, dem „Okkultismus", der Anthroposophie und ähnlichen Erzeugnissen der pseudospiritualistischen, zeitgenössischen Abwegigkeit sich darin gefallen haben, sich Vertreter dieser Tradition zu nennen. So kommt es, daß das große, gegenüber gewissen Dingen ahnungslose Publikum unvermeid-

lich an die eine oder andere dieser Sekten denkt, sobald von „hermetisch"
oder „Rosenkreuz" die Rede ist. Das ändert nichts daran, daß es sich in
Wahrheit ganz anders verhält, das heißt, daß solche Sekten nichts mit den
Überlieferungen zu tun haben, deren Namen sie usurpieren, deren Symbole
sie sich manchmal ebenfalls angeeignet haben, deren echte Vertreter aber
seit langem wirklich keinen sichtbaren Wohnsitz mehr im Abendlande
zu haben scheinen. Das Verhältnis zwischen jenen Traditionen und ihren
heutigen Nachahmern ist mutatis mutandis ähnlich wie das zwischen dem
in der mystisch-christlichen Sauce Wagners zubereiteten Gral und Parsifal
und der erhabenen Tradition der „Herren des Tempels".

Wandlungen des Gibellinentums
Schlußbetrachtungen

Da unsere Untersuchung auch die Überschneidungen zwischen initiatischen Organisationen und geschichtlichen Strömungen betrachtet hat, so
müssen wir abschließend einen weiteren Punkt betrachten, und zwar die
Beziehungen zwischen dem, was wir mit „Erbe des Grals", d.h. des hohen
Gibellinentums bezeichneten, und den Geheimbünden der Neuzeit, insbesondere jenen, die – im Aufklärertum ihren Ausgangspunkt nehmend –
dann später als *moderne Freimaurerei* konkrete Gestalt gewonnen haben.[473]

Bereits die sogenannte Sekte der bayrischen „Illuminaten" zeigt ein
typisches Beispiel der eben erwähnten Verkehrung der Einstellungen. Das
ergibt sich schon aus der Sinnwandlung des Ausdruckes „Illuminaten".
Dieses Wort hatte ursprünglich auf die Idee der geistigen, überrationalen
Erleuchtung (illuminatio) Bezug. Andererseits wurde es allmählich zum
Synonym von Rationalismus, von Lehre des „naturhaften Lichtes", von
Antitradition und Individualismus. In dieser Hinsicht kann man von einem
verfälschten, umstürzlerischen Gebrauch des Rechtes sprechen, das dem
Initiaten, dem Adepten, eigen ist. Der Initiat, soweit er wirklich ein solcher
ist, darf sich über die zufälligen historischen Formen einer besonderen
Tradition hinausheben, ihre Autorität nicht anerkennen und – wo er das
Mandat dazu erhalten hat – deren Beschränkungen bekämpfen; er darf

das Dogma ablehnen, weil er etwas mehr hat, nämlich das transzendente Wissen, und ihm bessere Mittel bekannt sind, um die Unantastbarkeit dieses Wissens zu schützen; schließlich darf er auf die Würde eines „Freien" Anspruch erheben, da er sich von den Banden der niederen Natur und der menschlichen Bedingtheit losgelöst hat – und in dieser Beziehung sind die „Freien" auch die „Gleichen", und ihre Einheit kann auch als eine „Bruderschaft" aufgefaßt werden. Es genügt, diese Aspekte des Initiatenrechtes zu materialisieren, zu sozialisieren und in die Sprache des Individualismus zu übersetzen, und wir haben sofort die Grundsätze der modernen, revolutionär-umstürzlerischen Irrlehren. Das „Licht" des bloßen Menschenverstandes tritt an die Stelle der „Erleuchtung" und führt zu den dem „freien Geist" und der profanen Kritik eigenen Zerstörungen. Das Übernatürliche wird verbannt oder mit dem Naturhaften vermengt. „Freiheit" und „Gleichheit", die jeder einzelne verlangen muß, der „seiner Würde" – nicht aber seines Sklaventums sich selbst gegenüber – „bewußt ist", wird usurpatorisch beansprucht, um sich gegen jede Form der Autorität zu erheben und sich in illusorischer Selbständigkeit zu behaupten. Wir sagen „illusorisch", weil durch die unerbittliche Verkettung der verschiedenen Phasen des modernen Verfalls der Individualismus die Dauer eines kurzen Blendwerkes und eines betrügerischen Rausches hat und das Irrationale und Kollektive rasch den „selbständigen" Einzelnen – d. h. den wurzellosen, traditionslosen Menschen – mitreißen.

Nun, vom 18. Jahrhundert an entstehen gerade Kreise und Bünde, die einen initiatischen Charakter zur Schau tragen, während sie sich mehr oder weniger direkt diesem revolutionären und „reformatorischen" Werk des Aufklärertums und des Rationalismus hingeben.[474] Einige dieser Gruppen waren tatsächlich die Fortsetzung von vorhergehenden Organisationen regulär traditionsgebundener Art. In dieser Beziehung muß man an einen Prozeß der Rückbildung denken, der bis zum Punkt vorgestoßen ist, an dem durch das Sich-Zurückziehen des ursprünglichen geistigen Prinzips dieser Organisationen eine eigentliche Verkehrung der Polarität möglich wurde, vorgestoßen ist. Einflüsse anderer Art schalteten sich ein und wirkten sich in Organismen aus, die nunmehr die Leiche oder den automatisch überlebenden Rest dessen darstellen, was sie früher waren – dies mit dem Ziel, ihre Kräfte auszunutzen und auf eine Richtung zu lenken, die der normalen, im Rahmen der Tradition eigenen entgegengesetzt ist.[475] Im Prolog des Romans „Joseph Balsamo" von A. Dumas, der mehr als reine Phantasie ist, gibt eine Persönlichkeit, die sich als ein Großmeister des Rosenkreuzes vorstellt, in einer geheimen Versammlung von aus allen Ländern gekommenen „Initiaten" L.P.D. als Losung – dies sind die Anfangsbuchstaben der Worte Lilia destrue pedibus, d.h. „zertrete und zerstöre das Königshaus Frankreichs". Diese Episode kann uns als eine Wiedergabe der Stimmung der Logen und der Tagungen von Illuminaten und ähnlichen Kreisen gelten, die jene „intellektuelle Revolution" förderten, deren Folgen die Französische Revolution sein sollte.[476]

Der widerspruchsvolle Dualismus der Motive – d.h. einerseits Überreste des symbolischen und initiatischen Ritualismus, andererseits das Bekenntnis zu Ideologien, die denen, die man aus jeglicher echten Initiationslehre ableiten kann, entgegengesetzt sind – ist aber vor allem in der modernen Freimaurerei offenkundig. Diese Freimaurerei scheint sich in der Zeit der Gerüchte über das Rosenkreuz und der darauffolgenden Abreise der wahren Rosenkreuzritter aus Europa organisiert zu haben. Elias Ashmole, der den meisten Autoren zufolge eine wichtige Rolle bei der Organisierung der ersten englischen Freimaurerloge spielte, soll zwischen 1617 und 1692 gelebt haben. Jedenfalls behaupten die meisten, daß die Ursprünge des Freimaurertums in seiner gegenwärtigen Form als halbgeheimer, militanter Bund nicht über das Jahr 1700 zurückreichen[477] – die Gründung der Londoner Großloge datiert von 1717. Positiv und nicht der Legende nach sind ihm hauptsächlich die Überlieferungen gewisser mittelalterlichen Genossenschaften vorangegangen, bei welchen den Hauptmotiven der Baukunst zugleich ein allegorischer, initiatischer Sinn unterstellt war. So konnte der Bau des Tempels als Synonym des initiatischen „Großen Werkes" gelten, die Schlichtung des groben Steines zum Baustein konnte auf die einleitende Aufgabe der inneren Gestaltung anspielen usw. Man kann annehmen, daß die Freimaurerei diese initiatische, traditionsgebundene Bedeutung bis zum Anfang des 18. Jahrhunderts bewahrt hat, so daß sie mit Bezug auf die Aufgabe eines inneren Handelns als „operativ" (wirkend) bezeichnet werden konnte.[478] Erst 1717, durch die erwähnte Stiftung der Londoner Großloge und die Wandlung zur sogenannten „spekulativen" Freimaurerei, verwirklichte sich die aufgezeigte Umkehrung der Polarität. Als „Spekulation" galt hier in der Tat die an eine entsprechende, abwegige Symboldeutung gebundene aufklärerische, enzyklopädistische und rationalistische Ideologie, und die Tätigkeit des Bundes konzentrierte sich entschlossen auf den politisch-sozialen Bereich, wenn auch unter vorwiegender Anwendung der Taktik des indirekten Wirkens.

Es wird behauptet, daß diese Wandlung nur in einigen Logen stattgefunden hat, daß andere Logen aber auch nach dem Jahre 1717 ihren initiatischen, operativen Charakter bewahrt haben. Dieser Charakter läßt sich tatsächlich in den freimaurerischen Kreisen feststellen, denen ein Martinez de Pasqualy, ein Claude de St. Martin und sogar ein Joseph de Maistre angehörten. Es soll jedoch angenommen werden, daß auch diese Freimaurerei in Entartung begriffen war, wenn sie nichts gegen das Sich-Durchsetzen der anderen vermocht hat, und wenn sie faktisch durch diese mitgerissen wurde. Es ist auch keine Aktion der initiatischen Freimaurerei bekannt, die andere zu dementieren, ihre politisch-soziale Tätigkeit zu verurteilen und zu verhindern, daß gerade diese allein überall als Freimaurerei gälte.

Was nun die moderne „spekulative" Freimaurerei anbelangt, so bleibt in ihr das initiatische Moment auf eine rituelle Überstruktur beschränkt, die besonders in der Freimaurerei des schottischen Ritus eine hypertrophische Entwicklung gewonnen hat. Hier finden wir einen zügellosen Synkretismus, der durch die verschiedenen Grade jenseits der drei ersten (diese sind die einzigen, die eine gewisse, tatsächliche Beziehung mit den vorhergehenden genossenschaftlichen Traditionen aufweisen) Motive aus den verschiedenartigsten initiatischen Überlieferungen sammelt, mit dem offenbaren Ziel, sich den Anschein zu geben, deren Erbe erhalten zu haben. So treten in dieser Freimaurerei auch mehrere Elemente aus der ritterlichen Initiation, der Hermetik und dem Rosenkreuz auf; es sind dabei „Würden" vertreten, wie der „Ritter vom Morgenland und vom Schwert", der „Sonnenritter", der „Ritter des Doppeladlers", der „Fürst-Adept", der „Erhabene Fürst des königlichen Geheimnisses", der „souveräne Prinz Rosenkreuz", der „Würdenträger des Heiligen Reiches" und der „Kadosch-Ritter" (das ist aus dem Jüdischen – der „heilige Ritter"), auch Templerritter genannt.

Im allgemeinen ist für die Freimaurerei schottischen Ritus' die Ambition sehr bezeichnend, sich gerade an die Tradition der Templer anzuschließen. So wird behauptet, daß zumindest sieben ihrer Grade – vom 30. abgesehen, der bei den meisten Logen ausdrücklich als Tempelritter bezeichnet wird – templerischen Ursprungs sind. Eines der Kleinode des höchsten Grades (dies ist der 33.) – ein deutsches Ritterkreuz – trägt die Buchstaben J. B. M., die meistens als die Initialen von Jacobus Burgundus Molay – dem letzten Großmeister des Templerordens – gedeutet werden; und „de Molay" kehrt auch als ein „Paßwort" dieses Grades wieder: als ob diejenigen, die in ihn eingeweiht werden, die Würde und das Amt des Hauptes des zerstörten gibellinischen Ordens wiederaufnähmen. Die schottische Freimaurerei gibt übrigens an, vieles sei ihr von einer älteren Organisation, „Ritus von Heredom" genannt, überliefert worden. Dieser Ausdruck wird von vielen freimaurerischen Autoren mit „Ritus der Erben" übersetzt, womit „die Erben der Templer" gemeint sind. Der entsprechenden Legende nach sollen die wenigen überlebenden Tempelritter sich nach Schottland zurückgezogen haben, wo sie sich unter den Schutz von Robert Bruce stellten; von diesem König wurden sie in einen schon existierenden, initiatischen Bund korporativen Ursprungs eingegliedert, dem dann der Name „Königliche Großloge von Heredom" gegeben wurde.

Hätten solche Belege eine tatsächliche Grundlage, dann wäre jedem ihr Wert klar hinsichtlich dessen, was wir das „Erbe des Grals" genannt haben; dadurch würde der Freimaurerei eine Legitimation im Sinne traditionsgebundener Orthodoxie gewährleistet. In der Tat verhalten sich die Dinge ganz anders: Es kann dabei nur die Rede von einer Usurpation sein; nicht die Fortsetzung, sondern die Umkehrung der vorhergegangenen Tradition ist hier festzustellen. Dies ergibt sich in typischer Deutlichkeit aus der Prüfung des erwähnten 30. Grades des schottischen Ritus – eines Grades, der in einigen Logen *Die Rache der Templer*" als Parole hat. Die diesbezügliche Legende nimmt das oben von uns angeführte Motiv wieder auf: die Templer hätten in gewissen englischen Geheimbünden ihre Zuflucht gefunden und in ihnen diesen Grad (den 30.) gegründet, mit der Absicht, ihren Orden neu zu organisieren und ihre Rache zu nehmen. Nun könnte die schon aufgezeigte Verkehrung des Gibellinentums keinen klareren Ausdruck finden als in folgender Erläuterung des Rituals: „Die Rache der Templer hat Klemenz V. nicht an dem Tage, wo seine Knochen von den provenzalischen Calvinisten ins Feuer geworfen wurden, getroffen, sondern an dem Tage, als Luther im Namen der Rechte des bewußten Menschen die Hälfte Europas gegen das Papsttum zur Erhebung rief. Und die Rache traf Philipp den Schönen nicht an dem Tage, an dem seine Reste von einem entfesselten Gesindel in den Unrat von S. Dionis geworfen wurden, auch nicht an dem Tag, an dem der letzte Vertreter des absoluten Königsrechtes den zum Staatsgefängnis verwandelten Tempel (Temple) verließ, um das Schafott zu besteigen, sondern an dem Tage, an dem die französische gesetzgebende Versammlung im Angesicht der Königsthrone die Rechte des Menschen und des Bürgers erklärte."[479] Daß das Niveau des Einzelnen – vom „Menschen und Bürger" – schließlich zur anonymen Masse und deren maskierten Anführern hinabsteigen mußte, dies ergibt sich aus einer dem Ritual von verschiedenen Graden angeschlossenen Geschichte: im schottischen Ritus des Höchsten Rates von Deutschland trat sie im 4. Grad – im Grad des sogenannten „Geheimmeisters" – auf. Es handelt sich um die Legende des Hiram, des Baumeisters des Tempels zu Jerusalem, der vor dem sakralen König Salomo den Beweis erbringt, über die Massen eine so wunderbare Macht zu haben, daß „der König, der den Ruf eines der größten Weisen genoß, entdeckte, daß außer der seinigen eine noch größere Macht existiert, eine Macht, die in der Zukunft, falls sie ihre Kraft erkannt hat, eine noch größere Souveränität entfalten wird als er selbst (d. h. Salomo). Diese Macht ist das Volk." Und es wird hinzugefügt: „Wir schottischen Freimaurer sehen in Hiram die Personifizierung der Menschheit." Nun sollte der Ritus dem Freimaurer dadurch, daß er ihn zum „Geheimmeister" macht, dieselbe Eigenschaft des Hiram dieser Legende verleihen, d. h. er sollte ihn dieser geheimnisvollen Kraft, die Menschheit als Volk, als Masse zu bewegen, teilhaftig machen; einer Kraft, die über jene des symbolischen sakralen Königs selbst hinausgreift.

Was nun den templerischen Grad (den 30.) betrifft, so ist in seinem Ritus die Bekräftigung der Verbindung zwischen dem initiatischen und dem umstürzlerischen Moment feststellbar, eine Verbindung, die dem ersten zwangsläufig die Züge einer wirklichen Gegen-Initiation gibt, wo immer sich der Ritus in keiner leeren Zeremonie erschöpft, sondern subtile Kräfte in Bewegung setzt. Im Grad, von dem wir sprechen, hat der Initiat, der nach dem Niederreißen der Tempelsäule und dem Zertreten des Kreuzsymbols zum Mysterium der siebenstufigen, auf- und absteigenden Leiter zugelassen wird, Rache zu schwören und seinem Eid konkreten rituellen Ausdruck dadurch zu geben, daß er mit einem Dolch die Krone und die Tiara – das sind die Symbole der traditionsgebundenen Doppelgewalt, der königlichen und der pontifikalen Autorität – schlägt. Damit kommt aber nichts anderes zum Vorschein als der Sinn dessen, was die Freimaurerei als geheime Kraft des Weltumsturzes in der modernen Welt seit dem Vorabend der Französischen Revolution und der Organisation der nordamerikanischen Demokratie, über die Bewegungen von 1848 bis zum ersten Weltkrieg und der Spanischen Revolution, gefördert hat. Wo im Gralszyklus die initiatische Verwirklichung so aufgefaßt wird, daß sie zur Wiederauferstehung des Königs und seines Reiches verpflichtet, so zeigt sich im erwähnten Ritus gerade das Gegenteil: wir finden hier die Nachahmung einer Initiation, an die der Eid gebunden ist, jede Form der Autorität „von oben" zu stürzen.

Zu unserem Zweck sollen diese Erwägungen hauptsächlich dazu dienen, den Punkt aufzuzeigen, an dem die Tradition das „Erbe des Grals" und der verwandten initiatischen Organisationen unterbrochen ist und – vom gelegentlichen Überleben von Bezeichnungen und Symbolen abgesehen – keine Filiation von ihnen mehr festzustellen ist. Im besonderen Fall der Freimaurerei könnte uns einerseits ihr verworrener Synkretismus, der auch dem Laien auffallende, künstliche Charakter der Hierarchie ihrer meisten Grade, die Albernheit der geläufigen moralistischen, sozialen und rationalistischen Deutung von verschiedenen entlehnten, mit einem wirklichen esoterischen Gehalt verhafteten Elementen usw., dazu veranlassen, in ihr ein typisches Beispiel pseudo-initiatischer Organisation erblicken zu lassen. Betrachten wir aber andererseits die „Richtung der Wirksamkeit" der in Frage stehenden Organisation im Zusammenhang mit den von uns unterstrichenen Elementen und der revolutionären Betätigung des Bundes, dann entsteht das eindeutige Gefühl, vor sich eine Kraft zu haben, die auf dem Gebiet des Geistes *gegen* den Geist wirkt, also einer dunklen Kraft der Anti-Tradition und der Gegen-Initiation[480]: Auf dieser Grundlage wäre es wohl möglich, daß die Riten der Freimaurerei weniger harmlos sind, als man es glauben kann; daß in vielen Fällen durch sie der Kontakt mit dieser dunklen Kraft hergestellt wird, wenngleich die Teilnehmer sich kaum Rechenschaft darüber geben.

Es sei nur noch diese Betrachtung hinzugefügt. In der Legende des 32. Grades des schottischen Ritus (Erhabener Fürst des königlichen Geheimnisses) ist oft von der Organisierung und der Inspektion von Kräften die Rede, die in verschiedenen „Lagern" gesammelt sind; diese Kräfte werden, nachdem sie „Jerusalem" erobert haben, den „Dritten Tempel" erbauen – einen Tempel, der mit dem „Heiligen Reich" als universalem Reich gleichgesetzt wird. Nun, es wurde über die sogenannten „Protokolle der Weisen von Zion" viel gestritten, die den Mythos eines in allen Einzelheiten verarbeiteten Verschwörungsplans gegen die europäische Traditionswelt enthalten. Wir sagen „Mythos" mit Absicht, da wir die Frage um die Echtheit oder Fälschung einer solchen, oft von einem billigen Antisemitismus ausgenutzten Schrift offenlassen wollen. Tatsache jedoch ist, daß dieses Dokument, zusammen mit vielen ähnlichen hier und da erschienenen Schriften, eines symptomatischen Wertes nicht entbehrt, da die grundlegenden, *nach* seiner Veröffentlichung eingetretenen Wendungen der neueren Geschichte eine verblüffende Entsprechung zu dem in ihm dargestellten Plan zeigen. Im allgemeinen spiegeln solche Schriften das dunkle Gefühl der Existenz einer leitenden „Intelligenz" hinter den für den modernen Verfall bezeichnendsten Ereignissen wider. Welches auch das Ziel ihrer Veröffentlichung – bzw. ihrer Abfassung, falls sie verfälscht und erdichtet sind – sein mag, so haben sie „etwas, das in der Luft schwebt", erfaßt, eine Wirklichkeit erahnt, die die Geschichte allmählich bestätigt. Nun tritt gerade in den „Protokollen" auch die Idee eines künftigen Universalreiches und von Organisationen, die unterirdisch für seine Verwirklichung arbeiten, wieder auf[481] – all dies aber in einem satanisch zu nennenden Zerrbild, da das, was hier tatsächlich im Vordergrund steht, die Ausrottung und Zerstörung jeden Wertes der Persönlichkeit, der Tradition und der wahren Geistigkeit ist. Das angebliche „Reich" ist nur der letzte Ausdruck der Religion des säkularisierten, allmächtigen Kollektivmenschen, dem Gott als Feind gilt.[482]

Nun wollen wir schließen

Es ist bezeichnend, daß in den letzten Zeiten nach einer gewissen Pause ein besonderes Interesse für den Gral wieder erwacht ist und sich in vielen Schriften zeigt, die zum Unterschied einerseits von den früheren literarisch-romantischer und wagnerianischer Färbung, andererseits von den öden, akademischen Abhandlungen oft eine sonderbare „Absichtlichkeit" zeigen, über die sich manchmal die Autoren selbst keine genaue Rechenschaft geben. Gleichzeitig wurde der esoterische Bedeutungsgehalt der Troubadourliteratur entdeckt, nachdem eine ähnliche Entdeckung bei Rossetti sozusagen unterdrückt und von Aroux auf falsche Wege geleitet wurde.[483] Damit könnte man außerdem ein bezeichnendes Wiederaufblühen einiger Motive in Verbindung bringen, die sich auf den „Weltherrn" und auf sein Zentrum beziehen – und ähnliche Erscheinungen dieser Art könnten leicht herangezogen werden.

Auf einem anderen Gebiet hat eine zeitgenössische Geschichtsphilosophie im Krieg 1914–1918 die Bedeutung eines Vorspiels zu einer Reihe viel gewaltsamerer künftiger Auseinandersetzungen erkennen wollen, durch die sich der Übergang vom Zeitalter der Nationalitäten (wir würden lieber sagen: der Nationalismen) zum Zeitalter der Übernationalitäten vollziehen wird. Als Ergebnis dieser Entwicklung sieht man bis jetzt nur eine Welt der Trümmer; und was auf den zweiten Weltkrieg folgen wird, dies läßt sich unschwer vorausahnen, wenn man sich auf eine allgemeine Geschichtsmetaphysik bezieht, wie auf jene, die wir in unserer oft angeführten Hauptschrift entworfen haben. Trotzdem ist es möglich, daß unter Umständen durch einen verzweifelten, aus den Tiefen – fast möchten wir sagen: aus der memoire de sang – durchbrechenden Kompensations- und Abwehrinstinkt Mythen neu entstehen, die an das Erbgut besserer Zeiten gebunden sind. Die Spengler'sche „Epoche der Übernationalitäten" kann wohl die des Internationalismus und eines kollektivierten Menschentums sein; es könnte sich aber unter Umständen auch eine große Krise und eine Wiederaufrichtung ergeben. Symbole, wie die des Grals und eines neuen Templertums, zu verstehen und zu erleben, würde dann bedeuten, den Männern des Wiederaufbaus einen grundlegenden Bezugspunkt zu geben.

In einem anderen unserer Bücher[484] haben wir schon hervorgehoben, daß ebenso wie die großen mönchisch-asketischen Orden eine entscheidende Aufgabe inmitten des auf den Zusammenbruch des altrömischen Reiches folgenden materiellen und geistigen Chaos erfüllten, desgleichen könnte eine Art männlicher und asketischer Orden das sein, was am meisten in der modernen Zeit, die jener Periode so sehr ähnelt, nottut. Was den Gral und die ihm verwandten Sinnbilder betrifft, so könnten sie insofern richtungsweisend wirken, als durch sie der Gegensatz zwischen „Krieger" und „Priester" überwunden wird, daher auch das moderne Äquivalent zu diesem Gegensatz – d. h. die materialisierten, luziferisch und titanisch zu nennenden Erscheinungsformen des Machtwillens, und, auf der anderen Seite, die „lunaren" Formen der überlebenden Frömmigkeit und der mehr oder minder verworrenen, mystischen und neu-spiritualistischen Bestrebungen nach dem Übersinnlichen. Von allen anderen Dingen abgesehen, könnte man darin immer eine genauere Richtung innerer Gestaltung erkennen.

Im gegenwärtigen Augenblick halten wir jeden Versuch für zwecklos, materielle Bünde und Organisationen zu schaffen mit dem Ziel, unmittelbar die allgemein waltenden Kräfte zu beeinflussen. Schon im 18. Jahrhundert sahen die Rosenkreuzer die Hoffnungslosigkeit eines derartigen Unterfangens ein. Diese Kräfte selbst werden durch ihre Gesetzmäßigkeit bald zeigen, ob die „Bekehrung" und Wiederaufrichtung möglich ist, oder ob sie für den Zyklus, zu dem die europäische Kultur gehört, endgültig auszuschließen sind. Wer das „Schwert" erhalten hätte, müßte daher warten, ehe er es ergreifen könnte. Das Templertum des Grals kann vorläufig nur die Form der Abwehr annehmen – ihm gälte als Aufgabe, die Wege zur symbolischen – aber nicht nur symbolischen! – „solaren Zitadelle" unzugänglich zu machen.

Auf einem mehr äußerlichen Gebiet ist vorläufig nur eine Aktion möglich und nützlich. Die dunklen Kräfte, die hinter den Kulissen der modernen Kultur tätig sind, haben unter anderem als Ziel, die heilende Kraft zu lähmen, die von jedem eventuell heraufbeschworenen Prinzip und Symbol höherer Art heute ausgehen könnte; sie lähmen sie nicht durch einen sichtbaren Widerstand, sondern vielmehr durch Entstellung ihres Verständnisses. Sie bewirken, daß von solchen Prinzipien und Symbolen praktisch nur Nachahmungen und Zerrbilder verbreitet werden, die an ihre Stelle treten, mit der Folge, daß ihre normale Wirkung in die entgegengesetzte verkehrt wird.

Was der Anti-Katholizismus in der Verkehrung des Gibellinentums sowie in vielen, sich zur Immanenzlehre und zum Laizismus bekennenden Kreisen geworden ist; was der Orient als Beziehungspunkt für den metaphysischen, traditionsgebundenen Geist im Abendland durch unselige Entstellungen, nicht so sehr von seiten seiner Widersacher als vielmehr von seiten seiner „spiritualistischen“, pantheistischen und theosophistischen Schwärmer, geworden ist; was dem Ausgeführten nach aus dem Rosenkreuz bei Okkultisten verschiedener Färbung und Anthroposophen usw. wurde; was andererseits in einigen Kreisen aus dem Begriff der nordischen Tradition und der „Überrasse“ durch ihre Verwendung im Rahmen einer politischen Ideologie geworden war, und was faktisch als neues Heidentum galt: all dies sind beredte Beispiele für die ablenkende Tätigkeit, von der wir gesprochen haben, Beispiele einer Art, daß wir an eine leitende „Intelligenz“ denken müssen, die nur allzu gut die Mittel zu ihrem Zweck kennt.

Manchem Anzeichen zufolge will es scheinen, daß auch der alte Mythos des Regnums und einige damit verbundene Motive zu neuem Erwachen bestimmt seien, dabei aber ebenfalls derartigen Einflüssen ausgesetzt sein werden. So haben wir es für angebracht gehalten, unsere Beiträge zum Verständnis und zur Verteidigung der traditionsgebundenen Wirklichkeit durch einige genauere Ausführungen zu vervollständigen, die zwar gedrängt sind, aber doch genügen, um den zu orientieren, der prinzipiell dazu befähigt ist und das Studium dieser Sagenmotive unternehmen will, die als das Erbgut unserer gibellinischen Größe zu bewerten sind. Ergründet und *erlebt* man auf diesem Wege solche Motive, dann wird allmählich die Einsicht Kraft gewinnen, daß das unsichtbare und unverletzliche Zentrum, der Kaiser, der erwachen soll, der erneuende und rächende Held, nicht Märchen aus einer toten und mehr oder minder „romantischen“ Vergangenheit ist, sondern die Wahrheit jener, die heute allein sich „Lebende“ nennen können.

****

Anmerkungen

1 Zum Verständnis des besonderen Sinnes, in dem wir die Ausdrücke „vormodern" und „metaphysisch" verwenden, vgl. unser Werk „Erhebung wider die moderne Welt", Stuttgart/Berlin 1935; und auch Maske und Gesicht des neueren Spiritualismus.

2 Geber, Summa perfectioni magisterii (in Manget, Bibl. Chemica curiosa, Genf 1702), IX, x, 557.

3 Kaiser Julianus, Contra Eracl. 217c.

4 R. Guénon, „Le Saint-Graal", in Le Voile d'Isis, Heft 170, 1934, 47–48.

5 Jung / Wilhelm, Das Geheimnis der goldenen Blüte, Einführung.

6 A. Nutt, Studies on the legend of the Holy Grail, London 1888.

7 L. von Schröder, Die Wurzel der Sage vom heiligen Gral, Wien 1910.

8 L.E. Iselin, Der morgenländische Ursprung der Gralslegende, Halle 1909.

9 R. Palgen, Der Stein der Weisen (Quellenstudien zum Parsifal), Breslau 1922.

10 O. Rahn, Kreuzzug gegen den Gral, Freiburg 1933; F.v. Suhtscheck, „Wolfram v. Eschenbachs Reimbearbeitung des Pârsiwalnâma" (Klio 25, 1932, Heft 1–2, 50–71).

11 Im bereits zitierten Werk Erhebung wider die moderne Welt.

12 Hesiod, Op. et Die, 112–125.

13 Die beste Arbeit über dieses Thema ist R. Guénon, Le roi du monde, Paris, 1927– eine Arbeit, auf die wir uns im folgenden oft beziehen werden.

14 Vgl. Hesiod, Op. et Die, 156–173.

15 Daher die greifbare Bedeutung des Ausdruckes „Sohn der Witwe", der sich von der iranischen Tradition und vom Manichäismus bis zur abendländischen Freimaurerei erhalten hat.

16 Erhebung wider die moderne Welt, 23, 84.

17 A.a.O., II. Teil, §§ 3–5.

18 Vgl. H. D'Arbois de Jubainville, Le cycle mythologique irlandais, Paris, 1884, 26–27. Die irische Bezeichnung „Land unter den Wellen" – tir fa tonn –, die einer Darstellung dieses Landes gegeben wird (vgl. F. Lot, „Celtica", in Romania, XXIV, 327–328), enthält wahrscheinlich die Erinnerung an den durch Fluten erfolgten Untergang dieses Zentrums.

19 Die Insel Leuké (d. h. die weiße) wird hauptsächlich in der von Diodorus Siculus (II, 47) berichteten Überlieferung mit dem Reich der Hyperboreer gleichgesetzt, das „im Ozean, den Ländern der Kelten vorgelagert" ist; sie gilt auch als Insel Apollos.

20 Vgl. Plutarch, De facie in orbe lunae, § 26; Plinius, hist. nat., IV, 30. Bei diesen Autoren handelt es sich eigentlich um das Land Thule, das nach Strabo (geogr., I, iv, 2) in 6-tägiger Fahrt von Britannien erreichbar und nahe dem Eismeer gelegen ist. Kraft der angedeuteten Beziehung der „Heroen" auf das Urzeitalter wird Kronos, einst König dieser Epoche, häufig auch als König der Heroen geschildert (vgl. Hesiod, Op. et Die, 168–171).

21 De Joubainville, ang., 85.

22 Ebenda, 92, 94.

23 H. Martin, Etudes d'archéologie celtique, Paris 1872, 77.

24 De Joubainville, a.a.O., 91.

25 Ebenda, 118, 119.

26 Ebenda, 56.

27 Battle of Mag Tured, § 1–3 (Joubainville, L'épopée celtique en Irlande, Paris 1892, 403).

28 De Joubainville, Cycle myth., 141.

29 In diesem Zusammenhang ist die von Plutarch berichtete Überlieferung zu erwähnen (de facie, § 26), wonach sich das Geschlecht des Herakles (der heroische Zyklus) im borealen Land mit dem Geschlecht des Kronos (Urzyklus) vermengt und so eine „der hellenischen ähnliche" Kultur geschaffen habe (also ähnlich der olympischheroischen,

deren Symbol ja Herakles ist). „Daher wird dem Herakles dort die höchste Ehre erwiesen und nach ihm dem Kronos."

30 Vgl. Martin, a.a.O., 82.
31 Ebenda, 84–85.
32 Vgl. O. Squire, The mythology of ancient Britain and Ireland, London 1909, 41.
33 Vgl.Windisch, Das keltische Britannien bis zum Kaiser Arthur, Leipzig 1912, 114. Von der Frau der fernen Insel erhält der Held Condla einen Apfel, der, soviel man davon essen mag, immer ganz bleibt und unbezwingliche Sehnsucht erweckt: das Motiv der „unerschöpflichen Speise", das wir später beim Gral wiedersehen werden, mitsamt der Sehnsucht, die der Gral in jedem hinterläßt, der ihn einmal gesehen hat.
34 Vgl. Martin, a.a.O., 154.
35 Es darf bemerkt werden, daß die Worte Albion für England und Albanien für einen Teil dieses Landes von einer Umwandlung dieser alten Vorstellung der „weißen Insel" oder „Insel des Glanzes" stammen, die in der indischen Tradition als çveta-dvîpa auch die Eigenart eines Sitzes Viçnus als Sonnengott aufweist, des Trägers des hyperboreischen Kreuzes bzw. des Hakenkreuzes. Deshalb haben wir behauptet, daß viele geographische Bezeichnungen in den in Frage stehenden Überlieferungen nur symbolische Bedeutung besitzen.
36 Vgl. R. Guénon, „La terre du Soleil", in Etudes traditionelles, Januar 1936, 36. Eine der Darstellungen des Landes, von dem wir sprechen, ist das sogenannte ten-mag-trogaigi, das die folgenden bezeichnenden Symbole des zentralen Sitzes umfaßt, Symbole, die wir später in der Kaisersage wiederkehren sehen: königliche Frauen, den silbernen Baum mit der Sonne über dem Wipfel, den Baum des Sieges, eine Quelle, ein Gefäß, in dem das Getränk sich nie erschöpft – vgl. E. Beauvois, L'elysée transatlantique et l'éden occidental, Rev. de l'hist. des rélig., Band VII, 1883, 291.
37 Vgl. Martin, Arch. celt., ang. 85.
38 Vgl. Erhebung wider die moderne Welt, angf., I. § 2.
39 Vgl. E.J. Délécluze, Roland ou de la chevalerie, Paris, 1845, Band I, 132 ff.
40 Es ist hier auch auf gewisse Seltsamkeiten in den ritterlichen Grundsätzen hinzuweisen, wenigstens wenn sie wörtlich verstanden werden, denn nach diesen Grundsätzen muß fast automatisch die „königliche Frau" auf den Sieger übergehen und er muß, mehr als Pflicht denn als Recht, sie zu der Seinen machen. So heißt es auch bei Wolfram von Eschenbach (II, 100): „swelch rîter helm hi ûf gebant, – der her nâch rîterschaft ist komen, – hât er den prîs hie genomen, – der sol diu küneginne hân."
41 Vgl. E. Faral, La légende arthurienne, Paris 1929, Band II, 87.
42 Vgl. Martin, a.a.O., 86.
43 Vgl. F. Spiegel, Die Alexandersage bei den Orientalen, Leipzig 1851, 53, 54
44 Vgl. E. W. B. Nicholson, King Arthur and Gildas (The Academy 1895).
45 Vgl. Singer, Die Arthursage, Bern/Leipzig 1926, 17.
46 Vgl. R. Guénon, Le roi du monde, angf., X. Kap. Übrigens wurde der Name Bär – björn – in der nordischen Überlieferung dem Thor beigesellt, einem der „himmlischen Helden" oder Asen, die im Kampfe gegen die „Elementarwesen" stehen. Der Bär ist, ebenso wie der Wolf, in der Ynglingasaga eine von Odhin, dem obersten Haupt der Walhall und des „Sitzes des Mittelpunktes" bzw. Mitgards, angenommene Erscheinungsform.
47 Sir Thomas Malory, Morte Darthur, Ausg. Strackey, London/New York 1876, XIV, 2.
48 Bei Faral, La légende arthurienne, angf., Band II, 238–240.
49 Ebenda, 258.
50 Morte Darthur, I, 3; R. de Boron, Merlin, 169–170. In der nordisch-germanischen Überlieferung besteht bekanntlich Siegfried eine ähnliche Probe: er zieht ein Schwert aus einem Baum, das außer ihm niemand herausziehen konnte.
51 Morte Darthur, II, 23.

52 Vgl. Singer, Artussage, angf. 11.

53 Vgl. Squire, Mythol. of anc. Brit., angf., 73, 74.

54 Morte Darthur, XIV, 2.

55 Vgl. Kampers, Das Lichtland der Seelen und der heilige Gral, Köln 1916, 30 f.

56 Vgl. Délécluze, Roland, angf., Band I, 43, 49.

57 Vgl. Erhebung wider die moderne Welt, 432. Die Darstellung Christi mit den zwölf Aposteln ist ein Sonderfall der Anwendung dieser Symbolik, die freilich älter als das Christentum ist und mehr als nur „religiöse" Tragweite hat.

58 Glastonia id est urbs vitrea – etiam insula Avaloniae celebritur nominatur – vgl. F. Lot, „Celtica" (in Romania, XXIV, 327–329); Faral, wie angf., II, 411, 405 ff., 439.

59 Es ist jedoch nicht von der Hand zu weisen, daß Glastonbury selber in vorgeschichtlichen Zeiten ein Zentrum der Urtradition gewesen sein mag, wie dies die Spuren eines ungeheuer großen Sonnentempels zu beweisen scheinen, mit riesenhaften, auf den Boden gezeichneten Figuren, die Sternbilder darstellen und kreisförmig angeordnet sind, man hat darin sogar das Vorbild der Tafelrunde erkennen wollen (vgl. A guide to Glastonburys Temple of the stars, its giant effigies described from air views, maps and from the „High History of the Holy Grail", Watkins, London, o. D. und R. Guénon, La terre du soleil, wie ang.). Ein derartiger Mittelpunkt ist natürlich nicht mit dem Urzentrum zu verwechseln, von dem er höchstens ein Abbild sein kann. Später wurde er sogar topographisch von der christlichen, in Glastonbury aufgebauten Abtei verdrängt.

60 Zu all dem vgl. Faral, wie angf., Band II, 296, 302, 441; Singer, wie angf., 8, 12. Der Hinweis in der Historia Reg. Brit. lautet: „Inclytus ille rex Arturus letaliter vulneratus est, qui illinc ad sananda vulnera sua in insulam Avallonis evectus." In der Morte Darthur heißt es (XXI, 7): „Einige sagen in vielen Gegenden Englands, daß König Arthur nicht gestorben ist, sondern auf Geheiß unseres Herrn an einen anderen Ort gebracht wurde. Und man sagt, daß er wiederkehren wird … Ich werde das nicht behaupten, sondern eher, daß an irgend einem Ort dieser Welt sein Leben gewandelt worden ist (he changed his life). Aber viele sagen, daß in seiner Gruft dieser Vers geschrieben steht: ‚Hic iacet Arthurus rex quodam rexque futurus'." In demselben Text (XXI, 5) wünscht der verwundete Arthur, daß sein Schwert jenem geheimnisvollen Arm zurückgegeben werde, der es über das Wasser emporgehalten hatte, was den deutlichen Sinn einer Zurückerstattung seines Auftrages hat, gleichbedeutend mit dem Rückzug Arthurs nach Avallon.

61 A. de Boron, Perceval, 178.

62 Alanus aus Lille vergleicht bedeutenderweise den Zurücktritt Arthurs mit dem Elias' und Henochs, dieser „nie gestorbenen" Propheten, die eines Tages wieder erscheinen werden (bei Beauvous, L'Elys. transatl., angf., 314).

63 Vgl. Przyluski, La légende de l'empereur Açoka, Paris 1923, 173–178.

64 Mahâbhârata, I, 2; III, 116–117; XII, 49; XIV, 29. Vgl. auch H. Güntert, Der arische Weltkönig und Heiland, Halle 1923.

65 Das Motiv der symbolischen Geburt des Wiedererweckers des hyperboreischen Zentrums findet sich auch in der iranischen Tradition und wird manchmal auf Zarathustra selbst bezogen, der nach einigen Quellen am hyperboreischen Sitz – im airyanem vaêjô – geboren wurde oder dort seine Religion gegründet hat (vgl. Bundahesh, XX-XIII; Vendidad, XIX; F. Spiegel, Die arische Periode und ihre Zustände, Leipzig 1887, 125–126). – Was den Geburtsort Paraçu Râmas anbelangt – wenn es wahr ist, daß Sambhala eine historische, bei Delhi gelegene Stadt war, so steht es auch fest, daß sie nicht nur in indischen, sondern auch in tibetanischen Texten immer als „Stadt des Nordens" bezeichnet wird. In diesen Traditionen wird übrigens behauptet, daß derartige Lokalisierungen immer symbolisch zu verstehen sind.

66 Interessant ist die Feststellung, daß in den mittelalterlichen Ritterallegorien gerade der Papagei der Vogel ist, der dem Rittertum entspricht und gegen die Geistlichkeit für das

Recht des Rittertums an der „Frau" kämpft (vgl. A. Ricolfi, Studi sui ‚Fedeli d'amore‚, Milano 1933, 28).

67 Koka und Vikoka stehen in einer erkennbaren Beziehung zu Gog und Magog. Es sei hervorgehoben, daß das Reittier der Kâlî; der Esel ist, ein Tier, das von der Tradition mit „dämonischen" und antisolaren Kräften und mit den sogenannten „Söhnen der ohnmächtigen Auflehnung" in Verbindung gebracht wird (vgl. Erhebung wider die moderne Welt, angf., 271–272). Außerdem wird die Stadt Vishasana, in welcher Kâlî herrscht und vor Kalki Zuflucht sucht und die in Brand gesteckt wird, als gynekokratisch geschildert, von Frauen regiert: worin die Verbindung zwischen der Dämonie der Massen und der weiblichen Entartung der Geistigkeit zum Ausdruck kommt.

68 Über all das vgl. A. Préau, „Kalki, dixième avatara de Vischnou d'après le Kalki-purâna" (in Voile d'Isis, Heft 139, 1931, 428 ff.) und A. Abegg, Der Messiasglaube in Indien und Iran, Zürich 1928, 47 ff. H. Güntert, Der arische Weltkönig, angf. Im Vishnu-Purâna (IV, 3) erscheint Kalki wie seinerzeit schon Paraçu Râma als Vernichter der mleccha, der entarteten, vom Heiligtum losgelösten Krieger.

69 Vgl. F. Kampers, Die deutsche Kaiseridee in Prophetie und Sage, München 1896, 9.

70 Horaz, Carmina, I, 11, 30 ff.

71 Vergil, Eklogen, IV, 5–10, 15 ff.

72 Vgl. Kampers, a.a.O., 10.

73 Vgl. Kampers, a.a.O., 24–27. Die Apokalypse des Petrus spricht von einem „Sohn des Löwen" (der Löwe symbolisiert das Reich) der alle Könige vertreiben und vernichten wird, wozu er von Gott die Macht erhalten hat, und der sich als einer, „der vom Schlaf erwacht", offenbaren wird. Bis zu diesen Zeiten scheint sich das hyperboreische Motiv erhalten zu haben, wenn Lactantius (Inst., VI, 16, 3) der Auffassung ist, daß der mächtige Fürst, der nach dem Falle Roms die Gerechtigkeit wieder aufrichten wird, „aus den äußersten Gegenden des Nordens" kommen soll.

74 Vgl. A. Graf, Roma nella memoria e nelle imaginazioni del Medioevo, Turin 1883, II. Band, 500–503, 556.

75 Kampers, a.a.O., 84.

76 Text bei G. Biagi, Le novelle antiche, Florenz, o. D., II, 4–6.

77 Vgl. A. Bassermann, „Veltro, Groß-Chan und Kaisersage" (Neue Heidelb. Jahrbücher, XI, 1902) 52; Kampers, Kaiseridee wie ang., 103.

78 Vgl. Guénon, Le roi du monde, wie ang., II. Kap.

79 Es ist dieselbe „Tugend" oder Eigenschaft, die nach einigen Rassenforschern, die sich nur auf den ethisch-naturalistischen Aspekt beschränken, den grundlegenden Stil der arischen bzw. indogermanischen Rassen bestimmen soll (vgl. H. F. K. Günther, Die nordische Rasse bei den Indogermanen Asiens, München, 1934, 47–48).

80 Die Würde des sakralen Königs wird häufig mittels biblischer Reminiszenzen ausgedrückt, indem der Priester Johannes als „Sohn" oder „Enkel" des Königs David dargestellt wird, ja manchmal als König David selbst: „Davis regis Indorum, qui presbyter Johannes a vulgo appelatur." – „De rege Davis filio regis Johannis" (vgl. F. Zarncke, Der Priester Johannes, Abhandl. der philologisch-hist. Klasse der k. sächs. Gesellsch. der Wissenschaften, Leipzig 1883, 19). Wir werden sehen, daß David auch in enge Beziehung zu dem Schwerte des Gralshelden gebracht wird und zu der Prüfung, der die Gralsritter sich unterziehen müssen.

81 Texte bei Zarncke, a.a.O., 156–158, 159 ff., 175; vgl. auch G. Oppert, Der Presbyter Johannes in Sage und Geschichte, Berlin, 1870, 9–11, 26, 27, 28–30, 32–33, 44–45.

82 Im Text des Johannes With de Hese (Zarncke, 159) liest man: „Et ibi est speciale palacium presbiteri Johannes et doctorum, ibi tenentur concilia. Et illud potest volvi ad modum roxtae, et est testidinatum ad modum coeli, et sunt ibidem multi lapides preciosi, lucentes in nocte, ac si esset clara dies." Vgl. P. Hagen, Der Gral, Straßburg, 121; Zarn-

cke, Der Priester Johannes (II. Teil, Abhandl. wie angf., Band VII, 913): „Ibi sunt lapilli qui vocantur midriosi, quos frequenter ad partes nostras deportare solent aquilae, per quos reiuvenescunt et lumen recuperant. Si quis illum in digito portaverit, ei lumen non deficit, et si imminutum, restituitur et cum plus inspieitur, magis lumen acuitur. Legitimo carme consacratur hominem reddit invisibilem" etc.

83 Vgl. Zarncke, a.a.O., 140 ff.

84 Vgl. Bassermann, Veltro, Groß-Chan und Kaisersage, wie ang., 48–49. Dieses Unternehmen Alexanders, das die Motive der von Kallisthenes und Julius Valerius berichteten Sage wieder aufnimmt, hat in gewissem Maße eine Entsprechung in einer anderen Sage des 12. Jahrhunderts, der zufolge Alexander, als er an den Ort gelangte, „wo die Seelen der Gerechten des Tages der Auferstehung des Fleisches harren", also ins irdische Paradies (ein religiöses Abbild des „Urzentrums"), sich einen Stein aneignet, Ebenbild des Steines des Kaisers Friedrich und des Priesters Johannes. Es heißt davon: „Wenn du es lernst, seine Natur und seine Kraft zu erkennen, wirst du dich von allem trennen, was (irdischer) Ehrgeiz ist." Vgl. Kampers, Das Lichtland der Seelen, 103, der nicht zu Unrecht dieses Abenteuer mit der Suche nach dem Gral in Verbindung bringt.

85 Vgl. Bassermann, a.a.O., 33–35.

86 Ebenda, 44. Text bei Zarncke, a.a.O., 161 ff., 127–128.

87 Vgl. P. Hagen, Der Gral, wie ang., 124.

88 Bassermann, a.a.O., 56.

89 Diese beiden Bäume könnten übrigens auch mit der Monddynastie und mit der Sonnendynastie in Beziehung gebracht werden, deren Vertreter nach der bereits erwähnten Geschichte des Kalki-Avatara niemals sterben, sondern eben auf die Ankunft Kalki-Avataras warten, um sich neuerlich zu offenbaren und sich mit ihm zu vereinen; ein Ereignis, das in anderer Form dasselbe bedeutet wie das symbolische Wiedererblühen des dürren Baumes in der mittelalterlichen Sage.

90 In indirekter und dunklerer Form findet sich dieselbe Beziehung bei der italienischen und französischen Sage des Helden Guerrino bzw. Guérin wieder und zwar dadurch, daß in ihr das Land des Priesterkönigs Johannes als ein Zentrum des apollinischen Sonnenkultus auftritt (der Held trifft dort die Priester Apollos). Apollo ist aber bekanntlich der hyperboreische Lichtgott.

91 Über die Grundzüge dieser Sagenberichte von Holger dem Dänen vgl. L. Gautier, Les épopées françaises, Paris 1878, II. Band, 300, 450, 553; II. Band, 52 ff.; G. Voretzsch, Über die Sage von Ogier dem Dänen, Halle, 1891; G. Paris, Histoire poétique de Charlemagne, Paris 1865, 137 ff., 249 ff., 330 ff.

92 Die Zahl sieben spielt in allen Überlieferungen eine wichtige Rolle und bezeichnet oft die Stufen der Einweihung. Wir werden sehen, daß manche Quellen auch von einer siebenfachen Gralssuche sprechen.

93 Text bei W. Golther, Perceval und der Gral, Stuttgart 1925, 241–242.

94 Bei Bassermann, a.a.O., 66.

95 Das ist auch eine der Hauptthesen Bassermanns in dem bereits erwähnten Werk.

96 Dante, Divina comedia, Inferno, I, 14, 26–27.

97 Ebenda, I, 29; II, 107–108.

98 Ebenda, I, 54, 77.

99 Vgl. auch unser Buch: Lo Yoga della potenza, Mailand 1949, II, Anhang.

100 Purgatorio, XXXII, 148–153.

101 Inferno, I, 101–105.

102 Angesichts der Überwindung der Wölfin durch den Windhund tritt bei Dante die Aufgabe der Überwindung des Löwen in den Hintergrund. Wir werden hören, daß in der Gralsüberlieferung wie auch in der hermetischen Tradition der Kampf mit dem Löwen und die Überwindung der im Löwen (oder dem wilden Löwen) versinnbildlichten Kraft

zu den entscheidenden Prüfungen der verschiedenen Helden gehören.

103 Fegefeuer, XXXII, 38; 50; XXXIII, 58–60.
104 Fegefeuer, XXXI, 133–140.
105 Ebenda, XXXII, 100–103.
106 Ebenda, XXXIII, 142–145.
107 Vgl. J. L. Weston, The quest of the Holy Grail, London 1913, 4, 135, 137.
108 Die Texte 1. bis 4. finden sich in den folgenden Ausgaben: P. Paris, Les romans de la Table Ronde, Paris 1868; J. Furnivall, Queste du St. Graal, Mons 1866–1871; F. Michel, Le roman du St. Graal, Bordeaux 1841; E. Hucher, Le St. Graal ou le Joseph de Arimathie, Mons/Paris 1875. Ferner findet sich in A. Birch-Hirschfelds, Die Sage vom Gral, Leipzig 1877, eine ausgezeichnete zusammenfassende Analyse dieser Texte, auf die wir uns zur Bequemlichkeit des Lesers hauptsächlich beziehen wollen. Für das Werk Wolframs von Eschenbach wird die Ausgabe P. Piper, Wolfram von Eschenbach, Stuttgart, 1891–1893, 4 Bände, benutzt, für Malory die Ausgabe Strachey, Morte Darthur, London/New York 1876, und schließlich für von dem Turlin die Ausgabe G. H. F. Scholl, Diu Crône, Stuttgart 1852.
109 Perceval li Gallois, 134.
110 Joseph de Arimathia, 156.
111 Gautier, 94.
112 R. Heinzel, Über die französischen Gralsromane, Wien 1891, 42. In vielen Romanen verharrt Joseph von Arimathia in einer Art magischer Anwesenheit in dem Schlosse, in dem sich die Abenteuer der auserlesenen Helden abspielen; manchmal nimmt er die Züge des „verwundeten Königs" an.
113 Grand St. Graal, 22.
114 Wolfram von Eschenbach, Band II, 40.
115 Perlesvax, 173.
116 Grand St. Graal, 10–12; Perceval li Gallois, 123. Die Zahlen sieben und vierzig haben einen traditionsgeheiligten Charakter und werden immer zu Vorgängen der inneren Entwicklung und Läuterung in Beziehung gebracht.
117 Grand St. Graal, 13.
118 Perceval li Gallois, 133.
119 Merlin, 167.
120 Perlesvax, 178.
121 Es handelt sich vor allem um das Evangelium des Matthäus (XXVI) und um die „Gesta Pilatia" (XII, XXIV).
122 Vgl. A. Birch-Hirschfeld, Die Sage vom Gral, angf., 214.
123 Im Anhang zu der zitierten Ausgabe der „Morte Darthur", 491.
124 Vgl. Weston, a.a.O. E. Wechsler schreibt in Die Sage vom Hl. Gral in ihrer Entwicklung (Halle, 1898, 9): „Trotz ihrem entschieden religiösen Charakter wurde die Sage (vom Gral) von der Kirche und der Geistlichkeit nicht anerkannt. Kein Kirchenschriftsteller erzählt uns vom Gral. In der so umfangreichen uns überlieferten kirchlichen Literatur finden wir mit Ausnahme des Chronisten Helinand an keiner einzigen Stelle auch nur den Namen des Grals erwähnt. Und dennoch konnte den Verfassern der wundersame Bericht über dieses Glaubenssymbol nicht unbekannt sein. Sie müssen vielmehr dieser Legende mit einer Verschwörung des Schweigens begegnet sein. Die Abneigung des Klerus gegen diese Legende darf uns weniger verwundern als die Tatsache, daß die Idee jener kostbaren Reliquie nicht sofort verstanden und in Begriffe der Wirklichkeit übertragen wurde."
125 Vgl. Weston, a.a.O., 54.
126 Vgl. R. Heinzel, Über die französischen Gralsromane, Wien 1891, 112; Merlin, 167.
127 Wolfram von Eschenbach, Bd. IV, 83; III, 48–99: „ er jach, ez hiez ein dinc der grâl: – des

namen las er sunder twâl – inme gestierne, wie der hiez."

128 Joseph v. Arimathia, 162; Perceval li Gallois, 134; Joseph v. Arimathia, 157 ff.
129 Weston, Holy Grail, angf., 8–9.
130 Ebenda, 108.
131 Morte Darthur, IX, 2.
132 Chréstien de Troyes, 76.
133 Joseph von Arimathia, 151 ff.
134 Grand St. Graal, 12.
135 Gautier, 97.
136 Wolfram von Eschenbach, II, 237, 240: „den wunsch von paradîs – bêde wurzeln unde rîs – daz was ein dinc – daz hiez der Grâl – erden wunsches überwal."
137 Morte Darthur, XIII,
138 Wolfram von Eschenbach, III, 62; II, 240: „diu werde gesellschaft – hete wirthschaft vome Grâl."
139 Perceval li Gallois, 126.
140 Grand St. Graal, 23.
141 Queste du Graal, 27.
142 Perlesvax, 177.
143 Queste du Graal, 42 ff.
144 Manessier, 102: In Zusammenhang damit die Leuchtkraft: por la clarté li oils ouvrierent – tat emni cele clarté virent – um angle tout empérial – qui en ses mains tint le gréal. Für den aufmerksamen Leser ist der Umstand nicht ohne Bedeutung, daß die Vision um Mitternacht erfolgt (vgl. die „Mitternachtssonne" usw.).
145 Morte Darthur, XI, 13–14; XII,
146 Queste du Graal, 40.
147 Wolfram v. Eschenbach, III, 62.
148 Ebenda.
149 Grand St. Graal, 25.
150 J. de Arimathia, 152.
151 Vgl. W. Golther, Parzifal und der Gral, Stuttgart, 1925; 250.
152 Wolfram v. Eschenbach, II, 253: „wan zwaz die lüfte hant beslagen – darobe muost er hoche tragen. – Dir dienet zam unde wilt, – zu rîcheit ist dir wunsch gezilt."
153 Grand St. Graal, 16 ff.; 24.
154 Paradiso, XXX.
155 Vgl. Délécluze, Roland, angf., Bd. I, 143.
156 Gerbert de Mostreuil, 106 ff.
157 Diu Crône, 281–283.
158 Morte Darthur, XIII, 6.
159 Hier kommt wieder die traditionsgeheiligte Zahl „sieben" zum Vorschein. Man könnte dabei wohl an die Wirkungen einer auf die sieben „Lebenszentren" gerichteten Kraft denken, von denen in der esoterischen Überlieferung die Rede ist – vgl. Evola, Lo Yoga della potenza, angf.
160 Grand St. Graal, 25.
161 Joseph de Arimathia, 155; Perlesvax, 171 ff.
162 Gerbert de Mostreuil, 103.
163 Perlesvax, 172.
164 Queste du Graal, 27, 37; Morte Darthur, XIII, 4–6.
165 Wolfram v. Eschenbach, III, 68.
166 Morte Darthur, XVII, 15.
167 W. v. Eschenbach, II, 62: „si (d. h. die Templeisen) lebent von einem steine: – des gesläh-te ist vil reine – Hat ir des niht erkennt – der wirt in hie genennt – Er heizet lapsit exillis.

168 Bei Birch-Hirschfeld, angf., 289–290.

169 Wolfram v. Eschenbach, III, 49, 64.

170 Der Wartburgkrieg, Hg. K. Simrock, Stuttgart, 1858, 174–178, 145–146. In einigen Fassungen dieses Textes wird der Stein von Parsifal aufgefunden, in anderen ist er Parsifal selbst – eine sehr bezeichnende Auffassung!

171 Vgl. R. Guénon, Le roi du monde, angf., Kap. V; J. Michelet, Le secret de la chevalerie, Paris 1930, 27–30. Man wird dabei an die arabischen Legenden über den schwarzen Stein der Kaaba erinnert, der dem Adam von Gabriel übergeben wurde, nach der Sintflut in den Himmel zurückgeholt und von dort von neuem von Gabriel auf die Erde gebracht wurde, um den „Grundstein" für das Zentrum der islamischen Tradition zu bilden. Dieser Stein war zuerst weiß und leuchtend, nach dem Sündenfall wurde er schwarz (vgl. G. Weil, Biblische Legenden der Muselmänner, Frankfurt, 1845, 37, 84, 93). Diese letzte Deutung muß wahrscheinlich dahin berichtigt werden, daß die schwarze Farbe das Okkulte und nicht Offenkundige bezeichnet, was dem Zustand des „höchsten Zentrums" in der Zeit der Verdunklung einer jeden Überlieferungskultur entspricht.

172 Eine Überlieferung, die von O. Rahn angeführt wird (Der Kreuzzug gegen den Gral, 78).

173 Vgl. E. Martin. Wolfram von Eschenbach (Einl., Halle 1902, Bd. II, XLIV).

174 Vgl. Simrock, Der Wartburgkrieg, angf., 353.

175 Vgl. De Jubainville, Cycle mythol. irlandais, angf., 56.

176 Wolfram v. Eschenbach, III, 254.

177 Vgl. Evola, La tradizione ermetica, Bari, 1931, Einl., 19 ff.

178 Tertullian, De cultu fem., I, 2b.

179 Morte Darthur, XVII, 5.

180 Vgl. W. F. Wilke, Geschichte d. Tempelherrenordens, Leipzig 1826; Bd. II, 351.

181 Wolfram v. Eschenbach, II, 329; III, 43.

182 Ebenda, II, 253.

183 Ebenda, III, 65 ff.

184 San Marte, Parcival, Halle 1887, LIV. Parsifal sagt: „Mit saelde gergert hâb den Grâl."

185 Wolfram v. Eschenbach, III, 57.

186 Ebenda, III, 65. „Ir müst aldâ vor hôchvart – mit senften willen sûn bewart. – Iuch verleite lîhte iuwer iugend – daz ir der kiusche braechet tugent."

187 Wolfram v. Eschenbach, III, 65.

188 Ebenda, III, 70–71.

189 Über den Sinn der Bestrafung des Prometheus vgl. Erhebung wider die moderne Welt angf., 208, 452. Der Leser kann leicht bemerken, daß sehr unklar bliebe, warum Amfortas' Wahlspruch „Amor" sich nicht so sehr mit der Demut bzw. der Bescheidenheit verträgt, wenn man der Liebe (Amor) nicht die initiatische chiffrierte Bedeutung gibt, von der später – wenn wir uns mit den provenzalischen und italienischen „Getreuen der Liebe" befassen werden – die Rede sein wird.

190 Wolfram v. Eschenbach, IV, 35–36. Gawein antwortet: „Scheinbar bin ich's, der kämpft, aber in Wahrheit werdet ihr es sein, die in mir kämpft – man mac mich dâ in strîte sehen – der muoz minhalp von iu geschehen."

191 Morte Darthur, XIII, 15; Wolfram v. Eschenbach, II, 316.

192 Wolfram v. Eschenbach, IV, 71 ff.; Diu Crône, 158 ff.

193 Queste du Graal, 38.

194 Grand St. Graal, 18–19; Gerbert de Mostreuil, 103; Morte Darthur, XIV, 9–10. Hier wird die „Versuchung" eben in Verbindung gebracht mit „demjenigen, der der mächtigste Engel des Himmels war und sein Erbe verloren hat".

195 Wolfram v. Eschenbach, III, 203.

196 Gerbert de Mostreuil, 103.

197 Wolfram v. Eschenbach, II, 237. Von Repanse de Schoy wird gesagt: „Ihr Gesicht strahlte

in solchem Glanze, daß alle glaubten, die Sonne der Morgenröte zu sehen."

198 Wolfram v. Eschenbach, II, 196, 264, 267, 275.
199 Diu Crône, 192–194.
200 Ebenda, 284 ff.
201 Ebenda, 195.
202 Ebenda, 196–202.
203 Ebenda, 212–214.
204 Es ist hervorzuheben, daß in der Symbolik der germanischen Minnesänger Saelde mit Feliciâ identifiziert wird und das „Heil" zum Sohn hat. Sie personifiziert also die felicitas im altrömischen Sinne: Saelde bedeutet Glück, die männliche Eigenschaft dessen, was Erfolg hat, das „glücklich" zum Ziele gelangt, und diese Eigenschaft erzeugt das „Heil", das Saelde als „göttliche Frau" vermittelt. Diese Symbolik könnte nicht durchscheinender sein und ist eine genaue Bestätigung unserer Deutung.
205 Wolfram v. Eschenbach, III, 239. „Du hast – der sêle rouve erstritten."
206 Vgl. Morte Darthur, X, 4, wo eine derartige doppelte Überwindung in der Allegorie des sir Tristan geschildert ist, der als Ritter der Tafelrunde angesehen wird und mit Hilfe der Morgan la Fay, der „göttlichen Frau", sir Sagramor le Desirous (d. h. den Begehrenden) und sir Dodinas le Savage (d. h. den Wilden) tötet.
207 Über all dies vgl. Evola, Yoga della potenza, angf.
208 Vgl. R. Guénon, Le roi du monde, angf., Kap. V.
209 Für die fraglichen Texte siehe Evola, Erhebung usw. angf., 273 ff. Man erinnere sich, daß der Gral derart wirkt, daß Joseph von Arimathia das Gefühl für die Zeit verliert.
210 R. Guénon, „Les pierres du foudre" (in Voile d'Isis, Heft 113, 1929), 347 ff.
211 Ebenda, 348. Unsererseits möchten wir hervorheben, daß interessanterweise die hyperboreische Axt bzw. Doppelaxt auf vielen Zeichnungen und Symbolen des alten Schottlands und Irlands von einer Zentaurenfigur getragen wird – vgl. J. Romilly Allen, The early christian monuments of Scotland, Edinburg 1903, 223, 253, 297. Durch die „Wanderung der Symbole" hat sich allerdings die Axt als Symbol in späteren Zeiten auch mit Gestalten verknüpft, die nur wenig Beziehung mit der hyperboreischen Tradition haben, wenn man auch nicht zu Usurpationen gelangte (vgl. z. B. den Zyklus der pelasgischen Kultur).
212 Vgl. B. Junk, Gralssage und Gralsdichtung des Mittelalters, Wien 1911, 19 ff.; L.v. Schröder, Die Wurzel der Sage vom hl. Graal, angf., 63.
213 Wolfram v. Eschenbach, II, 240: „Wan du Gral was der saelden fruht – der werlde süeze ein solh genuht, – er wäc v'il nâch gelîche, – als man sagte vo himmelrîche."
214 Queste du Graal, 50.
215 Perceval li Gallois, 132.
216 Diu Crône, 188 ff.
217 F. Kampers, Das Lichtland der Seelen, angf., 48, 115.
218 Im Zusammenhang der sich auf den „Schwanenritter" Elias bzw. Lohengrin beziehenden Erzählungen (vgl. die Texte bei W. Golther, Parzifal und der Gral, angf., 251–253) kommt dieser Ritter aus einem Land, das manchmal als das „Irdische Paradies", wo sich der Gral befindet („annales quosdam veteres volunt prodidisse Heliam istum e paradysi terrestris loco quodam fortunatissimo, cui Graece nomen esset, navigatione venisse"), manchmal aber als das Reich Arthurs und „der Berg" geschildert wird; das Thema des Schwans führt auf jenen Schwan zurück, mit dem Apollo von seinem hyperboreischen Sitz herkommt. Dies ist die „solare Insel Apollos", die mit der Insel von Avallon eins ist. Avallon tritt also noch einmal durch das Thema vom Schwanenritter mit dem Gral in Verbindung.
219 Vgl. R. Guénon, „Seth" (in Voile d Isis, Heft 142, 1931) 587.
220 Vgl. Iselin, Der morgenländ. Ursprung usw., angf., 55 f., 89–91.

221 Vgl. R. Guénon, Le roi du monde, angf., Kap. VI.
222 Ebenda, K. I (4).
223 Vgl. Kampers, Lichtland der Seelen, angf., 88.
224 Vgl. L. Preller, Griechische Mythologie, Berlin 1872, 66 ff. Man erinnere sich an die schon erwähnte islamische Legende, nach der der Paradiesstein nach der Sintflut auf die Erde zurückkam.
225 Plinius, Nat. hist., XXXVIII, 135.
226 Genesis, XXVIII, 11–12. Die Leiter, die Himmel und Erde verbindet, ist gleichbedeutend mit der symbolischen Brücke, auf die überlieferungsgemäß das Amt des Pontifex = Brückenbauer als „Zentrum und Mittler" bezogen wurde, ein Amt, das mit dem wahren Königtum in eins zusammenfließt. Im Mabinogion und der nordischen Tradition im allgemeinen kehrt das Wort: „Wer Haupt ist, der soll uns Brücke sein" immer wieder.
227 Gen., XXVII, 36; XXXII, 24–30.
228 Vgl. Hagen, Der Gral, angf., 105 ff.
229 Gen., XXXII, 25, 31 f.: „Und die Sonne erhob sich, als das Antlitz Gottes vorübergegangen war, und er hinkte in der Hüfte".
230 Grand St. Graal, 19 f.; Queste du Graal, 46 f.; Morte Darthur, XVII, 5, 6–7.
231 Die diesbezüglich in den Texten gegebene Erklärung ist eine der vielen „Verdeckungen" durch christliche Elemente. Das Schiff wird gedeutet als die Kirche. Die drei Farben sind jene, welche der Baum jeweils zu Zeiten der Eva, der Geburt Abels und seiner Ermordung durch Kain angenommen hat. Was in dieser letzten Hinsicht vielleicht brauchbar ist, wäre die Anspielung auf einen brudermörderischen Kampf, worauf sich die keltische Geschichte vom „schmerzhaften Schlag" beziehen könnte. Die drei Farben verraten ihren tieferen Sinn, wenn man sie eher auf die in der hermetischen Tradition vorkommenden beziehet. Hier bezeichnen diese Farben drei Entwicklungszustände der Initiation und des Werkes des Steins. Die rote Farbe ist übrigens die des Gralsritters als Roter Ritter. Das Brudermordsthema bezieht sich wahrscheinlich auf eine Waffenprobe, deren Ausgang eine Usurpation war.
232 Morte Darthur, XVII, 6–7.
233 Grand St. Graal, 19–20.
234 Morte Darthur, XVII, 4.
235 Vgl. Kampers, Lichtland der Seelen, angf., 37–38; Golther, Parcival und der Graal, angf., 207. Es ist zu merken, daß bei Wolfram v. Eschenbach (III, 230) Alexander unter die gezählt wird, die nach Adam mehr als alle anderen die Macht magischer Steine kennen, wie sie sich in der Rüstung von Parsifals Stiefbruder, Feirefiz, befinden.
236 Grand St. Graal, 16–17; Queste du Graal, 50.
237 Grand St. Graal, 17.
238 J. L. Weston, The legend of sir Perceval; gleiches Thema bei Manessier, 100.
239 J. Loth, Les Mabinogion, Paris 1889, Bd. II, 45 ff.; Hagen, Der Graal, 82.
240 Mabinogion, angf., 109.
241 Vgl. Evola, Erhebung usw., angf., 219.
242 Mabinogion, 59. Es ist eine Entsprechung möglich zwischen der Dreizahl dieser Probe und den drei Blutbächen, die aus der Lanze fließen.
243 Vgl. Birch-Hirschfeld, Die Sage vom Graal, angf., 205–206.
244 Vgl. A. C. L. Brown, The bleeding lance (Publication of the modern language association of America, XXV, I, Iglo), 9, 10, 20, 41. Will man auch die Deutung anwenden, die sich auf die Erfahrungen der Sexualmagie beziehen, so ist das „mit einem giftigen flammenden Stoff gemischte Blut" ein besonders treffender Hinweis auf den Zustand des durch nichts erlöschbaren, wie eine Besessenheit wirkenden Wunsches, der dem eignet, welcher als „verwundet" aus solchen Erfahrungen heraustritt.
245 Wolfram v. Eschenbach, II, 80; II, 256: „an dem got wunder hat getân".

246 Grand St. Graal, 24; Queste du Graal, 42–43; Gerbert de Mostreuil, 106–107.

247 Morte Darthur, XVII, 6–7.

248 Queste du Graal, 46–47. In einer Einschiebung in den Text von Chréstien de Troyes (berichtet von Golther, angf., 12) steht folgende interessante Einzelheit: das Gralsschwert zerspellt beim ersten Streich, den Parsifal gegen Orguilleus führt, und er muß nicht mit diesem Schwert, wohl aber mit seinem eigenen kämpfen, also mit dem Schwert des „Roten Ritters" (über ihn vgl. 121).

249 Queste du Graal, 44–47; Morte Darthur, XVII, 4; Grand St. Graal, 21.

250 Queste du Graal, 47.

251 Grand St. Graal, 20.

252 Queste du Graal, 46.

253 Morte Darthur, II, 1, 2; II, 15–16; II, 18.

254 Morte Darthur, II, 19; im Grand St. Graal gibt es folgende Fassung: Der König der Gralsdynastie, Lambor, wurde von einem Gegner, Bruillant, mit Salomos Schwert verwundet. Es war der erste Hieb, der mit diesem Schwer in Britannien geschlagen wurde, und um diesen Hieb zu rächen, brachen solche Kämpfe aus, daß sie das Reich verwüsteten, das deshalb la terre vaste hieß. Beim Zurückstecken des Schwertes in die Scheide fällt Bruillant tot nieder. Im selben Text wird von einem Nachfolger Lambors gesprochen, dem Könige Pelleant, immer aus der Dynastie der „Fischerkönige". In einer Schlacht bei Rom wird er an beiden Schenkeln verwundet und heißt deswegen der „verstümmelte König" – li roi mehaignis – der erst bei der Ankunft des vorbestimmten Helden Galahad geheilt werden wird. Aus diesen Fassungen scheint vor allem das Thema einer Waffenprobe hervorzuleuchten, aus der sich die Unterlegenheit gewisser Vertreter des Gralskönigtums ergeben hat.

255 Gautier du Doulens, 94 f.

256 Grand St. Graal, 28.

257 Diu Crône, 352, 359 ff.

258 Vgl. Weston, Holy Grail, angf., S.111–112.

259 Wolfram v. Eschenbach, IV, 253 ff.

260 Menassier, 100, 102.

261 Gerbert de Mostreuil, 102, 103, 107.

262 Gautier de Doulens, 98.

263 Diu Crône, 364 ff.

264 Vgl. z. B. den Perceval de Didot (Weston, angf., 62).

265 Wolfram v. Eschenbach, II, 242; III, 91.

266 Queste du Graal, 4–43; Gerbert de Mostreuil, 107 ff. bei Albrecht ist Titurel 500 Jahre alt.

267 Wolfram v. Eschenbach, III, 80, 81, 83.

268 Ebenda, III, 245.

269 Perceval li Gallois, 124, 125.

270 Ebenda, 128–131, 134.

271 Grand St. Graal, 25.

272 Joseph de Arimathia, 157.

273 Grand St. Graal, 25.

274 Vgl. Nutt, Studies. angf. 158, 209.

275 Bei De Jubainville, Cycle myth. irlandais, angf., 50 ff.

276 Kampers, Lichtland der Seelen, angf., 37–38.

277 Ebenda, 39; vgl. 102. In den französischen und italienischen Prophezeiungen des Merlin findet sich das gleiche Thema als Krone des Kaisers Adrian von Orbante, welche im Meere versunken ist; ihre „Steine" sollen von einem Fischer zu „Friedrich" gebracht worden sein.

278 Chréstien de Troyes, 77.

279 Perceval li Gallois, 131.
280 Wolfram v. Eschenbach, III, 82.
281 Vgl. Charbonneau-Lassay, „Le Poisson", in „Regnabit", Dez. 1926.
282 R. Guénon, Quelques aspects du symbolisme du poisson, „Etudes traditionelles", Februar 1936, 66 ff.
283 Diesbezügliche Texte in Erhebung wider die moderne Welt, angf., 187–189.
284 Queste du Graal, 50; Perceval li Gallois, 132.
285 Grand St. Graal, 18.
286 Plutarch, De facie etc., 26.
287 Morte Darthur, XVII, 15.
288 Queste du Graal, 40.
289 Wolfram v. Eschenbach, III, 264, 267 271.
290 Gerbert de Mostreuil, 101–103.
291 Queste du Graal, 48.
292 Wolfram v. Eschenbach, II, 226–227.
293 Ebenda, II, 252.
294 Ebd., IV, 93; III, 39: „Ode der alsolhen wandel bôt–alz man vorm walde heizet tôt."
295 Ebd., III, 62, 65, 82. Das Leben der Gralsritter ist folglich ein gefährliches Leben: sie nement niemens sicherheit, – si wâgnt ir leben gein jenes lebn – daz ist für sünde in dâ gegebn".
296 Text bei Golther, Perceval und der Gral, angf., 239.
297 Vgl. Golther, angf., 233.
298 In einem englischen Merlintext sehen einige Ritter der Tafelrunde das Gralsgefolge vorbeiziehen, das von einer Stimme von oben so angerufen wird: „Ehre, Ruhm, Macht und ewige Freude dem Zerstörer des Todes „ (bei Weston, Holy Grail, angf., 154).
299 Wolfram v. Eschenbach, IV, 102: „Wan swers grâles gerte, – der muose mit dem swerte – sich dem prîse nahen."
300 Erhebung wider die moderne Welt, angf., I, § 18.
301 Wolfram v. Eschenbach, II, 123: „Si wart wol innen, daz zeswal – von der stimme ir kindes brust. – Des twang in art und sîn gelust."
302 C. Della Riviera, Il mondo magico de gli Heroi (Mailand, 1605, neuhrsg. Evola, Bari, 1932, 169).
303 R. Guénon, Le language secret de Dante et des „Fidèles d'Amour", in „Voile d'Isis", Heft 110, 112.
304 Parsifals Mutter widersteht der heldischen Berufung ihres Sohnes, sie ist die Feindin der Vögel, weil diese Parsifal zu seiner Berufung erweckt haben. In der Hoffnung, ihn zurückzuhalten, liefert sie dem Sohn ein elendes Pferd. Die Mutter stirbt am Ende, während Parsifal, von ihr losgelöst, den Kreis seiner Gralsabenteuer beschreitet. Es ist nicht ausgeschlossen, daß man in diesem Muttertyp ein Sinnbild der von Parsifal überwundenen Gynekokratie wiedererkennen kann. Die von Gurnemanz dem Parsifal übermittelte Lehre zeigt bei Wolfram die Züge einer wirklichen Überwindung der Mutter. Gurnemanz, der Parsifal all das lehrt, was dazu beitragen kann, „ihm die ewige Seligkeit zu sichern", wirft ihm vor, ständig den Namen der Mutter auf den Lippen zu tragen. Parsifal erfährt von ihm die Grundzüge des arischen Ehrbegriffes: „In dem, der in Schande verfällt, trennt sich all das, was in ihm edel ist und verläßt ihn, und er fährt geradeaus zur Hölle." Seit diesem Augenblick hört Parsifal auf, von der Mutter zu reden – sîne muoter es gesweic (Wolfram v. Eschenbach, II, 174–176). All das darf natürlich nicht in einfach menschlichen Begriffen verstanden werden, vielmehr auf Grund des bereits gezeigten Gegensatzes zwischen matriarchaler (lunarer) und heroischer Kultur.
305 Wolfram v. Eschenbach, III, 91.
306 Bei Wolfram (II, 215): Weil Parsifal nicht die Frage gestellt hat, wird er ein Werkzeug des Teufels genannt: „Ir sît der hellehirten spil – gunêrter lîp, her Parzifal!"

307 Grand St. Graal, 18–19. Als Belege für mehrfaches Vorkommen der traditionsgeheiligten Zahl sieben sei nur erwähnt, daß in der „Morte Darthur" und in der „Queste du Graal" Gawein beim Eindringen in das chastiau as pucelles sieben Ritter besiegen muß; daß im „Grand St. Graal" Moses beim Mißlingen der Probe des gefahrvollen Platzes von sieben Feuerhänden gepackt wird; daß in der „Elucidation" der Gral siebenmal gesucht wird; daß bei Gerbert sieben Jahre vergehen, ehe Parsifal, dem das Schwert zersplittert ist, die Gralsburg wiederfinden kann; ein gleiches Thema findet sich bei „Perlesvax" usw.

308 Queste du Graal, 43; Manessier, 101. Die verschiedenen dämonischen Kreaturen, Reittiere oder Frauen werden entlarvt, und ihre Hinterlist wird im Augenblick zunichte, wenn der Held sich auf das Kreuz besinnt: verchristlichte Verbildlichung der allgemeinen Idee einer Anrufung des übernatürlichen Prinzips.

309 Vgl. Evola, Erhebung, 86 ff.; Michelet, Le secret de la chevalerie, angf., 8–12.

310 W. v. Eschenbach, IV, 143. Auf seiner ersten Stufe suchte Parsifal nur den reinen Kampf – ich suochte niht wan strîten. Die erwähnte Episode weist wahrscheinlich auf Proben höherer Art hin, wobei man die durch das Pferd symbolisierte Kraft hinter sich lassen soll.

311 Gautier de Doulens, 95 f.; 98 f.

312 Perlesvax, 172, 173, 175, 178.

313 La tradizione ermetica, angf. Yoga della potenza, angf.; Introduzione alla magia quale scienza dell'Io (Rom 1927–1929).

314 Vgl. Haug K., Heidnische Mythen in christlicher Schau.

315 Vgl. Plutarch, Werke.

316 Vgl. Ranke, Werke.

317 Vgl., Das Tibetische Totenbuch, Zürich.

318 Vgl., Das ägyptische Totenbuch, O. W. Barth-Verlag, München/Planegg 1955.

319 Vgl. Nork, Mythologisches-Ethnologisches Wörterbuch.

320 Vgl. Evans Wentz, Die große Befreiung, München 1955.

321 Vgl. Laotse, Taote king.

322 Vgl. Freud, Werke.

323 Vgl. Jung, Werke.

324 Wolfram v. Eschenbach, IV, 156.

325 Ebenda, II, 313, 316.

326 Morte Darthur, XIII, 14.

327 Wolfram v. Eschenbach, IV, 166 ff., 182 ff. und das ganze Kapitel XII; Chréstien de Troyes, 80.

328 Diu Crône, 255–260.

329 Perceval li Gallois, 125–126.

330 Gautier de Doulens, 95–96, 98.

331 Perlesvax, 172 f., 175 f.

332 Morte Darthur, IV, 14.

333 Grand St. Graal, 26.

334 Ebenda, 2.

335 Eine Zwischenform ist die Erscheinung des Roten Ritters, der dem Gralsritter gegen seine Widersacher hilft, als diese im Begriffe stehen, ihn zu überwältigen (vgl. z. B. Queste du Graal, 43).

336 Diese Erwähnung der Knochen ist vom initiatischen Standpunkt aus sehr bedeutsam.

337 J. Loth, Mabinogion, Bd. II, 9–27. Es ist zu bemerken, daß bei Wolfram (IV, 106) auch die gefährliche Orgeluse dem Gawein neben einer aus einem Felsen hervorsprudelnden Quelle erscheint.

338 Wolfram v. Eschenbach, II, 154 f.

339 Ebenda, II, 241. „Wan dô empfienc in sme hant – dô was er wragens mite ermant."

340 Parzival, vol. II, p. 327.

341 N. Flamel, Le désir désiré, VI.
342 Wolfram v. Eschenbach, III, 84–85, 272. Der Gral hat dieselbe Kraft wie der Königsstein der keltischen Überlieferung der Tuatha, indem er kundtut, wer in einem königslosen Land die Königswürde bekleiden soll: „wirt iender hêrrenlôs ein lant – erkennt si dâ din gotes hant – so daz diu diet eins herren gert – von grâles schar, die sint gewert". Im Titurel (Text bei Golther, angf., 242) zeigt der Gral mit einer goldenen Schrift diejenigen mit Namen an, die „Priester Johannes" werden sollen. Unter hyperboreisch-solarem Zeichen kommt der vorherbestimmte Fürst von oben, vom Montsalvatsche (Lohengrin als der „Schwanenritter" – Wolfram v. Eschenbach, III, 277–279).
343 Erhebung wider die moderne Welt, Teil II.
344 Vgl. A. Bassermann, Veltro, Großkahn und Kaisersage, angf., 38 ff.
345 Ebenda.
346 Wolfram v. Eschenbach, III, 61, 16 usw. Der Ausdruck ist auch Templer von Monsalvatsch – „von Munsalvaesche der Templeis".
347 Vgl. Weston, Holy Grail, angf., 136.
348 Perceval li Gallois, 134.
349 Vgl. Weston, Notes on the Grail Romances (Romania", XLIII) 411–413.
350 W.F. Wilke, Geschichte des Tempelherrenordens, Leipzig, 1826, Bd. I, 226, 265, 302 ff.
351 Ebenda, Bd. III, 299.
352 Ebenda, I, 268.
353 Ebenda.
354 Vgl. Evola, Maschera evolto dello spiritualismo etc., angf., Kap. VIII.
355 Wilke, a.a.O., I, 265.
356 Templer und Ismaeliten führten dieselben Farben – rot und weiß: rotes Kreuz und weißen Mantel die einen, roten Gürtel und weißes Kleid die anderen. Das Oberhaupt der Ismaeliten – der „Herr vom Berge" – wurde als ein unsichtbarer Gebieter aufgefaßt, der „in seiner Hand Leben und Tod der Könige hält". An seine Person und seine unnahbare Residenz, die mit dem „Paradies" gleichgesetzt wurde, heftete sich eine dem Symbolismus des Gralskönigs und im allgemeinen des „Weltherrn" entsprechende Symbolik. Einer der gegen die Templer erhobenen Vorwürfe bestand eben darin, sie wären ein enges Bündnis mit dem Herrn bzw. dem „Alten vom Berge" eingegangen. Vgl. Michelet, Secret de la chevalerie, angf., 50, G. de Castro, Mondo Segreto, Milano 1864, Bd. III, 39 ff. Die fast vollkommene Übereinstimmung der Templer mit den Ismaeliten wurde von Hammer-Purgstall (Fundgruben des Orients, Wien, 1818) vertreten.
357 Vgl. Erhebung usw., I, 18–19.
358 Wolfram v. Eschenbach, II, 62; III, 86.
359 Zarncke, Der Priester Johannes, angf., 159 ff. erwähnt einen Text, dem zufolge in der Dynastie dieses Königs nur 11 Vertreter von 72 als Christen angeführt werden.
360 Wilcke, Geschichte usw., angf., I, 303.
361 Ebenda, I. 310.
362 Ebenda, III, 304.
363 Ebenda, I, 353.
364 Ebenda.
365 Gerbert de Mostreuil, 103.
366 Wilcke, I, 329.
367 Wilcke, I, 276.
368 Omerischer Hymn an Dmeter, 256 ff.
369 Wilke, I, 277.
370 Ebenda, III, 305–306.
371 Ebenda, I, 371; II, 311; III, 348.
372 Ebenda, III, 348.

373 Ebenda, III, 269 ff.

374 Weston, Holy Grail, angf., 92.

375 Vgl. Evola, Yoga della potenza, angf., 268 ff. Ein in Form eines Romans verfaßtes Buch, in welchem das Templersymbol des Baphomet ein führendes Motiv bildet und welches auch mehrere Anregungen zum Verständnis des eben Angedeuteten geben kann, ist G. Meyrink, Der Engel vom westlichen Fenster.

376 Vgl. A.Graf, Roma nelle memorie e nelle imaginazioni del Medio Evo, Bd. II, 488–490.

377 Manessier, 102.

378 Ebenda.

379 Perceval li Gallois, 134.

380 Queste du Graal, 50.

381 Text bei Golther, Parcival und der Graal, angf., 240–242, vgl. 248. Auch im sogenannten „bayrischen Lohengrin" wird Montsalvatsche mit Arthur schließlich in „Mittelindien" lokalisiert, wohin sich auch nach dem Verlassen Europas die letzten Rosenkreuzer zurückgezogen haben sollen. „Hôch ein gebirge lît – in der innern Inîda, das ist niht wît. – Den grâl mit al den helden ez besliuzet – die arus prâht mit im dar."

382 Morte Darthur, XVII, 21, 22.

383 Bei Wolfram v. Eschenbach (III, 242) scheint Parsifal der letzte unter jenen zu sein, denen es gelingt, auf „heroischem Weg" und nicht nach „göttlichem Recht" Herren des Grals zu werden. Tatsächlich wird nach Parsifals Erscheinen allen Ländern verkündigt, daß nur der den Gral gewinnen kann, der von Gott dazu berufen ist, und daß der Gral nicht mehr durch Kampf errungen werden kann: „kein strît möht in erwerben". Viele versuchten es, fanden aber nur den Untergang, darum bleibt der Gral fürderhin verborgen: „vil liut liez dô verderben – nach dun gral gewerbedes list – davon er noch verborgen ist". Dies scheint mit der traditionsgebundenen Weissagung bezüglich des eisernen Zeitalters bei Hesiod gleichbedeutend, des letzten oder dunklen Zeitalters, in dem die „heroische" Möglichkeit selbst nicht mehr vorhanden zu sein scheint.

384 G. Rossetti, Il mistero dell'amor platonico nel Medioevo, London 1840; E. Aroux, Preuves de l'heresie de Dante notemment d'une fusion operee en 1312 entre la Messenie Albigeoise, le Temple et les Gibelins, Paris, 1857; L. Valli, Il linguaggio segreto di Dante e dei Fedeli d'amore, Rom 1928, A. Ricolfi, Studi sui Fedeli d'Amore, Milano 1933.

385 Aroux, Les mystères de la chevalerie et de l'amour platonique au Moyen Age, Paris 1858.

386 O.Rahn, Kreuzzug gegen den Graal, angf.

387 O.Rahn, ebd., 154; De Castro, Mondo segreto, angf., Bd. II, 183: „Crucem dicunt characterem esse bestiae, quae in Apocalypse esse legitur, et abominationem in loco sancto."

388 N.Peyrat, Histoire des Albigeois, Paris, 1880–1882, Bd. I, 399–401.

389 Erhebung wider die moderne Welt, II, 5–6.

390 Peyrat (a.a.O., I, 67) hebt die Rolle hervor, die im provenzalischen Kulturkreis das Motiv der Vergötterung der Frau spielt, was doppelten Ursprung – iberischen und christlichen – gehabt hätte. Wie die Germanen hätten die Iberer in ihren Gefährtinnen etwas Prophetisches und Heiliges gespürt. Die iberische Frau hatte einen Eigennamen, der ihre ganze Familie bezeichnete, so sagte man: „die Söhne Belissenas, Imperias, Olivieras". Der Gatte trat ganz in den Hintergrund, wie Joseph vor Maria, und Maria wurde eine göttliche Gestalt. Nach der Meinung dieses Verfassers hätte sich der Marienmythos im Typ der Katharerfrau als Königin des Liebesreiches wieder verkörpert.

391 Rahn, Kreuzzug usw., angf., 121; F.v. Suhtscheck, Wolfram von Eschenbachs Reimbearbeitung des Pârsiwâlnâma, angf., 61.

392 Es ist bezeichnend, daß Bernard von Clairvaux, der bekanntlich mit den Templern sympathisierte, die Ausbreitung des Katharertums beklagte.

393 Peyrat, II, 6–11.

394 Ebenda, I, 70.

395 Vgl. Rahn, angf., 16.
396 Text bei Ricolfi, Studi usw., angf., 63.
397 Ebenda, 37, 48.
398 Vgl. Valli, Il linguaggio segreto, angf., 237.
399 Valli, ebenda, 34, 53–57, 429.
400 Ebenda, 242.
401 Die in den Sagen des heroischen Zyklus häufig auftretende Inzest-Symbolik zeigt den Übergang von der „Mutter" zur „Gattin", wobei der Held hinsichtlich des Prinzips, aus dem er geboren wurde, sich nach einer Zwischenzeit (Witwertum) aus dem „Sohn" in den „Mann" verwandelt.
402 In Diu Crône (364–365) finden wir folgende Variante dieses Motivs der „Witwe": Am Gralshof sind der König und seine Ritter alle tot wenngleich sie den Schein des Lebens erwecken; jedoch die Trägerin des Grals und ihre Genossinnen sind, so heißt es, wirklich am Leben und Gott hat ihnen den Gral für die Zeit des Interregnums bis zum Erscheinen des Helden überlassen.
403 Valli, a.a.O. 97 ff.
404 Ebd., 37: „Diese Tugenden sind: erstens die Gelehrigkeit, die ‚data novitiis notitia vitiorum, docet illos ab illorum vilitate abstinere'. Und diese den Anwärtern verliehene docilitas ist deutlich die Initiatentugend. Nun folgen die andern: der Fleiß, der gewisse höchst sonderbare Geldbeutel verfertigt, in denen kostbare verborgene Dinge aufbewahrt werden. Die dritte Fähigkeit ist die Beständigkeit, die vierte die Bescheidenheit, die fünfte die Geduld, die sechste die Hoffnung, die siebente die Klugheit, ‚quae te docet custodire quesita', die achte der Ruhm, die neunte die Gerechtigkeit, ‚que male custodientem quesita punit', die von der Liebe beauftragt ist, jeden zu strafen, der ‚solche Ehre übel hütet', der also das Geheimnis nicht gut bewahrt; die zehnte ist die Unschuld, der Zustand jener, die der Liebe würdig und löblich dienen, die elfte ist die Dankbarkeit, die ‚introducit in Amoris curiam', und schließlich die Ewigkeit, die das ewige Leben verspricht."
405 Valli, a.a.O., 48, 129–130, 393, Friedrich II. nennt an einer bestimmten Stelle seine Rose „Rose von Soria". Valli glaubt darin einen allfälligen Hinweis auf eine aus dem Morgenlande stammende Tradition zu sehen, da in jener Zeit im arabisch-persischen Orient sich eine reiche mystische Literatur um die Symbolik der Rose rankte.
406 Ricolfi, Studi, angf., 67.
407 Ebenda, 68, 84.
408 Valli, a.a.O., 135, 183. Die von Dante erlebte Vision der „glorreichen Frau meines Geistes" erweckt in ihm folgenden Gedanken: „Ecce Deus fortior me, qui veniens dominabitur mihi" (Vita nova, I, 2).
409 In den Texten findet sich oft der bedeutsame Gleichklang „saluto", Gruß – und „Salute", Heil. Eine Etymologie für Montsalvatsche ist mons salvationis, d. h. Berg des Heils.
410 Die geistigen Hierarchien sind letzten Endes Äquivalente oder Entsprechungen für die verschiedenen Grade des Initiaten-Bewußtseins. Interessanterweise sagt Dante in der „Vita Nova" (1, 14), manche seiner Gedanken seien nur für den verständlich, der „in ähnlichem Grade Getreuer der Liebe" ist.
411 Ricolfi, a.a.O., 20.
412 Valli, a.a.O., 192–193.
413 Ebenda, 340 ff.
414 Ricolfi, a.a.O., 37.
415 Valli, 360.
416 Ricolfi, 68.
417 Ricolfi, 45 ff.
418 Valli, 47.
419 Ricolfi, 23, 76.

420 Valli, S 423.

421 Der Gürtel erinnert an den der Templer und bezgl. der Handschuhe kann an das schon erwähnte Abenteuer aus Diu Crône erinnert werden, wo sie in Verbindung mit der Hilfe erscheinen, die die übernatürliche Frau Saelde den Gralssuchern gewährt, nachdem sie eine Vorprobe bestanden haben. Der Handschuh spielt bekanntlich im Ritual der Freimaurerei eine besondere Rolle.

422 Ricolfi, a.a.O., 24.

423 Valli, 342 ff.

424 Die Tatsache, daß Barberino an andrer Stelle die Geistlichen als diejenigen bezeichnet, die „celestem curiam introire" – in die himmlische Curie einzugehen verdient haben, widerspricht dieser Auffassung nicht; es wäre dabei klarzustellen, ob in diesem Falle von jenen Geistlichen die Rede ist, die sich über die äußerlichen Lehren ihrer Religion zu erheben vermochten.

425 Valli, 243. Dementsprechend spricht Dante von den zerstreuten Gliedmaßen Beatrix' – womit er die verschiedenen überlebenden Reste der Organisation gemeint haben dürfte.

426 Möglicher Verstand deshalb, weil er als einziger die Möglichkeit bietet, die wahrhaft universalen Ur-Ideen ohne Beiwerk in ihrer Reinheit wiederzuspiegeln.

427 Valli, 80, 82 ff.

428 In einer neuerschienenen Arbeit versucht R.L. John (Dante, Wien, 1947) viele Beweise zum Templertum Dantes zu bringen, das er für nicht unvereinbar mit der katholischen Lehre hält. Es ist interessant, daß dieses Buch eines Geistlichen mit dem kirchlichen Imprimatur erschienen ist.

429 Dabei ist auch der Einfluß des Ioachinismus nicht auszuschließen, dessen Mittelpunkt die Idee einer neuen Ecclesia war, die einer neuen Epoche des Christentums zu entsprechen hätte und die nicht ohne Beziehung mit der Prophetie der Ankunft eines „engelhaften Papstes" ist: ein mystisch-kirchliches Äquivalent zur Prophetie des „künftigen Friedrich".

430 J. Evola, La tradizione ermetica nei suoi simboli, nella sua dottrina e nella sua „Arte Regia", Bari, ²1948.

431 M. Berthelot, La chimie au Moyen Age, Paris 1893, B. II, Einführ., B. III, 97.

432 Lenglet du Fresnoy, Hist. de la philos. hermetique, La Haye 1742, B. I, 17.

433 M. Berthelot, Collect. des anciens alchimistes grecs, Paris 1887, B. II, 53, 58.

434 Ebenda, 114 passim, 124, 145, 188.

435 Ebenda, 213.

436 M. Berthelot, Les origines de l'alchimie, Paris, 1885, 10.

437 Vgl. J. Pernety, Fables égyptiennes et grecques devoilees, Paris, 1786, B. I, 11; Evola, Tradizione ermetica, angf., 6.

438 Vgl. die Symbolik der Saelde, der Beschützerin der Gralshelden, die, wie wir sahen, die Eigenschaft des „Glücklich-Seins", d.h. des Gelingens in den Unternehmungen, verkörpert.

439 Della Riviera, Il mondo magico de gli Heroi, angf., 14.

440 B. Valentinus, Azoth, in Bibl. Chemica Curiosa, II, 214. Della Riviera (angf., 168) erwähnt unter den Folgen der „heroischen" Verwirklichung die Unbesiegbarkeit das Gleichwerden mit dem „schrecklichen Löwen" und mit einem auf Erden „von den königlichen Jüngern des erbabenen Jupiter" geehrten Gott.

441 Vgl. A. Moret, Du caractere religieux de la royaute pharaonique, Paris 1902, 21 ff.

442 J. Pernety, Dictionaire mytho-hernetique, Paris 1758, 451. Von Zacharias (Philos. natur. des métaux, bei Bibl. Philos. Chimiques, Paris 1741, B. II, 512) wird der Schwefel „das handelnde Element" genannt und von Pernety (S. 534) ohne weiteres als „der Wille" gedeutet. Wir halten es für angebracht, folgende Stellen aus dem Philaletes (Introitus apertus ad occlusum regis palatium, Ausg. von 1645, XI, 9) wiederzugeben: „Der passive Schwefel müßte, um sein Ziel zu erreichen, aktiv und tätig werden; woraus sich ergibt,

daß man ein artverwandtes Lebensprinzip in ihm einführen soll, welches dem in seinem Mittelpunkt verborgenen und wie erloschenen Leben zur Auferstehung zu verhelfen hat. Die (hermetischen) Weisen haben nach diesem passiven Schwefel suchen wollen, der sich in der verborgensten Stelle des Hauses des Widders (oder Mars) befindet und der von der Saturn-Rasse als Erbe empfangen wurde; diese Rasse steht tatsächlich dem Urwesen aller Metalle am nächsten, da sie aber des tätigen Schwefels ermangelt, ist sie ganz bereit, jenen aufzunehmen, der ihr gegeben sein wird. Deshalb zieht diese Rasse den Mars wie ein Magnet an, verschlingt ihn und versteckt ihn an ihrer verborgensten Stelle. Um dieses Werk zu zieren, prägt ihm der Allmächtige sein königliches Zeichen ein – regium sisuum sigillum huic imprimit. So freuen sich die Weisen, da sie nicht nur diesen Schwefel finden, sondern auch einen vollständig vorbereiteten Schwefel.

443 Berthelot, B. 11, 114, 265.
444 R. Palgen, Der Stein der Weisen, Breslau, 1922.
445 Text bei Berthelot, Chim. moyen age, B. 111, 116–117.
446 Philos. natur. des métaux, angf., 502.
447 Berthelot, Alch. gr., 11, 417 (Text): „Unter dem Namen Arsenik soll auf rätselhafte Weise die Männlichkeit verstanden werden."
448 Text b. Berthelot, 111, 282; Buch des Crates (Berthelot, Alch. arab., 111, 48).
449 Zosimos–Text bei Berthelot, Alch. gr., 147.
450 Alchymistische Verwandlung.
451 Della Riviera, Mondo magico.
452 Ebenda.
453 Abhandlung über d. abendländische Quecksilber, Text bei Berthelot, 111, 213.
454 B. Trevisanus, De la philosophie naturelle des metaux, in Bibl. philos. chim. 11, 388, 389.
455 V. Andreae, Chymische Hochzeit Christ. Rosenkreuzes, Straßburg 1616 (Neuausg. Paris, 1928, 4).
456 Vgl. Pernety, Dict. mutho-hermét., angf., 138, 236 und Texte bei Evola, Tradizione ermetica, II, § 1–2.
457 Abbildung 325 bei Grillot de Givry, Le musee des sorciers, mages et alchimistes, Paris 1929, 396.
458 Texte bei Evola, Tradizione ermetica, I, § 19; II, § 18. Näheres im Buch von Artefius (in Bibl. Phil. Chim., 1, 169); B. Valentinus, Azoth, angf., 214.
459 Auch die hermetische Tradition kennt die Symbolik der Rosen und der Blumen; vgl. Evola, a.a.O., I, § 23..
460 Chymische Hochzeit usw., angf., K. III, 36 ff, 50. In den „Hieroglyphischen Figuren" von Flamel (in Bibl. Phil. Chim., 259) erscheint der „rote Mann" als Bezähmer des „roten Löwen", der ihn fortschleppen will. Dieser Löwe wird auch als Verbildlichung des selben Prinzips erklärt, das die Verwandlung der „Materien" in „Gold" bewirkt.
461 Über die Siebenzahl im hermetischen Verfahren, vgl. Evola, a.a.O., I, §§ 14–16; II, 20.
462 Abgebildet bei Grillot de Givry, angf., 335.
463 In unserer bereits angegebenen Arbeit haben wir gezeigt, daß die Alchimie, als Kunst, Metalle in Gold zu verwandeln und auf Grund physischer Vorgänge das Elixier zu bereiten, nur Folge des Unverständnisses einiger Profanen ist, welche die metallurgische Symbolik der königlichen Kunst buchstäblich nahmen. Nur auf sie geht jene Alchimie zurück, die von den modernen Historikern der Wissenschaft als eine abergläubische Chemie in kindlichem Zustand betrachtet wird. Das bedeutet jedoch nicht, daß nicht einige Alchimisten auf Grund ihrer aus der hermetischen Erkenntnis geschöpften Kräfte eine gewisse Gattung physikalischer, übernormaler Phänomene auch auf dem Gebiet der wirklichen Metalle und der sogenannten spagirischen Medizin zustandegebracht hätten. Ist dies auch möglich, so haben solche Möglichkeiten im Rahmen eines traditionsgebundenen Wissens weder mit dem Aberglauben der erwähnten naiven Alchimis-

ten noch mit jeder Errungenschaft der gegenwärtigen Profanwissenschaft etwas zu tun.

464 Buch von Flamel – in Bibl. Phil. Chim., 259.

465 Vgl. Evola, Tradizione ermetica. Da die senkrechte Linie auch das Männliche und die waagrechte das Weibliche verbildlichen, so ist der Sinn des gesamten Symbols des Kreuzes als aktive Integration der beiden Prinzipien nicht von dem des Androgyns wesentlich unterschieden.

466 Die Legende von Christian Rosenkreuz ist in einem anonymen, im Jahre 1614 erschienenen und 1615 wieder hg. Text „Allgemeine und generale Reformation der ganzen weiten Welt" enthalten, insbesondere in dem unter dem Namen „Fama Fraternitatis oder Brüderschaft des hochlöblichen Ordens des R. C." bekannten Hauptstück (91–128).

467 Wir beziehen uns auf den Wortlaut solcher Manifeste, wie er in Langlet du Fresnoy, Histoire de la philosophie hermétique, angf., B. 1, 372 ff. wiedergegeben ist. Für eine Gesamtschau der Quellen vgl. J. Semler, Unparteiliche Sammlungen zur Geschichte der Rosenkreuzer, Leipzig, 1786–1788.

468 Chymische Hochzeit, angf., 127 ff. Hier könnte man auch eine Variante eines Gralsmotivs in der Form einer Person wiederfinden, „die die Schuld begangen hat, Venus ohne Schleier zu schauen". Zur Strafe dafür soll er als Wachter einer Türe stehen, bis jemand kommt, der dieselbe „Sünde" auf sich geladen hat und ihn ablösen wird. Dies geschieht auch Christian Rosenkreuz, der den Wächter befreien wollte und der selbst nicht abgelöst werden wird „vor dem Hochzeitsfeste des nächsten Königssohnes". Der geheime „Stein" spielt auch in einem Rosenkreuzertext von Sincerus Renatus, Die wahrhafte und vollkommene Bereitung des philosophischen Steins der Bruderschaft aus dem Orden des Golden und Rosenkreuzes (Breslau 1710), eine Hauptrolle. In dieser Schrift werden auch die Regeln des Ordens dargestellt, eines Ordens, der sowohl durch den „Stein" (wie das Wolframsche Gralsrittertum), wie auch durch die „Rose" (Die Getreuen der Liebe) gekennzeichnet ist. Jedes Mitglied dieses Ordens gebraucht den Stein, den er jedoch niemandem zeigen darf – der Stein hat das Vermögen, die Ritter zu erneuern, eine Verwandlung, die sich jedesmal vollzieht, wenn der Rosenkreuzer das Land wechselt (§§ 26, 45).

469 S. Renatus, a.a.O., § 52.

470 Bei Sédir, Histoire et doctrines des Rose–Croix, Paris, 2. Ausgabe, 1923, 125.

471 Vgl. Guénon, Le roi du monde, angf., IV. Kapitel.

472 Die Tradition der Abreise der letzten echten Rosenkreuzer ist im obengenannten Text von Renatus, außerdem im Buch Henri Neuhaus' Avertissement pieux et tres utile des Frères de la Rose-Croix, à sçavoir s'il y en a? quels ils sont? d'où ils ont pris ce nom? et à quelle fin ont espandu leur renommé? (Paris 1623) enthalten.

473 Wir haben die Absicht, eine Sonderarbeit der „Geheimgeschichte der Geheimbünde" zu widmen, gerade zur Untersuchung der Entstehung ihrer modernen Formen.

474 Positive Beweise einer auch organisierten revolutionären Aktion der Sekte der „Illuminaten" ergaben sich durch reinen Zufall – d. h. durch die Dokumente, die bei einem vom Blitz getroffenen Boten aufgefunden wurden.

475 Über die Mechanik dieses Vorganges in seiner Sinnlichkeit zu einem nekromantischen Verfahren vgl. Guénon, Le règne de la quantité et les signes des temps, Paris, 1945, K.

476 Die Buchstaben L.D.P. treten auch beim ersten der sogenannten Rittergrade der Freimaurer (dem 15. in der gesamten Hierarchie des schottischen Ritus) auf. Es scheint, daß die Legende dieses Grades in dunkler Weise gerade auf die Funktionswandlung des Initiaten anspielt. Dabei ist von Abzeichen für fürstliche Würden die Rede, die der Initiat von „Cirus" erhält, die er jedoch im Zusammenstoß mit seinen Gegnern verliert. Wenn er aber den Meister erreicht, der bei den Trümmern des salomonischen Tempels Zuflucht gefunden hatte, wird ihm vom zweifelhaften Wert jener Abzeichen gesagt und er erhält den neuen Titel und das Schwert.

477 A. Pike, Morals and Dogmas of the ancient and accepted Scotch Rite, Richmond 1927.

478 Es ist hervorzuheben, daß bereits in den initiatischen „operativen" Perioden der Freimaurerei eine gewisse Usurpation feststellbar ist, insofern sie die „Königliche Kunst" auf
sich bezieht. Die an die Berufe gebundene Initiation ist jene, die dem alten dritten Stand
(der indischen Kaste der vayça) entspricht, d. h. Schichten, die tiefer gelagert sind als die
Kriegerkaste, der allein rechtmäßig die „Königliche Kunst" zukommt. Dementsprechend
ist auch zu bemerken, daß die revolutionäre Tätigkeit der modernen „spekulativen"
Freimaurerei die Kultur des zweiten Standes untergraben und durch die Demokratie
das Aufblühen der Kultur des allmächtigen Dritten Standes vorbereitet hat. – Was den
ersten Punkt betrifft, so sehen auch äußerlich einige Aufnahmen englischer Könige – wie
Eduard VII. – nur komisch aus, die als freimaurerische Würdenträger die Bekleidung
der Handwerksgenossenschaften tragen.

479 Rituel du XXX degré du suprème conseil de la Belgique de rite écossais ancien et
accepté, Bruxelles, o. D., 49, 50. In der rituellen Handlung wird Squin de Florian herangezogen, der die Templer angezeigt haben soll und der zu seiner Rechtfertigung erklärt:
„Die Kirche steht höher als die Freiheit!" Dem entgegen erklärt der Logenmeister: „Die
Freiheit steht höher als die Kirche!" Der erste Satz ist offensichtlich der richtige, wenn
es sich um den Anspruch eines jeden Einzelnen handelt, während der zweite Satz
richtig ist, wenn es um jene geht, die die nötige Befähigung haben, um sich über die
unvermeidlichen Beschränkungen, wie sie jeder besonderen historischen Form geistiger
Autorität anhaften, zu erheben.

480 Es ist direkt erstaunlich, bei einem Verfasser, der sonst ein seltenes Verstehen für die
traditionsgebundene Wirklichkeit zeigt – Rene Guénon – die Behauptung zu finden,
die Freimaurerei sei im Okzident mit dem „Compagnonnage" die einzige gegenwärtig
existierende initiatische Organisation, die trotz ihrer Entartung „einen echten traditonsge-
bundenen Ursprung und eine regelrechte initiatische Übermittlung" beanspruchen kann
(Apercus sur l'initiation, Paris 1946, 40, 103). Die richtige Diagnose der Freimaurerei als
ein durch unterirdische Kräfte der Gegen-Initiation getragener pseudoinitiatischer Synkretismus, wie sie sich gerade auf Grund der Auffassungen Guénons bestimmen läßt,
wird von ihm mehr oder weniger ausdrücklich bestritten (ebenda, 201). Wie sich dies mit
dem Charakter der Traditionsgebundenheit vereinen läßt, den Guénon zugleich dem
Katholizismus, dem Erbfeind der modernen Freimaurerei, anerkennt, bleibt verschlei-
ert. Eine solche Verkennung ist unter anderem insofern gefährlich, weil sie kostbare
Waffen in die Hände einer sektiererischen katholischen Polemik spielt. Die Tatsache
des Schwindels und des umstürzlerischen Gebrauches des Mysteriums, wie er durch
Verkehrung in den erwähnten Bünden und insbesondere in der Freimaurerei nur in der
Neuzeit erfolgt ist, während er früher nur als eine teratologische Ausnahme auftrat, hat
eine sonderliche These des militanten Katholizismus ins Leben gerufen. Dieser These
zufolge soll in allen Zeiten die ganze initiatische Tradition einen dunklen, dämonischen,
christenfeindlichen und, in ihren Konsequenzen, umstürzlerisen Charakter gehabt haben. Dies ist natürlich nur ein Scherz. Eine solche These wird aber doch etwa nicht von
dem unterstützt, der leichtsinnigerweise der Freimaurerei eine „Orthodoxie" und eine
reguläre initiatische Filiation zuerkennt?

481 In den „Protokollen" werden die Drähte der Verschwörung in den Händen der Juden
vermutet, es wird aber dabei auch auf die Freimaurerei angespielt. Ein weiterer, in der
Freimaurerei hervorzuhebender Punkt ist der Umstand, daß die von diesem Bund aus
den eigentlich abendländischen Traditionen entlehnten Elemente fast in den Hintergrund treten im Vergleich mit den jüdischen – die meisten „Legenden" und beinahe
alle „Paßworte" rühren vom Judentum her, was wieder verdächtig ist. Tatsache ist, daß
auch im Rahmen des Judentums ein Vorgang der Herabwürdigung und Verkehrung, der
ebenfalls Kräfte der Gegen-Initiation und des traditionsfeindlichen Umsturzes ausgelöst

hat, feststellbar ist. Diese Kräfte haben wahrscheinlich bei der Geheimgeschichte der Freimaurerei eine nicht zu unterschätzende Rolle gespielt.

482 Es ist zu streifen, daß das geheime revolutionäre Werk der Freimaurerei sich in der Vorbereitung und Befestigung des Zeitalters des dritten Standes erschöpft. Die letzte Phase des Weltumsturzes, da sie dem Emporkommen des vierten Standes entspricht, verbindet sich mit anderen Kräften, die zwangsläufig über Freimaurerei und auch über das Judentum hinausgreifen, obgleich sie die von der einen und dem anderen geförderten Zerstörungen benutzen werden. Als Zeichen ist es sehr interessant, daß die gegenwärtige Vorhut des Zeitalters des vierten Standes das Pentagrammsymbol, den fünfeckigen Stern, als roten Sowjetstern gewählt hat. Das alte magische Symbol der Macht des Menschen als Initiat und übernatürlicher Herrscher – ein Symbol, das auch das Gralsschwert weiht – wird durch Verkehrung zum Abzeichen der Allmacht und Dämonie des materialisierten Massenmenschen im künftigen Zeitalter des vierten Standes.

483 Die Werke Rossettis wurden fast gänzlich von seinen Erben aus dem Verkauf zurückgezogen und die Zwangsvorstellung der „Ketzerei" erlaubt beim Katholiken Aroux kaum, den Wert seiner Forschung richtig zu erfassen, wenn man nicht im vorhinein weiß, worum es sich handelt.

484 La dottrina del risveglio, Bari, 1943.

www.aagw-gnostika.de